DE L'ORGANISATION

DE L'ENSEIGNEMENT

DANS L'UNIVERSITÉ DE PARIS,

AU MOYEN-AGE.

DE L'ORGANISATION
DE L'ENSEIGNEMENT

DANS L'UNIVERSITÉ DE PARIS,

AU MOYEN-AGE.

THÈSE

PRÉSENTÉE A LA FACULTÉ DES LETTRES DE PARIS,

PAR CHARLES THUROT,

LICENCIÉ, ANCIEN ÉLÈVE DE L'ÉCOLE NORMALE.

PARIS,
DEZOBRY, E. MAGDELEINE ET Cie,
RUE DES MAÇONS-SORBONNE, 1.

BESANÇON,
IMPRIMERIE DE VEUVE CHARLES DEIS.

1850.

A

MONSIEUR P. DUBOIS,

MEMBRE DU CONSEIL DE L'INSTRUCTION PUBLIQUE, DIRECTEUR DE L'ÉCOLE
NORMALE SUPÉRIEURE.

Hommage

DE RESPECT ET DE RECONNAISSANCE.

INTRODUCTION.

Nous nous proposons d'exposer l'organisation de l'enseignement dans l'Université de Paris, au moyen-âge, c'est-à-dire depuis la fin du XIIe siècle, où elle prit naissance, jusqu'au commencement du XVIe siècle, où elle subit une révolution complète. L'Université du moyen-âge finit en même temps que la féodalité, la scolastique, et l'unité religieuse de l'Europe. Les progrès toujours croissants de l'autorité royale lui ôtèrent son indépendance de corporation, et restreignirent ses priviléges ; la renaissance des lettres discrédita la culture exclusive de la logique, qui faisait la base de son enseignement ; enfin la réforme anéantit l'universalité de son autorité théologique.

Au commencement du xvie siècle, l'Université de Paris comptait peut-être plus d'étudiants qu'elle n'en avait jamais eu; mais elle avait perdu sa puissance et sa grandeur. Au lieu d'être le séminaire de la chrétienté, elle tendait à devenir une institution purement nationale. La réforme de 1598 ne fit que sanctionner des changements accomplis depuis un siècle.

Ces importants changements se sont opérés par des variations presque insensibles. L'Université a été créée, organisée, et modifiée par l'action lente et insensible du temps. Elle a changé peu à peu, mais elle a changé sans cesse. Ses réglements et ses lois ne sont guères que des coutumes écrites. On ne peut marquer avec une précision rigoureuse le moment où telle institution commence ou finit. L'acte authentique qui la mentionne pour la première fois en suppose toujours l'existence. D'un autre côté, la législation et la jurisprudence de l'Université n'ont jamais été coordonnées. Les grandes ordonnances réglementaires, sanctionnées par l'autorité pontificale en 1215, 1231, 1366, et 1452, supposent une organisation complète dont elles se bornent à régler quelques détails et à réformer quelques abus. Pour donner une idée de l'ensemble de l'organisation universitaire, il faut combiner des documents de dates diverses et souvent éloignées. On ne saurait donc analyser le mécanisme de l'enseignement universitaire, sans se préoccuper de son histoire, et surtout de son origine.

D'un autre côté, les fonctions de l'administration étaient, dans l'Université, inséparablement unies à celles de l'enseignement. Pour étudier l'organisation de l'enseignement dans l'Université de Paris, il faut connaître celle de son gouvernement.

Nous commencerons donc par exposer brièvement quelles furent les origines, et quelle était la constitution de l'Université, principalement au xive siècle.

§ Ier.

ORIGINES DE L'UNIVERSITÉ DE PARIS.

Le XIIe siècle est une grande époque pour la chrétienté. L'Occident entreprend les croisades; la papauté étend et affermit sa puissance; les communes conquièrent leur indépendance en France et en Italie; enfin, au même temps, la renaissance de l'étude du droit romain en Italie, et le développement de la scolastique au nord de la France, réunissent à Bologne et à Paris un concours nombreux de maîtres et d'étudiants, qui s'organisèrent au XIIIe siècle en ces corporations célèbres connues sous le nom d'Universités.

L'Université de Paris fut le résultat naturel et spontané du mouvement scientifique qui se produisit en France, au nord de la Loire, au commencement du XIIe siècle. Elle ne fut créée ni constituée par aucun pouvoir; les rois et les papes furent ses patrons et non ses fondateurs. Elle naquit du besoin que les hommes qui cultivent leur intelligence ont de se rapprocher; et elle se constitua sous l'empire de cet esprit d'association qui produisait en même temps les villes Lombardes, les communes de France, et les corporations de métiers.

Pour retracer avec précision les origines de l'Université de Paris, il faut poser et résoudre les trois questions suivantes: 1° Quelle était la nature du mouvement intellectuel qui se développa au nord de la Loire, au XIIe siècle? 2° Comment se fixa-t-il à Paris? 3° Quels furent les premiers rapports des écoles de Paris avec l'autorité spirituelle?

Depuis l'invasion des Barbares, l'enseignement était exclusivement renfermé dans les monastères et les chapitres des églises cathédrales. A la fin du XIe siècle, principalement dans les écoles monastiques et capitulaires qui étaient au nord de la Loire, on étudiait avec ardeur la logique d'Aristote, d'après les traductions et les ouvrages de Boèce; on commençait même à l'appliquer à la théologie [1]. Ces études prenaient une importance toute nouvelle à côté et en dehors de l'ancienne encyclopédie du trivium et du quadrivium, qui avait compris jusque-là tout l'enseignement. Les monastères du Bec [2] en Normandie, de Laon [3] en Picardie, les écoles capitulaires de Tours et d'Angers [4] furent quelque temps célèbres par l'enseignement philosophique et théologique de Lanfranc, d'Anselme, et de Bérenger.

A l'église cathédrale de Paris était annexée, suivant l'usage, une école placée sous la surveillance du chapitre. Cette école paraît n'avoir eu d'abord aucune importance; la célébrité de ces écoles dépendait uniquement de la capacité du maître qui était chargé d'y enseigner. L'école gagnait et perdait avec un maître habile ses élèves et sa réputation. Vers 1100, Guillaume de Champeaux attirait beaucoup d'étudiants à l'école cathédrale de Paris par l'enseignement de la dialectique [5]. Son disciple, Abélard, eut encore plus de réputation et jeta plus d'éclat. Il enseigna successivement la dialectique à Melun, à Corbeil, à Paris, dans l'école cathédrale et sur la Montagne Sainte-Geneviève, et au monastère de Saint-Denis. A son retour de Laon, il enseigna la théologie dans l'école cathédrale de Paris [6]. De cet enseignement d'Abélard est sortie l'Université de Paris. Les leçons d'Abélard donnaient une importance souveraine à l'étude de la dialectique; son exemple passionna

---

[1] Saint Anselme est mort en 1109. — Roscelin se rétracta au concile de Soissons en 1092. — Cf. sur l'abus que Bérenger faisait de la dialectique, Lanfranc, *de Eucharistiá*, c. 7. (Bibl. PP. Lugd. XVIII.)

[2] Saint Anselme fut abbé du Bec en 1078.

[3] Abélard alla y étudier la théologie sous Anselme, chanoine et doyen de l'église de Laon. (*Hist. calamit.*, cap. 2.)

[4] Bérenger fut *scholasticus* à Tours et archidiacre d'Angers.

[5] Abélard, *Hist. calam.*, cap. 1.

[6] Abélard, *Hist. calam.*, cap. 1, 2, 8.

pour la dispute et pour l'enseignement ; enfin sa réputation attira à Paris un concours nombreux d'étrangers de toutes les nations [1]. Paris ne perdit pas ces avantages avec la présence d'Abèlard. Les circonstances étaient favorables et fécondèrent le germe déposé par son enseignement. On continua à cultiver la dialectique avec une ardeur exclusive ; tous les étudiants rêvaient la gloire d'Abèlard, et aspiraient à professer comme lui ; les étrangers, surtout les Anglais et les Allemands [2], avaient pris l'habitude de venir à Paris, pour s'instruire dans cette ville, célèbre par la subtilité de ses logiciens et de ses théologiens.

L'enseignement d'Abèlard à Paris dura, avec différentes interruptions, de 1102 à 1136 environ [3]. De 1150 à 1200, Paris était plein d'écoles et de maîtres. On peut distinguer parmi ces écoles, l'école cathédrale de Notre-Dame, l'école monastique de Saint-Victor, et les écoles répandues sur le versant septentrional de la Montagne Sainte-Geneviève.

L'école cathédrale de Notre-Dame était surtout une école de théologie. Abèlard y avait inauguré cet enseignement par des leçons sur Ezéchiel. La tradition rationaliste d'Abèlard fut continuée avec éclat par le célèbre auteur du livre *des Sentences* [4].

L'école monastique de Saint-Victor était aussi une école

---

[1] Epistola Fulconis ad Abælardum. (Launoi, *De Scholis celebrioribus*, opp. VII, 67.) L'expression de ce témoignage me paraît un peu hyperbolique ; il faut se défier de la rhétorique des écrivains de ce temps.

[2] Parmi les disciples célèbres des écoles de Paris, au XIIe siècle, le nombre des Italiens est infiniment moins considérable que celui des Allemands et surtout des Anglais. Cf. du Boulay, *Catalogus Academicorum illustrium*. Il serait du reste possible que les biographes eussent souvent donné leurs suppositions pour des réalités. *Hist. univ. Par.* II.

[3] Abèlard, *Hist. calamit.*, cap. 2. — Cf. Rémusat, *Abèlard*, t. I, p. 15, et Salisbury, *Metalogicus*, II, cap. 10.

[4] Pierre Lombard fut évêque de Paris, en 1159, et mourut en 1164. Pierre le Mangeur, chancelier de Notre-Dame, et Pierre le Chantre, chantre de l'église de Paris, durent enseigner aussi la théologie dans l'école du cloître.

de théologie, mais rivale de celle de Notre-Dame. Au rationalisme d'Abélard et de Pierre Lombard, elle opposait le mysticisme de Hugues et de Richard de Saint-Victor [1]. Quoique cette école ait eu beaucoup de réputation au XIIe siècle, elle ne réussit pas plus à maintenir sa réputation qu'à faire prévaloir sa méthode. Elle s'efface au XIIIe siècle sans laisser de traces.

Les écoles répandues sur la Montagne Sainte-Geneviève ne devaient leur origine qu'à Abélard. Elles semblent complètement indépendantes de toute autorité ecclésiastique ou civile. On enseignait dans ces écoles le trivium et le quadrivium, mais surtout la dialectique [2]. Les analytiques d'Aristote, qu'Abélard n'avait pas connus [3], donnaient à cet enseignement un aliment nouveau [4]. La dialectique était enseignée, étudiée, et exercée avec passion, aux dépens de toutes les autres sciences. On appelait déjà la logique l'*art* par excellence [5]; dès le XIIe siècle, on lui sacrifiait la grammaire et les études littéraires. Les maîtres et les étudiants de Paris tombaient déjà dans tous les excès de subtilité vaine et de sophistique puérile qui ont déshonoré la scolastique [6]. Le siége de l'enseignement dialectique était resté sur la Montagne Sainte-Geneviève, où Abélard l'avait transporté au commencement du siècle. Sa parole avait peuplé les clos jusques-là déserts de cette hauteur. Les disciples d'Abélard y étaient

---

[1] Cf. Les grossières attaques de Gautier de Saint-Victor contre Abélard, Pierre Lombard, Pierre de Poitiers, et Gilbert de la Porrée, dans Bul. Hist. un. Paris., II, 200, 402, 629-660.

[2] Joannes Sarisberiensis, *Metalogicus*, lib. II, cap. 10.

[3] M. Cousin l'a démontré (*Fragments philosophiques*, 1847, II, 56-62.

[4] Jean de Salisbury traite des analytiques, *Metalog.*, lib. IV, cap. 1-6. Il était à Paris vers 1136, l'année qui suivit la mort du roi d'Angleterre, Henri I. (*Met.*, lib. II, cap. 10.)

[5] *Ars* est employé dans le sens de dialectique par Abélard, *Dialect.*, p. 454, Ed. Cousin, 4º.

[6] Joh. Sarisb., *Metalog.*, lib. I, c. 3.

restés après son départ, et se confinaient pendant des années entières dans l'étude et l'exercice de la logique [1].

C'est de la réunion des écoles de logique établies sur la Montagne, avec l'école de théologie, qui était dans le cloître Notre-Dame, que s'est formée l'Université de Paris.

On ne trouve pas, au XIIe siècle, le moindre vestige d'association entre les maîtres des écoles de Paris. Abélard semble avoir inspiré à ses disciples sa passion pour l'indépendance. On avait à peine étudié, qu'on se hâtait d'enseigner. Tous les jeunes gens ambitionnaient ce glorieux titre de maître qu'Abélard avait entouré de tant d'éclat. Encore imberbes, ils montaient dans la chaire doctorale [2]. On commença à craindre que cette liberté illimitée de l'enseignement ne menaçât la pureté de la foi [3]. Tous ces maîtres rivaux cherchaient à se distinguer par des doctrines nouvelles que les disciples recherchaient et adoptaient avec l'enthousiasme de la jeunesse. On avait vu par les exemples de Roscelin, d'Abélard, et de Gilbert de La Porrée quelles conséquences pouvaient avoir pour le dogme de simples théories logiques. L'hérésie n'était déjà plus renfermée entre les savants et les clercs; elle se popularisait parmi les laïques. Dans les contrées les plus diverses de la France, à Agen, à Soissons, à Périgueux, à Reims, à Arras, à Besançon, et surtout dans les provinces du Midi, l'hérésie pullulait. Des laïques lisaient l'Evangile, en opposaient les préceptes aux mœurs du clergé, et se prétendaient plus fidèles aux exemples donnés par Jésus-Christ et ses apôtres [4].

Ces dangereux symptômes devaient appeler l'attention des

---

[1] Joh. Sarisb., *Metal.*, lib. II, cap. 10. Jucundum... visum est, veteres quos reliqueram, et quos adhuc Dialectica detinebat, in monte revisere socios. Il les avait quittés depuis dix ans.

[2] Joh. Sarisb., *Metal.*, lib. I, cap. 3.

[3] Petrus Blesensis, *Epist.* 251. (Ed. du Moulinet. 1682. p. 366.)

[4] Gieseler, *Kirchengeschichte*, II, § 85.

évêques sur la liberté illimitée de l'enseignement. L'empressement avec lequel Abèlard encore tout jeune avait entrepris d'enseigner de sa propre autorité, semble avoir été déjà blâmé [1]. Depuis la seconde moitié du XIIe siècle, ceux qui voulurent enseigner furent obligés d'en demander l'autorisation préalable au pouvoir ecclésiastique. C'est ce qu'on appela *la licence* (*licentia docendi*).

Il est fort difficile de déterminer avec précision quand et comment s'établit cette coutume. L'école capitulaire annexée à toute église cathédrale était en même temps pour le diocèse une sorte de séminaire. Avant d'être ordonnés, les aspirants à la prêtrise étaient assujétis à une sorte de stage à l'évêché, pour se former à leurs fonctions et permettre de s'assurer de leur moralité [2]. L'école cathédrale était donc pour ainsi dire commune à tout le diocèse. Le chanoine qui était chargé de la diriger semblait être en droit de prétendre à être le chef de l'enseignement dans toute l'étendue de la circonscription épiscopale ; il put se prévaloir de l'analogie qui existait entre les fonctions de la prédication et celles de l'enseignement, pour forcer tous ceux qui se proposaient d'ouvrir une école dans le diocèse à demander préalablement son autorisation. Nul ne pouvait prêcher sans la permission de l'évêque [3] ; il dut sembler naturel que nul ne pût enseigner sans la permission de l'écolâtre, à qui l'évêque avait délégué cette importante partie du soin des âmes qui consiste dans l'enseignement.

Cette coutume, quelle qu'en soit l'origine, paraît généralement établie du temps du pape Alexandre III (1159-1181). Le droit des écolâtres était cependant contesté. Dans le dio-

---

[1] Abèlard, *Historia calamitatum*, cap. 8. Duo præcipuè absenti mihi semper objiciebant — quòd sine magistro ad magisterium divinæ lectionis accedere præsumpsissem.

[2] Concil. Turon., a. 813, c. 12.

[3] F. Walter, *Lehrbuch des Kirchenrechts*. § 177.

cèse de Châlons, l'abbé de Saint-Pierre-du-Mont en appela à Alexandre III de l'écolâtre de Châlons, qui prétendait lui défendre d'instituer un maître d'école sur le territoire de son abbaye. Dans une lettre à l'archevêque de Reims, Alexandre III blâme fortement l'écolâtre, et semble reconnaître la liberté d'ouvrir école sans autorisation préalable [1]. Cependant le concile de Latran (1179) reconnaît implicitement aux écolâtres le droit de conférer l'autorisation d'enseigner (*licentia docendi*); il leur interdit seulement de la vendre à ceux qui la demandent, et de la refuser à ceux qui méritent de l'obtenir [2].

Le droit de conférer cette permission d'enseigner, qu'on a appelée plus tard *licence*, était exercé à Paris par le chancelier du chapitre de Notre-Dame. Le chancelier était une sorte de notaire chargé de rédiger, de sceller, et d'expédier les actes passés par le chapitre [3]. Ces fonctions ne pouvaient être remplies que par un homme instruit. Elles furent souvent confiées à des théologiens qui réunirent à leurs attributions la direction et la surveillance de l'école épiscopale [4]. Vers 1173, le chancelier de Notre-Dame, qui était alors Pierre le Mangeur, théologien célèbre, paraît être en possession du droit de conférer la licence [5]. Le pouvoir du chancelier fut encore augmenté par Philippe-Auguste. En 1200, ce roi exempta les

---

[1] Voir la lettre du pape dans Launoi, *De Scholis celebr.* (opp. VII, p. 58). Liberum esse debet cuique talentum gratiæ cui voluerit erogare. Je crois, toutefois, que le pape défend seulement de vendre la permission d'enseigner. Cela résulte de l'ensemble de la lettre, et particulièrement de l'avant dernière phrase : Non enim venale debet exponi quod munere gratiæ cœlestis aquiritur...

[2] Le décret est dans Bul., II, 450.

[3] Cf. Le décret rendu en 1215, par l'évêque de Paris, sur les fonctions du chancelier (Hemeræus, *De Academiâ Parisiensi*, p. 63).

[4] Elle est attribuée au chancelier, dans le décret de 1215.

[5] Lettre d'Alexandre III au légat Pierre Chrysogone (Bul., II, 570). Il autorisa Pierre le Mangeur à recevoir de l'argent pour la collation de la licence.

maîtres et les étudiants de Paris de la juridiction du prévôt, pour les soumettre à l'officialité [1]. Le chancelier intervenait donc dans le jugement de ces causes. Son pouvoir sur les maîtres et les étudiants devint dès lors exorbitant; il avait sur eux l'ascendant moral que lui donnait l'enseignement théologique [2]; il était maître de leur donner ou de leur refuser l'autorisation d'enseigner; il pouvait excommunier les rebelles [3]; enfin il les jugeait au civil et au criminel. Le chancelier exerçait donc au commencement du XIII° siècle le pouvoir le plus absolu sur les maîtres et les étudiants de Paris [4]. Il ne tarda pas à en abuser; dans les premières années du XIII° siècle, le chancelier ne tenait aucun compte des recommandations des maîtres dans la collation de la licence; il ne l'accordait qu'en imposant des serments conformes à ses intérêts personnels; il faisait emprisonner arbitrairement les maîtres et les étudiants; il les ruinait par des exactions et des amendes [5]. Il eut même pendant quelque temps un cachot à lui [6].

La nécessité de défendre des intérêts communs contre cette autorité despotique, força sans doute les maîtres des écoles de Paris à s'unir entre eux plus étroitement qu'ils ne l'avaient fait jusqu'ici; ils eurent recours à la protection du grand Innocent III, qui était favorablement disposé pour les écoles

---

[1] B. III, 2. L'original de cette pièce n'existe plus.
[2] Hemer., de Acad. Paris. 115-125.
[3] Synode de Paris. 1208. (Bul., III, 44.)
[4] L'auteur anonyme d'une réfutation de du Boulay, citée par Crevier, et intitulée *Universitatis Parisiensis ejusque facultatum quatuor origo vera adversus fabulas ac fabulatores vindicata* (Bibl. de l'Université. Ms. Université, n° 1), a seul bien compris et nettement exprimé ce fait important (p. 504, 399, 523, 524, 536). Cet ouvrage passionné, mais savant, est le meilleur qu'on ait fait sur les origines de l'Université de Paris.
[5] Ces reproches sont contenus dans une bulle d'Innocent III de l'année 1213. Elle se trouve insérée dans le concordat manuscrit de 1213. (Arch. de l'Université.)
[6] Bulle de Grégoire IX. 1231. (Bul., III, 141.)

de Paris où il avait étudié lui-même[1]. Il autorisa les maîtres, en 1208, à se faire représenter par un syndic[2], et en 1209[3] à s'imposer sous la foi du serment l'obligation d'observer les réglements qui leur paraîtraient convenables. Ces deux bulles constituaient les maîtres et les étudiants de Paris, en une vraie corporation (*Universitas*)[4] selon le droit Romain. La nouvelle corporation lutta désormais avec une constante opiniâtreté pour s'affranchir complètement de la domination du chancelier et obtenir la jouissance de tous ses droits. Sur les plaintes des maîtres de Paris contre le chancelier, Innocent III ordonna, en 1213, à l'évêque et au doyen de Troyes, de redresser les abus qu'on lui avait signalés. Le pouvoir judiciaire du chancelier fut soumis à certaines restrictions ; il lui fut interdit de refuser la licence à ceux que les maîtres lui recommanderaient. Ces nouvelles garanties furent consi-

[1] Il le dit lui-même dans la bulle de 1213, citée plus haut.
[2] La décrétale dans Bul. III, 23. Elle se trouve c. 7, X. *De Procurator.* (1, 38). Walter (*Lehrb. Kirchenr.*, p. 702, n. 12), lui donne la date de 1208.
[3] Ap. Bul., III, 52.
[4] Savigny, *Histoire du Droit romain au moyen-âge* (trad. fr. III, 295 sq.) Il est à remarquer que dans les actes relatifs à l'Université, avant 1261, le mot *universitas* est toujours employé avec le génitif *magistrorum* ou *scholarium* sous-entendu. Il exprime toujours l'association des maîtres de Paris, considérée comme corporation légale. Pour désigner l'Université comme corps enseignant, les papes emploient toujours l'expression *studium*, *studium Parisiense*. Le mot *studium generale* se trouve pour la première fois dans une bulle d'Alexandre IV de 1259 (B. III, 351). Je ne pense pas que l'épithète de *generale* se rapporte, comme le croit Savigny (*loc. cit.*), au privilége de *docendo hic et ubique*. Je crois que *studium generale* a ici le même sens que chez les Dominicains (*Cf. infra*, ch. II, § 2. A.), et se rapporte aux diverses nations qui étaient représentées dans l'Université de Paris. — Le mot d'*Universitas Parisiensis* est appliqué pour la première fois, sans aucun sous-entendu, et dans le sens de corps enseignant, dans la bulle d'Urbain IV, 1261 (Bul. III, 366) : Scientiarum fontem irriguum, fluviumque virtutum Parisiensem scilicet universitatem Apostolico favore digne prosequimur. L'expression *Academia Parisiensis* se rencontre dans une bulle d'Alexandre IV de 1256 (B. III, 352) : Quatenus *Academia Parisiensis*... contrà noxia quælibet... solida permaneat. Je n'en ai pas rencontré d'autre exemple avant le XVIe siècle.

gnées dans une sorte d'accord, passé en 1213, entre les maîtres et le chancelier, sous la médiation de l'évêque et du doyen de Troyes [1]. Cet acte peut être considéré comme la charte de l'Université de Paris. Cette convention fut confirmée en 1215 par le légat Robert de Courçon [2]. Il sanctionna en même temps de son autorité les règlements d'études que les maîtres avaient établis; il leur confirma le droit de se soumettre par serment aux règlements que la corporation ferait sur l'organisation des cours, des disputes, et sur son administration; ce privilége enlevait aux chanceliers toute autorité sur l'Université; aussi fut-il souvent attaqué par eux. Mais il fut confirmé par le légat Romain en 1225, par Grégoire IX en 1228 [3] et par Innocent IV en 1244 [4]. En 1219, Honorius III désarme le chancelier, en défendant d'excommunier aucun membre de l'Université sans l'autorisation du St.-Siége [5]. Ce privilége fut confirmé par Innocent IV en 1246 [6]. En 1231, Grégoire IX protégea l'Université de Paris contre le pouvoir civil, obligea le chancelier à prêter serment lors de son installation devant des maîtres chargés de représenter la corporation, et arma l'Université du redoutable privilége de suspendre les cours et les sermons, si on refusait de lui rendre justice [7]. Enfin le 30 mai 1252, l'Université obtint d'Innocent IV le droit d'avoir un sceau qui lui fut propre [8]; ce droit était le signe et la garantie d'une complète indépendance. Elle fut dès lors,

[1] Il se trouve aux archives de l'Université.
[2] Ap. Bul. III, 81-82.
[3] Ap. Bul. III, 130.
[4] Ap. Bul. III, 195.
[5] Ap. Bul. III, 93.
[6] Du Boulay n'en parle pas. La bulle est citée par son adversaire anonyme (*Origo vera*, p. 562-563).
[7] Ap. Bul. III, 140-141.
[8] La bulle est aux archives de l'Université. Le privilége est accordé pour 17 ans. La bulle est ainsi datée : Datum Perusiis 3. Kal. junii Pontif. an. 9.

comme corporation, complètement affranchie du chancelier.

En même temps, l'Université complétait son organisation intérieure; et l'on distinguait, dès 1250, les éléments des sept corporations qui devaient la composer. Ici se présente la question si passionnément agitée au milieu du xviie siècle : l'Université était-elle primitivement organisée en nations ou en facultés?

Pour résoudre la question, il faut distinguer entre l'association volontaire, et la corporation légale, entre le fait et le droit. Il était naturel que les maîtres qui enseignaient la même science fussent habituellement réunis par la similitude de leur profession, et s'assemblassent fréquemment pour régler leurs intérêts communs. Des circonstances locales rendaient cette séparation encore plus profonde dans le corps enseignant de Paris. Je ne parlerai pas des médecins que leur profession devait isoler de tous les autres maîtres, par cela seul qu'elle n'avait pas l'enseignement pour objet principal. Les maîtres en théologie et en droit-canon formèrent dès l'origine une société particulière, et ne furent jamais confondus avec les maîtres ès-arts. La connaissance du droit-canon était nécessaire au chapitre pour la défense de ses intérêts, et ceux qui l'enseignaient trouvaient un auditoire tout prêt dans l'école du cloître [1]. Il semblait naturel que l'enseignement de la théologie, auquel se joignait ordinairement le droit de prêcher, dépendît plus étroitement que tout autre de l'autorité épiscopale. Les maîtres en théologie n'enseignèrent donc longtemps que dans l'école cathédrale. Lorsque les maîtres en théologie et les maîtres en décret voulurent la quitter, le chancelier ne leur accordait la licence qu'à la condition de s'engager à ne pas enseigner au-delà des ponts [2]. Les théologiens étaient d'ailleurs les assesseurs ordinaires de l'évêque dans les jugements

[1] Cf. infra, ch. III, § 5.
[2] Bulle de Grégoire IX. 1227. (Bul. III, 124-125.)

d'hérésie [1]. Ils étaient fort peu nombreux [2]. Les statuts de Robert de Courçon exigeaient vingt-un ans pour enseigner les arts, et 35 pour enseigner la théologie [3]. Ainsi par la nature et le siége de leur enseignement, par leur dépendance immédiate de l'autorité épiscopale, par leur petit nombre, et enfin par leur âge, les théologiens étaient complètement isolés des maîtres ès-arts. Des raisons analogues peuvent être appliquées à l'enseignement du droit-canon.

Quant aux maîtres ès-arts et à leurs étudiants, ils étaient fort nombreux au commencement du XIIIe siècle; toutes les nations de l'Europe étaient représentées parmi eux. Il était naturel que les étudiants et les maîtres, étrangers pour la plupart à Paris, se groupassent suivant les affinités de langue, d'origine et de diocèse. C'est un fait qui se produisit dans l'Université de Bologne [4] et que l'on a pu observer de nos jours dans les Universités allemandes [5]. Il est probable que, dès le XIIe siècle, les maîtres et les étudiants, originaires du même pays, vivaient ensemble et habitaient la même maison.

Toutes ces associations, formées d'abord spontanément et sans caractère public, se constituaient successivement en corporations légales, possédant sceau, coffre commun, et droit d'obliger par serment leurs membres à l'observation des réglements qu'elles décrétaient. Toutefois, on ne voit pas de traces d'organisation légale d'aucune des parties de l'Université avant le temps d'Innocent IV. Jusque-là les actes authentiques ne semblent reconnaître dans l'Université d'autre distinction que celle qui provenait de la nature de l'ensei-

---

[1] Cf. Bul. III, 176, 191.

[2] Leur nombre fut fixé à huit par Innocent III, en 1207. (Bul. III, 56.)

[3] Bul. III, 82.

[4] Cf. Savigny, *Hist. du Droit romain* (III, p. 158, c.)

[5] Vers 1814, les étudiants de Tubingue s'étaient groupés, suivant leur origine, en différentes associations appelées : *Suevia, Danubia, Helvetia*. (Knüpfel, *Geschichte und beschreibung der Universitæt Tubingen*. Tubingen, 1849, p. 295.)

gnement. Les statuts des légats et les bulles des papes règlent séparément ce qui concerne les théologiens, les artistes, les décrétistes, et les médecins. Dans aucun de ces actes il n'est tenu compte des nations comme formant des compagnies séparées. Le concordat de 1213 exige que sur les six maîtres ès-arts qui recommanderont au chancelier les aspirants à la licence, trois devront être nommés par les artistes. Il n'est pas question des nations. Certes, si elles avaient formé déjà quatre compagnies séparées, on eût accordé huit maîtres, dont quatre nommés par les nations.

Cependant les artistes étaient placés dans des conditions plus favorables que les théologiens et les décrétistes pour obtenir de bonne heure tous les droits d'une corporation indépendante. Ils étaient trop nombreux pour que le chancelier pût les soumettre à une surveillance bien exacte; et la foule turbulente d'écoliers armés, qui les entourait, devait lui rendre difficile l'exercice habituel de l'autorité. Enfin, l'enseignement des arts se donnait en dehors de la cité, sur le territoire de la puissante abbaye de Sainte-Geneviève, qui prétendait relever immédiatement du Saint-Siége[1], et dont la rivalité devait être un obstacle au chancelier de Notre-Dame. L'abbé de Sainte-Geneviève paraît même avoir obtenu du Saint-Siége, entre 1231 et 1254, le pouvoir de conférer la licence pour la Faculté des arts[2]. Ce privilége assurait l'indépendance des maîtres en leur permettant de tenir en échec l'un des chanceliers par l'autre. En 1245, les artistes

---

[1] Cf. Le procès de Sainte-Geneviève avec l'évêque de Paris (Ap. Bul. II, 538-540). Il fut décidé en 1201, par Innocent III. La bulle dans Bul. III, 12.

[2] Le plus ancien acte authentique produit en faveur de ce privilége est la bulle de Grégoire IX. 1227. (Bul. III, 124.) Mais, dans cette bulle, il n'est nullement question d'un chancelier, mais seulement de l'*abbé* et du *couvent*. De *licentiâ ipsorum* se rapporte à l'abbé et au couvent, et, évidemment, ne signifie pas ici la *licence* ou permission d'enseigner. A quelle occasion, si ce n'est en leur conférant la licence, le chancelier de

étaient déjà divisés en nations [1]; en 1249, ces nations, au nombre de quatre, avaient chacune leur sceau particulier, et élisaient tous les mois un chef commun appelé *recteur* [2]. Les pays qui envoyaient à Paris le plus de maîtres et d'étudiants, l'Ile de France, la Normandie, la Picardie, et l'Angleterre donnèrent chacun leur nom à l'une des nations. Les Allemands, les Flamands, et les Italiens étaient en trop petit nombre pour constituer une compagnie séparée. Ils durent se joindre à la nation avec laquelle ils avaient le plus d'affinité, les Allemands à la nation Anglaise, les Flamands à la nation Picarde, les Italiens et les méridionaux à la nation Française.

Les théologiens et les décrétistes n'obtinrent qu'en 1227, du pape Grégoire IX, la permission d'enseigner en dehors de la cité. Les décrétistes et les médecins eurent un chef

---

Notre-Dame aurait-il pu forcer les maîtres en théologie et en décret à jurer qu'ils enseigneraient dans la cité? S'ils avaient reçu la licence du chancelier de Sainte-Geneviève, ils eussent été complètement indépendants du chancelier de Notre-Dame. Il est probable que pour exercer sur le territoire de Sainte-Geneviève le droit général d'enseigner ou la *licence* que conférait le chancelier de Notre-Dame, il fallait en demander l'autorisation *(de licentiâ ipsorum)* au couvent et à l'abbé de Sainte-Geneviève, comme un prêtre qui aurait le droit de prêcher dans tous les diocèses, demande l'autorisation de l'évêque pour prêcher dans tel ou tel diocèse. Je ne vois pas de mention authentique du chancelier de Sainte-Geneviève avant la bulle que lui adresse Alexandre IV, en 1255 (Bul. III, 293). A quelle époque l'abbé de Sainte-Geneviève a-t-il reçu le privilége de faire conférer la licence aux artistes en vertu de l'autorité pontificale? On l'ignore.

[1] Bulle d'Innocent IV, 1245 (Bul. III, 202). Le prétendu concordat de 1206 entre les nations (Bul. III, 31) était vraisemblablement l'acte de 1266 (Crevier, I, 294 note et VII, 117).

[2] Statut des artistes sur l'élection du recteur (Bul. III, 222). — Du Boulay se trompe en interprétant, dans le privilége de Philippe-Auguste, *Capitale Parisiensis studii scholarium* par *recteur*. Dans les serments prêtés en français par le prévôt, et rédigés d'après ce privilége, il n'est pas question de recteur *(Origo vera*, p. 596). Le mémoire écrit contre le chancelier Philippe de Thori, vers 1283 (Archives de l'Univ., M. Leclerc en a donné l'analyse, *Histoire littéraire de la France*, t. XXI),

appelé *doyen*, dès 1267 [1]; les décrétistes obtinrent même un sceau particulier en 1271 [2], et les médecins en 1274 [3]. L'émancipation des théologiens fut beaucoup plus tardive. La nature de leurs fonctions les mettait en rapports directs et fréquents avec l'autorité épiscopale, et le chancelier, qui était ordinairement un théologien, resta longtemps leur seul chef. Les couvents des Cisterciens, des Prémontrés, du Val des écoliers, des Trinitaires, des Dominicains, et des Franciscains, la fondation de la maison de Sorbonne pour les séculiers transportèrent l'enseignement de la théologie en dehors de la cité. Les maîtres en théologie avaient un doyen en 1296 [4]. Les quatre compagnies des maîtres ès-arts, des théologiens, des décrétistes, et des médecins prirent désormais le nom de *facultés* [5].

Il résulte de cette exposition :

1° Que les écoles de Paris sont nées de la philosophie scolastique.

2° Qu'Abélard peut être considéré comme le fondateur de fait de l'Université de Paris. Il a popularisé la méthode

applique l'expression *capitale*, *etc.*, à un maître régent en médecine. Elle désigne donc les maîtres et non le recteur. — Le mot *rector*, sans doute par dérivation de *regere scholas*, est employé pour *régent* dans les actes suivants : Décrétale d'Innocent III. 1210 (Bul. III, 60) *rectoribus universis sacræ paginæ*; bulle d'Innocent IV. 1244 (Bul. III, 192). L'anonyme (*Origo vera*, p. 562) cite ce passage d'une bulle d'Innocent IV. 1246 : Nullus in universitatem vestram magistrorum aut scholarium aut procuratorem eorum vel *rectorem cujuscumque facultatis* aut quemcumque alium — excommunicationis — sententias audeat promulgare..... *procurator* semble désigner ici le chef de la corporation, et *rector* un professeur.

[1] Bulle de Clément IV. 1268 (Bul. IV, 262).
[2] Bul. III, 401.
[3] Stat. Fac. med. (B. III, 410).
[4] Acte cité par l'anonyme (*Origo vera*, p. 143), et Crevier, II, 85.
[5] Ce mot signifiait d'abord *science*. De là un équivoque dans les actes où se trouve ce mot. Il est pris pour la première dans le sens de *corporation*, sans aucun doute, dans un statut de la Faculté des arts. 1258. (B. III, 347). *Jurent coram tota Facultate*.

de son enseignement; il a fixé à Paris la scolastique par son long séjour dans cette ville; par sa réputation, il a habitué les étrangers à prendre le chemin de Paris.

3º Que les maîtres de Paris, soumis depuis la fin du XIIe siècle à l'autorité absolue du chancelier de Notre-Dame, ne se sont organisés en corporation indépendante que de 1200 à 1250, avec l'appui et la protection d'Innocent III, de Grégoire IX, et d'Innocent IV [1]. La puissance royale n'a contribué en rien à cette émancipation; et le privilége de Philippe-Auguste est le seul qu'elle ait accordé à l'Université avant Philippe-le-Bel [2].

4º Que dès 1200, les nations et les Facultés ont existé simultanément et séparément comme associations de fait; mais elles ne se sont constituées que successivement en corporations publiquement reconnues, et possédant sceau, coffre commun, et droit de se donner des statuts, les nations vers 1245, les Facultés vers 1260.

De 1260 à 1300, l'organisation des compagnies, qui formaient l'Université, s'affermit et se complète. Nous allons exposer la constitution de l'Université, telle qu'elle fut, principalement au XIVe siècle.

§ II.

DE LA CONSTITUTION DE L'UNIVERSITÉ.

L'Université de Paris était une université de maîtres et non d'étudiants. Il fallait être maître ès-arts pour être membre

[1] L'anonyme (*Origo vera*, p. 557-570) a très-bien compris ce fait.
[2] La royauté, au XIIIe siècle, est même peu bienveillante pour l'Université. Philippe-le-Bel la combla de priviléges, parce qu'il en avait besoin contre Boniface VIII. Les rois qui lui ont succédé n'y ont presque rien ajouté.

de la Faculté des arts ; il fallait être docteur pour participer aux délibérations des autres Facultés [1]. Cette exclusion des étudiants s'explique sans doute par la grande jeunesse des écoliers de la Faculté des arts, dont les autres Facultés suivirent l'exemple.

L'Université était une république essentiellement fédérative. Les quatre nations et les trois Facultés étaient autant de compagnies séparées et complètement indépendantes les unes des autres. Chacune de ces corporations était elle-même une sorte de fédération. La Faculté de théologie était une agrégation de communautés régulières et séculières qui ne jouissaient pas des mêmes droits. La Faculté de décret, composée d'un petit nombre de membres, était seule homogène. La Faculté de médecine se subdivisait, pour les élections, en quatre nations, comme la Faculté des arts. Les nations qui constituaient la Faculté des arts, étaient composées, exceptée la nation de Normandie, d'un certain nombre de provinces [2]. Cette subdivision servait, il est vrai, plutôt aux élections qu'aux délibérations, excepté dans la nation de France [3]. La nation de France comprenait les cinq provinces de Paris, Sens, Reims, Tours, et Bourges [4]. La nation Picarde se par-

[1] Les bacheliers des Facultés supérieures, qui étaient maîtres ès-arts, faisaient partie de la Faculté des arts tant qu'ils n'étaient pas docteurs. Le doctorat les excluait du droit de participer aux élections et aux délibérations de la Faculté des arts. Les religieux de la Faculté de théologie, et la plupart des bacheliers de la Faculté de décret, ne faisaient pas partie de la Facluté des arts.

[2] *Provinciæ*. Je n'ai jamais rencontré au moyen-âge le mot *tribu*, qui fut exclusivement usité au xviie siècle.

[3] Registre du procureur de la nation de France. 30 mars 1449 (Bul. V, 551).

[4] La province de Bourges comprenait tout le midi de France, les Italiens et les Espagnols. Chaque province se subdivisait en diocèses. Voici une énumération de diocèses pour chaque province, que l'on trouve à la fin du registre de la nation de France (1444-1457). — Province de Paris : Paris, Meaux, Senlis, Chartres. — Province de Sens : Sens, Auxerre, Troyes, Langres, Besançon, Lausanne, Tarentaise, Aoste, Saint-Jean-de-Maurienne, Genève, Bâle, Grenoble, Die, Vienne, Belley,

tageait en deux parties composées chacune de cinq diocèses : la première comprenait Beauvais, Amiens, Noyon, Arras, Térouanne ; la seconde Cambray, Laon, Tournay, Liège, Utrecht [1]. Pendant les premières années du XIVe siècle, la nation Anglaise était divisée en deux provinces, la province Anglaise composée du seul royaume d'Angleterre, et la province non Anglaise composée de onze royaumes [2]. Plus tard cette prépondérance des Anglais ne répondait plus à leur nombre, et excita des jalousies et des querelles. En 1331, la nation abolit cette distinction par un statut, que l'Université confirma en 1333 [3]. Vers la fin du XIVe siècle, la nation se subdivisa en trois provinces, Haute-Allemagne, Basse-Allemagne et Écosse.

Tous les pouvoirs étaient concentrés dans les assemblées des compagnies. Elles votaient les réglements, statuaient sur les demandes particulières, et nommaient directement à tous les offices. L'autorité de leurs chefs était plus honorifique que réelle. Ils pouvaient cependant prendre d'eux-mêmes quelques mesures, dans des circonstances urgentes qui n'auraient pas permis les délais qu'entraîne la réunion d'une assemblée. Mais en général ils ne devaient rien décider sans avoir pris les ordres de leur compagnie. Ils la convoquaient, la présidaient, et la représentaient, et c'est à cela ordinairement que se bornaient leurs fonctions. Aussi ne restaient-ils en charge que fort peu de temps. D'ailleurs, chacun des membres de la compagnie prétendait participer à son tour à

Lyon, Mâcon, Châlons-sur-Saône, Autun, Nevers, Orléans, Pamiers.— Province de Rheims : Rheims, Soissons, Châlons, Toul, Metz, Verdun. — Province de Tours : Tours, Angers, Le Mans, Dol, Quimper, Nantes, Saint-Malo, Lyon.— Province de Bourges : Bourges, Limoges, Poitiers, Clermont, Le Puy, Viviers, Nîmes, Maguelonne, Narbonne, Béziers,..., Saintes, Uzès, Luçon, ..., Tulles, Genève, Valence, Vence, Arles, Toulouse, Bordeaux.

[1] Reg. nat. Picarde (1477-1483) passim. (Ms. archives de l'Univ.)
[2] Stat. nat. Angl. 1331. (Ms. archives de l'Univ., liasse 2.)
[3] Ibid.

ces honneurs. La continuation des chefs dans leurs fonctions excitait des troubles et des dissensions [1]. Le recteur n'était en charge que trois mois [2], les chefs des nations ou *procureurs*, un mois ; mais ils pouvaient être continués [3]. Les doyens des Facultés de théologie, de décret et de médecine avaient une autorité plus sérieuse. C'était de vrais administrateurs. Les doyens de décret et de médecine conservaient leurs fonctions pendant un an [4], et le syndic, qui faisait dans la Faculté de théologie fonction de doyen, pendant deux ans [5]. Les formes des élections variaient en général, suivant le nombre des électeurs. L'élection du doyen et du syndic était directe dans les Facultés de décret et de théologie. Dans la Faculté de médecine quatre électeurs ou *intrants*, nommés par les maîtres de chaque nation, choisissaient le doyen, le premier samedi après la Toussaint [6]. Le recteur était de même élu par quatre intrants que choisissaient les quatre nations. Les électeurs du recteur étaient eux-mêmes nommés par le suffrage à deux degrés dans les nations de France et de Picardie. Dans la nation de France, chacune des cinq provinces élisait tour à tour l'intrant [7] ; dans la nation de Picardie, chacun des diocèses de l'une des deux parties nommait pendant deux élections successives un intrant, et ces cinq intrants choisissaient celui qui devait élire le recteur [8]. Dans la nation

---

[1] Reg. nat. Angl. 1403. 21 septembre. (Ms. archives de l'Univ.)
[2] Depuis le statut de Simon de Brie, 1266. (Bul. III, 380.)
[3] Cf. Les registres des nations, passim.
[4] Registres de la Faculté de médecine. Cf. Bul. IV, 254. Avant 1338, le plus ancien régent était doyen.— Liber Facultatis decretorum, p. 113. (Ms. bibliothèque de l'Arsenal. Histoire, n° 137.)
[5] Le doyen de la Faculté de théologie était le plus ancien maître régent séculier (B. III, 576). Le syndic fut institué en 1384 (*Origo vera*, p. 602). Le doyen de la Faculté de décret était élu après la première leçon qui suivait la Toussaint (Lib. Fac. decr., p. 113.)
[6] Reg. de la Fac. de médecine.
[7] Stat. nat. Fr. 1535. (Bul. IV, 545.)
[8] Reg. nat. Pic. passim. (Ms.)

Anglaise, chaque province nommait à son tour l'intrant, avant 1334[1]. Depuis le suffrage fut direct comme dans la nation Normande[2]. Le procureur de la nation de France était élu par cinq intrants nommés par les cinq provinces; celui de la nation Picarde était choisi par cinq intrants que nommait alternativement chaque partie[3]. Chaque province de la nation Anglaise nommait alternativement le procureur avant 1334. Depuis il fut élu directement, comme dans la nation Normande[4]. Ces élections indirectes semblent avoir eu pour principal objet de ménager les droits des différentes provinces qui composaient chaque corporation.

Chaque nation, chaque Faculté faisait elle-même ses réglements disciplinaires, disposait de ses écoles, percevait et dépensait ses revenus. Chacune avait ses officiers, son sceau, son coffre commun, son patron, ses messes. Tous les faits relatifs aux priviléges de la Faculté des arts, à la licence et à la maîtrise, à l'heure et la forme des cours et des disputes étaient ordinairement réservés à la décision des nations assemblées en Faculté. Chaque Faculté réglait elle-même tout ce qui était relatif à ses grades et à ses études. Les assemblées n'étaient composées que des maîtres régents pour l'expédition des affaires courantes; dans les circonstances graves on appelait les non-régents[5]. L'assemblée avait ordinairement lieu le samedi, après la messe du matin, dans l'église de Saint Julien-le-Pauvre ou aux Mathurins pour la Faculté des arts et pour les nations, aux Mathurins pour la Faculté de théologie, dans la chapelle de Saint-Jean-de-Jérusalem pour la Faculté de décret, dans la maison du doyen pour la Faculté de médecine. L'huissier ou bedeau de la compagnie transmettait

---

[1] St. n. A. 1331. (Ms.)
[2] Bul. V, 865.
[3] Reg. n. F. et n. P. passim. (Ms.)
[4] Reg. n. A. passim. (Ms.)
[5] Bul. III, 568.

aux maîtres le jour, l'heure, et les motifs de la convocation. Dans les assemblées des Facultés de théologie, de décret et de médecine, et dans les nations on opinait par tête. Mais dans la Faculté des arts on opinait par nation; chaque nation ne comptait que pour une voix, quel que fût d'ailleurs le nombre de ses membres. Les nations délibéraient à part, et leur procureur rapportait leur avis dans l'assemblée générale. C'est là une disposition commune à tous les états fédératifs, et destinée à maintenir l'harmonie et l'équilibre entre les éléments inégaux et hétérogènes qui les composent. Le procureur concluait pour la nation, le recteur pour la Faculté des arts, et toujours conformément à l'unanimité des voix [1]. Les affaires personnelles, comme la réponse à une pétition particulière, ou la poursuite d'une offense faite à un maître de la corporation [2], étaient ordinairement décidées par les assemblées, séance tenante. Quand il s'agissait d'affaires plus graves, et spécialement d'un statut à décréter, la nation ou la Faculté nommait une commission qui préparait le travail et lui soumettait son projet [3]. Le statut n'était voté qu'après trois délibérations [4].

Les questions réservées à l'assemblée des sept compagnies en Université étaient d'une double nature. Les unes, celles qui touchaient aux privilèges dont jouissaient tous les membres de l'Université, ne pouvaient être décidées qu'en assemblée générale. Les autres étaient des questions toutes particulières qui auraient pu être décidées par telle ou telle nation, par telle ou telle Faculté. Les questions qui touchaient l'Univer-

---

[1] La formule *nemine penitus reclamante* se rencontre à chaque instant.

[2] Dans les registres, on mentionne toujours dans l'énumération des articles des délibérations *articulus communis super supplicationibus et injuriis*.

[3] St. n. F. 1355. (Bul. V, 544). St. n. A. 1424. (Reg. nat. A. Ms.). St. Fac. th. 1492 (Richer. hist. acad. Paris. Ms., lib. III, cap. 22). C'est ce que signifie *de Consilio bonorum et prudentium*.

[4] St. n. A. 1424 et 1446, 26 août (Reg. nat. A. Ms.)

sité tout entière se rapportaient à la violation ou à l'abus de ses priviléges, et au gouvernement des industries qui étaient dans sa dépendance, comme la librairie et la parcheminerie. Les questions particulières étaient de la nature la plus diverse. Ainsi l'Université sanctionna en 1333 l'abolition des provinces dans la nation Anglaise [1]. En 1356 elle fixa les limites de la nation Picarde et de la nation Anglaise [2]. En 1389 elle soumit les bacheliers en théologie à l'obligation de séjourner à Paris jusqu'à leur licence [3]. Dans ces circonstances l'intervention de l'Université n'était réclamée que lorsque la compagnie intéressée se sentait trop faible ou trop divisée pour soumettre ses membres à sa propre décision. L'Université intervenait alors, mais plutôt pour sanctionner de son autorité des statuts déjà discutés, que pour imposer des dispositions nouvelles. Le recteur nommé exclusivement par la Faculté des arts et parmi les maîtres qui faisaient partie de cette Faculté, était pourtant considéré comme le chef de l'Université tout entière [4]. Mais il n'avait pas d'autre pouvoir que celui de convoquer et de présider l'assemblée de l'Université. Le bedeau de la Faculté des arts allait porter aux doyens des trois autres Facultés les lettres de convocation contenant le jour, l'heure et les articles de la délibération [5]. L'assemblée se tenait ordinairement dans le cloître des Mathurins. Le sujet de la délibération étant proposé par le recteur, chacune des sept compagnies se retirait pour en délibérer à part. La délibération terminée, les compagnies se réunissaient de nouveau pour faire connaître leur avis par l'intermédiaire des doyens et des procureurs. Chaque nation, et chacune des trois autres Facul-

[1] Cf. supra, p. 20, note 2.
[2] Bul. IV, 335.
[3] Bul. IV, 637.
[4] Ce fait tient vraisemblablement au grand nombre des suppôts de la Faculté des arts, et à ce que cette Faculté s'émancipa de l'autorité du chancelier avant les autres.
[5] D'après le statut de Simon de Brie. 1278. (Bul. III, 445).

tés ne comptait que pour une voix [1]. L'unanimité des voix était habituelle et exigée. Le recteur devait conclure, et toujours conformément à l'avis exprimé par les sept compagnies.

Chaque compagnie élisait deux officiers subalternes appelés *bedeaux*, qui étaient chargés de proclamer les congés, les heures et les jours de leçons, de publier les décisions de la compagnie et d'en assurer l'exécution matérielle, enfin de précéder, avec des masses d'argent, le recteur, le doyen, ou le procureur dans les grandes cérémonies [2]. Dans la Faculté des arts, les bedeaux de chaque nation résignaient tous les ans leurs masses à la compagnie, qui leur renouvelait l'investiture de leur office [3]. L'Université réglementait souverainement et sans contrôle toutes les industries qui se rattachaient à la librairie, et qui n'avaient à Paris d'autre débouché que dans cette population de maîtres et d'étudiants, la librairie, la parcheminerie, la reliure, et l'enluminure [4]. Les *messagers*, qui servaient d'intermédiaires entre les étudiants de la Faculté des arts et leurs familles, choisis d'abord librement, furent nommés, à partir du xve siècle, par les nations [5]. Ces clients de l'Université étaient admis à la jouissance de ses priviléges en matière d'impôts et de charges municipales.

[1] Stat. univ. 1389, et 1456 (apud, *Défense des droits de l'Université de Paris*. Paris. 1657. P. 177, 179).

[2] Cf. Du Boulay, *Remarques sur les Bedeaux*, Paris. 1670. In-4º. 26-27. Statut extrait du livre du recteur.

[3] St. n. A. 1424. (Ms. Reg. n. A., VIII, fº 2 verso), et le Registre de la nation de France (1447-1456) passim au mois de janvier.

[4] Sur les libraires. Cf. Stat. univ. 1275 (B. III, 419), 1323 (B. IV, 202), 1342 (B. IV, 178), 1370 (B. IV, 435). — Sur les Parcheminiers, St. Un. 1291 (B. III, 499).

[5] La première mention authentique de la nomination des messagers, par les nations, se trouve Reg. nat. Angl., août 1444 (fº 87 recto). — On appela plus tard ces messagers *petits messagers*, pour les distinguer des *grands messagers*. Cf. Crevier, VII, 158.

Dans l'Université, tous les officiers, tous les candidats à un grade, tous les clients prêtaient, avant de prendre leur nouvelle position, un serment solennel dans lequel ils juraient qu'ils remplissaient toutes les conditions exigées et qu'ils s'acquitteraient de toutes leurs obligations. Dans cette société semi-barbare, où les moyens d'assurer l'exécution des volontés générales étaient souvent inefficaces, on cherchait des garanties dans les terreurs de la conscience. La peur de la damnation éternelle devait remplacer la crainte des châtiments que l'homme se sentait incapable d'infliger. L'infraction aux réglements était aggravée par le crime du parjure. Mais plus un ressort est délicat, plus il doit être ménagé. On jurait sur les Évangiles d'obéir à des réglements inexécutables, ou de pratiquer des coutumes tombées en désuétude [1]. Les serments étaient chargés de tant d'articles qu'il était impossible d'en garder le souvenir, ou de dispositions tellement minutieuses qu'on était nécessairement conduit à les enfreindre. La confusion de l'impraticable et du possible, la disproportion entre la solennité de l'acte et la multiplicité et la nature des obligations affaiblissaient l'effet moral du serment, et le réduisaient la plupart du temps à une vaine formalité.

L'Université et la Faculté des arts n'avaient ni dépenses ni recettes régulières. Lorsque la Faculté des arts ou l'Université avait un procès à suivre, une ambassade à envoyer, on y pourvoyait par une cotisation extraordinaire qu'on imposait sur tous ceux qui jouissaient des priviléges de l'Université [2]. Chaque compagnie administrait exclusivement ses finances, et réglait par elle-même la perception et l'emploi de ses revenus. Les nations confiaient ce soin à un receveur élu tous

---

[1] Cf. Réforme de 1452 (Bul. V, 576-77). Il faut évidemment lire : *Specialiter autem nolumus* et non *volumus*. Les nations avaient demandé ces dispenses au cardinal (Reg. n. A. 1452, 31 janvier).

[2] Cf. Défense des droits, etc., chap. V et VII.

les ans [1], la Faculté de théologie au grand bedeau [2], la Faculté de décret à un trésorier [3], la Faculté de médecine à son doyen [4]. Les dépenses obligatoires consistaient en frais de location, de réparation et de construction des écoles, et en frais de service divin. On y pourvoyait par une taxe levée sur chaque candidat à chacun des examens qu'il passait. C'était là la principale, et pour ainsi dire l'unique source du revenu de chaque compagnie. Elles avaient quelques maisons, mais sans importance [5]. Les prairies qui s'étendaient le long de la Seine, depuis l'emplacement de la rue des Saints-Pères jusqu'à celui de l'esplanade des Invalides, et qui sont connues sous le nom de Pré-aux-Clercs [6], appartenaient en commun à la Faculté des arts, qui ne put en tirer aucun profit avant le XVIIe siècle. L'excédant des recettes sur les dépenses était distribué entre les maîtres et les bedeaux, et consommé au cabaret [7]. On ne faisait jamais d'économie. Ainsi s'explique la pauvreté de l'Université comme corporation [8].

L'Université de Paris jouissait de nombreux priviléges. Les priviléges, au moyen-âge, n'étaient pas des dérogations au droit commun ; car il n'y avait pas alors de droit commun. La société ecclésiastique et la société laïque étaient composées d'une foule de compagnies séparées qui passaient, chacune pour leur compte, soit avec le pape, soit avec le roi,

---

[1] St. n. A. 1424, et Reg. n. F. passim; St. n. P. 1329 (B. IV, 222).
[2] Livre du grand bedeau. 1449-1463.
[3] Lib. Fac. decr., p. 114.
[4] Reg. Fac. med. passim.
[5] Cf. Le registre du grand bedeau de la Faculté de théologie.
[6] Première mention dans le statut de 1215 (Bul. III, 82).
[7] Dans les registres de la nation Anglaise, au XIVe siècle, on trouve à chaque instant cette expression : *Intrare tabernam*. Cf. Bul. IV, 674, et St. n. A. 1391 (ibid.); St. n. P. 1372 (Bul. IV, 440); St. n. F. 1498 (Bul. V, 824). — La Nation accordait quelquefois des secours à des maîtres malades (R. n. A. 1382, 13 juillet), et prêtait sur gages à ses membres (R. n. A., VI, f° 65 recto, année 1415, et ailleurs).
[8] Crevier, II, 404, et Bul. V, 555.

des espèces de contrats dont les clauses réglaient leurs rapports avec l'autorité suprême et avec les autres corporations. Ces clauses étaient leurs priviléges, et leur étaient plus ou moins avantageuses, suivant que le pape ou le roi jugeait conforme à l'intérêt général ou à son intérêt particulier de favoriser la corporation qui traitait avec lui. L'Université, cet institut théologique de l'Europe chrétienne, ne fut maltraitée ni par les papes ni par les rois.

Aucun maître, aucun étudiant de l'Université ne pouvait être astreint à plaider hors Paris [1]. En vertu du privilége de Philippe-Auguste, les maîtres et les étudians ne pouvaient être jugés au criminel que par l'officialité de Paris. En matière civile, le prévôt de Paris connaissait des causes civiles où un membre de l'Université était intéressé contre un laïque, soit comme demandeur, soit comme défendeur [2]. L'évêque de Beauvais, l'évêque de Meaux, ou l'évêque de Senlis, au choix de l'Université, jugeait sous le titre de conservateur des priviléges apostoliques, les causes relatives aux bénéfices possédés par un membre de l'Université [3]. L'interdit et l'excommunication assuraient l'exécution de la sentence. Le conservateur apostolique déléguait ses fonctions à un vice-conservateur qui tenait ses audiences aux Mathurins. Toutes les difficultés qui s'élevaient entre les membres de l'Université étaient jugées par leur compagnie assemblée [4]. Ceux qui se croyaient lésés pouvaient en appeler à l'Université, qui nommait des arbitres et sanctionnait leur décision [5]. Plus tard, en 1446, Charles VII mit le Parlement de Paris en possession de juger les *causes, querelles, et négoces de l'Université et de ses suppôts* [6].

---

[1] C'est ce qu'on appelait le privilége *de non trahi extra*.
[2] Ordonnance de Philippe de Valois, 2 mars 1338 (Bul. IV, 256).
[3] Bulle de Clément V, 1308 (Bul. IV, 115).
[4] St. n. A. 1424.
[5] Ce fut l'origine du tribunal du recteur. St. Univ., 1310 (Bul. IV, 128).
[6] Ordonnance dans Bul. V, 539. L'Université, comme corps, prétendait être jugée par le roi en personne.

Depuis ce temps la juridiction du Parlement absorba par degrés toutes les afffaires relatives à l'Université. En matière d'impôts, les membres de l'Université étaient exempts de toute charge personnelle, comme taille et péage, à Paris, à l'aller et au retour. Leurs biens ne pouvaient être pris, ni leurs revenus arrêtés sous aucun prétexte [1]. Ils avaient droit de toucher pendant sept ans les revenus de leurs bénéfices sans y résider [2]. Tous les ans l'Université envoyait au pape une liste où elle lui recommandait une partie de ses suppôts pour la collation des bénéfices. Le pape répondait par de bonnes paroles, et l'Université n'en obtenait guères que des politesses [3]. Au reste, lorsque le clergé français fut en possession de conférer les bénéfices, l'Université n'en était pas mieux traitée [4]. Les priviléges de l'Université étaient garantis par la faculté que lui avait conférée Grégoire IX de suspendre ses leçons, ses exercices, et les sermons, jusqu'à ce qu'on lui eût rendu justice [5]. Cette *cessation*, comme on l'appelait, était publiquement annoncée en chaire par les prédicateurs qui, comme religieux ou théologiens séculiers, appartenaient tous à l'Université [6]. C'était là un dangereux privilége dans des moments de fermentation séditieuse. L'Université le perdit en 1499 [7].

L'importante question de savoir si l'Université était un corps laïc ou ecclésiastique a été toujours controversée. Il faut distinguer entre les époques et surtout entre les corpo-

[1] Ordonnance de Philippe-le-Bel, 1295, 1297, 1305. (Crevier, II, 157-59). Ordonnance de Philippe de Valois, 1340 (B. IV, 264).
[2] Bulles de Jean XXII, 1330 (B. IV, 233), de Clément VI, 1346 (B. IV, 295), de Clément VII (B. IV, 596).
[3] B. IV, 901-911.
[4] Cf. B. V, 186, 774; VI, 719-22.
[5] Bulle de 1231 (B. III, 141).
[6] Voir dans Bul. V, 830-54, l'histoire de la cessation de 1499.
[7] La cessation de 1499 fut la dernière. Louis XI avait obtenu de Pie II, en 1482, une bulle contre les cessations, que Félibien a imprimée (*Histoire de Paris*, *Preuves*, III, 707).

rations qui composaient l'Université. Au fond l'Université n'était qu'une unité nominale; elle n'avait ni officiers [1], ni finances. La question ne peut être décidée que pour chacune des compagnies. La Faculté de théologie était uniquement composée d'ecclésiastiques séculiers et réguliers; la Faculté de décret admettait les laïcs, les séculiers, et les réguliers; mais les laïcs ne pouvaient se marier [2]; la Faculté des arts excluait rigoureusement les réguliers [3]; elle admettait des ecclésiastiques séculiers, et des laïcs auxquels le mariage était interdit [4]; les ecclésiastiques séculiers ou réguliers étaient exclus de la Faculté de médecine [5], et les laïcs qui la composaient n'obtinrent qu'en 1452 la permission de se marier [6]. Cette obligation du célibat imposée aux membres laïcs de l'Université, prouve combien l'esprit ecclésiastique dominait dans cette corporation. D'ailleurs les artistes n'avaient d'occasion de continuer leurs études que dans l'état ecclésiastique, le seul où il fût alors possible de cultiver son intelligence. Les médecins eux-mêmes n'aspiraient qu'à posséder des bénéfices [7]. Au moyen-âge, l'Université était bien cer-

---

[1] Du moins au XIIIᵉ et au XIVᵉ siècle. Du Boulay ne peut pas commencer le Catalogue des greffiers *(scribæ)* de l'Université avant 1400 (B. III, 586), ni celui des receveurs *(quæstores)*, avant 1480 (III, 591). L'Université avait pour procureur le promoteur de la cour du conservateur des priviléges apostoliques (B. III, 583). Elle ne paraît avoir eu de procureur spécial qu'au XVIᵉ siècle (B. III, 584).

[2] Délibération de l'Université, 1554 (B. VI, 250). Cf. B. VI, 254.

[3] Serment des nouveaux maîtres au XIVᵉ siècle (B. IV, 274): Nullum religiosum cujuscumque fuerit professionis recipietis in aliquá examinatione. — Cf. Reg. nat. A. 1468, 6 avril. La Nation force un novice de l'ordre de Saint-Antoine de renoncer à sa profession pour être admis au baccalauréat.

[4] St. Fac. A., 1588 (B. VI, 797).

[5] Reg. Fac. med., 1403 (B. IV, 895).

[6] Réforme d'Estouteville (B. V, 569). La Faculté avait accordé quelquefois des dispenses. Reg. Fac. med., 1418, 1ᵉʳ et 29 avril.

[7] Cf: Reg. Fac. med. (1ᵉʳ registre, p. 204, 219). Les médecins célèbres du XVᵉ siècle, cités par Hazon (Notice des hommes les plus célèbres de la Faculté de médecine en l'Université de Paris. Paris. 1778. In-4°. P. 14, 16, 17), ont tous obtenu des dignités dans l'Eglise.

tainement ecclésiastique par l'esprit, par les habitudes, et par les espérances de la plupart de ses membres; elle fut toujours traitée comme un corps ecclésiastique au XIIIe, au XIVe et au XVe siècle. Cependant la législation des Facultés, si l'on en excepte celle de théologie, n'opposait pas un obstacle insurmontable à la sécularisation de l'Université. Elle fut même généralement traitée comme un corps laïc au XVIIe et au XVIIIe siècle. Cette question ne commença à être discutée qu'au XVIe siècle [1].

La distance est toujours grande entre ce qui est et ce qui devrait être, et cette distance était considérable au moyenâge où manquaient toutes les garanties régulières propres à assurer l'exécution des lois et des réglements. Le régime purement fédératif de l'Université et de ses compagnies était fort anarchique. La Faculté des arts, remplie d'une jeunesse turbulente, ne marchait pas toujours d'accord avec la Faculté de théologie, composée d'hommes plus âgés et plus rassis [2]. Les quatre nations et leurs provinces ne s'accordaient pas davantage entre elles. La nation de France, à elle seule aussi nombreuse que les trois autres, souffrait de n'avoir qu'une voix dans les assemblées [3]. La Faculté de théologie était aussi en proie à des discordes intestines; les séculiers étaient souvent en querelle avec les réguliers, toujours tracassiers et intrigants, toujours incapables de se soumettre à d'autres lois que celles de leur ordre [4].

[1] Cette question était débattue à propos des bénéfices placés sous le patronage de l'Université (Cf. sur ces bénéfices, B. III, 599-624). Ce patronage était-il laïc ou ecclésiastique? La question fut portée devant le parlement en 1540 (B. VI, 544-545), et en 1586 (B. VI, 785-786). Alors l'Université prétendait jouir des priviléges du patronage laïc; le parlement les lui accorda définitivement en 1667 (Crevier, V, 352).

[2] Ils eurent un procès avec les théologiens en 1359 (B. IV, 359).

[3] Statut de Simon de Brie, 1266 (B. III, 575-99).

[4] Tous les nouveaux maîtres en théologie juraient de faire observer la paix entre les séculiers et les réguliers.

Les assemblées de la Faculté des arts et des nations étaient souvent tumultueuses. Pendant quelque temps, dans la nation Anglaise, ce n'étaient que clameurs, injures, rixes; les gens raisonnables en étaient dégoûtés, et ne venaient plus aux assemblées [1]. On y était d'ailleurs peu assidu. Les nations, les Facultés n'étaient souvent représentées que par de très-faibles minorités [2]. Les hommes en général se plaisent plus à réclamer leurs droits qu'à les exercer. Aux Mathurins, on n'était souvent que cinq ou six; mais au cabaret, on se trouvait trente [3].

Les offices de l'Université, malgré leur courte durée, mettaient en jeu les ambitions. On sollicitait, on briguait, on corrompait, surtout pour le rectorat [4]. Des jeunes gens sans expérience parvenaient, à force de promesses et d'intrigues, à se faire nommer, et à écarter des hommes plus capables et moins remuants [5].

Les importants priviléges conférés à l'Université donnaient lieu aux plus graves abus. Les membres de l'Université prenaient intérêt dans des causes qui leur étaient étrangères pour les faire évoquer à Paris [6]. L'exemption de la sévère juridiction du prévôt lâchait la bride à l'insolence naturelle des étudiants.

En somme, le gouvernement de l'Université, comme celui de la plupart des corporations du moyen-âge, était fort imparfait. L'Université se maintenait par la force de l'habitude et

[1] Reg. n. A., septembre 1370 (f° 16). Cf. Réforme de 1452 (B. V, 570).
[2] En 1245, Innocent IV ordonna aux membres de l'Université d'être assidus aux assemblées (Crevier, I, 566).
[3] Reg. n. A., 10 mars 1417. A modo magistri non venientes ad congregationes non etiam intrent tabernam; viso quòd, quandò est congregatio, sunt 4 vel 5, in tabernis autem 30 vel eo circa.
[4] Réforme de 1452 (B. V, 570).
[5] St. n. A., 1459 (2ᵉ liasse, n° 30). — Cf. Robert Gaguin, epistola 55 (ap. Bul. V, 745).
[6] St. Univ., 1451 (B. V, 554). St. Univ., 1328 (B. IV, 217-18). St. Univ. 1317 (B. IV, 178).

l'influence des traditions. Cette égalité absolue de droits entre les maîtres, la familiarité de leurs relations avec les étudiants rendaient impossible une application inflexible des réglements; et d'ailleurs le petit nombre [1] des membres de l'Université n'en faisait pas sentir très-vivement la nécessité. Ensuite l'Université, et particulièrement la Faculté des arts, était comme renouvelée par un courant perpétuel de maîtres. L'enseignement était plutôt un stage qu'une profession. Le professeur *étudiait* [2]; il n'entrait dans l'Université que pour acquérir des bénéfices; il ne se proposait pas d'y rester. On était indifférent à beaucoup de désordres et d'irrégularités, parce qu'on n'avait pas à en souffrir longtemps. On ne tient pas à embellir une maison que l'on va quitter bientôt.

[1] Le nombre des étudiants de toutes les Facultés peut être évalué en moyenne à 1500, et celui des maîtres régents à 200, aux époques les plus florissantes de l'Université.

[2] Universitas magistrorum et scholarium Parisiis studentium. Cette formule est au commencement de la plupart des bulles des papes du XIII° siècle. — Rebuffus, *de nomin.* quæst. 10, n. 15 : Verbum studens est indifferens ad docendum et audiendum et discendum.

CHAPITRE I.

FACULTÉ DES ARTS.

Les Facultés étaient rangées officiellement dans l'ordre suivant : théologie, décret, médecine, arts. Les trois premières étaient dites *supérieures* [1], parce que la Faculté des arts leur servait de préparation et d'introduction. Cette raison nous détermine à commencer par la Faculté des arts, pour exposer l'organisation de l'enseignement dans l'Université de Paris.

[1] Cette expression est employée, pour la première fois, par Alexandre IV dans sa bulle du 15 novembre 1256, à propos de la seule Faculté de théologie (Bul. III , 552) : Præest reliquis sicut superior, et tanquam inferiores cæteræ sibi subsunt. Dans la suite, cette dénomination fut appliquée aux trois Facultés de théologie, de décret et de médecine, qui étaient placées ordinairement avant la Faculté des arts, dans les cérémonies et les processions.

Le caractère distinctif de cette Faculté c'est que l'enseignement y était nettement séparé des épreuves qui précédaient la collation des grades. Cette différence tenait sans doute à la jeunesse des étudiants de la Faculté des arts, et à la nature de son enseignement, qui servait à la culture générale de l'esprit sans préparer à aucune profession spéciale. Exiger un long stage des étudiants, c'eût été retarder et raccourcir le temps de l'apprentissage pour la profession particulière à laquelle ils se destinaient.

Après avoir traité des étudiants, nous traiterons donc des grades et des cours ; nous terminerons en décrivant la révolution introduite dans la discipline de la Faculté par le développement des pensionnats [1].

---

[1] Je crois nécessaire de faire connaître ici les manuscrits que j'ai consultés relativement à la Faculté des arts.— Chaque corporation de l'Université avait un *livre (liber)* et des *registres (papirus)*. Le livre était en parchemin ; la corporation y faisait écrire ses statuts, les statuts et les priviléges de l'Université ; le livre était ordinairement précédé d'un calendrier où étaient indiqués les jours de congé. Les registres étaient en papier (d'où le nom de *papirus*, sous lequel un registre est souvent désigné) ; le doyen de la Faculté, ou le procureur de chaque Nation y écrivait les conclusions de sa compagnie, les noms des bacheliers, des licenciés, et des maîtres nouvellement admis, et d'abord les comptes de recette et de dépense. Plus tard, dans la Faculté des arts, la comptabilité fut inscrite sur un registre à part, tenu par le receveur de la Nation. — 1° Des livres de la Faculté des arts. Le livre tenu au nom de la Faculté, par le recteur, et connu sous le nom de *livre du recteur*, est maintenant en Angleterre. — On trouve à la bibliothèque Sainte-Geneviève (manuscrits, 9092) un fragment de livre qui a appartenu à la Nation de Picardie. Il contient un calendrier, une miniature sur laquelle les intrants de la Nation prêtaient serment, et quelques feuillets sur lesquels ont été écrits, d'une écriture beaucoup plus moderne, des statuts que du Boulay a imprimés. Je discuterai plus bas la date du calendrier. — Le livre de la Nation normande est à la bibliothèque de Chartres. — Du Boulay a imprimé la plupart des pièces que l'on trouve dans ces livres. M. Taranne se propose de publier prochainement celles qui sont restées inédites. — 2° Des registres. La Faculté des arts n'a pas eu de registres propres avant 1478, ou du moins on n'en a pas conservé qui soient antérieurs à cette année.— On lit (Factum historique et général contenant plusieurs mémoires instructifs pour servir à la décision du procès entre les régents

§ 1er.

DES ÉTUDIANTS.

Nous ne traiterons ici de l'état des étudiants que pour les temps qui précèdent le xve siècle, où ils furent pour la plupart internés dans des pensionnats.

Quand un écolier avait appris la lecture, l'écriture, et les éléments de la grammaire latine, il était jugé capable de suivre les cours de logique. Il pouvait se rendre à l'Université de Paris, et l'on commençait ordinairement à suivre les leçons de la Faculté des arts avant l'âge de quinze ans [1]. Les études de la Faculté des arts correspondaient donc à ce qu'on appelle aujourd'hui les classes supérieures des lettres (troisième, seconde, rhétorique et philosophie).

---

et les non régents de l'Université de Paris, 1678, p. 66,) : *les registres des procureurs et des receveurs de la Nation de France qui restent entiers depuis* 1340 *jusqu'à présent*... Je n'ai pu consulter que le registre des procureurs, qui se trouve aux archives de l'Université, et qui comprend les années 1444-1456. J'ignore ce que les autres sont devenus. — Des registres des procureurs de la Nation Picarde, il ne reste aux archives de l'Université qu'un registre qui comprend les années 1477-1484. — Il ne reste aucun registre de la Nation Normande avant le xviie siècle. — On conserve aux archives de l'Université les registres des procureurs de la Nation Anglaise, depuis 1320 jusqu'en 1492. Cette série n'est pas interrompue par une lacune de quelque importance, sauf entre les années 1452 et 1466. Il manque quatorze ans entre ces deux années. — Je cite ces registres par la date du mois et celle de l'année (vieux style); je désigne celui de la Nation de France, par l'abréviation R. N. F.; celui de la Nation Picarde, par R. N. P.; et ceux de la Nation Anglaise, par R. N. A. J'emploie pour désigner les statuts de l'Université, ou de l'une des Facultés, les abréviations S. U., S. F. A., S. F. T., S. F. D., S. F. M.

[1] On pouvait être reçu déterminant à quatorze ans accomplis, après deux années d'études. Cf. *Bataille des Sept arts* (Rutebœuf, éd. Jubinal, II, p. 433).

Ni l'Université, ni la Faculté des arts, ni aucune de ces Nations ne prenaient soin d'inscrire les noms des étudiants. L'étudiant, en arrivant, s'attachait à un maître qui le réclamait lorsque le prévôt le mettait en prison [1]. Les étudiants n'avaient de rapports directs qu'avec leurs maîtres. Les maîtres n'avaient même pas d'abord les noms de leurs étudiants. Ce ne fut qu'en 1279 que la Faculté leur ordonna de dresser la liste de leurs étudiants [2]. Le recteur ne délivrait des lettres de scolarité qu'aux étudiants qui en demandaient pour user des priviléges de l'Université [3]. Ce n'était qu'un certificat, et non une immatriculation régulière.

Les relations entre les maîtres et les étudiants étaient plus intimes et plus familières qu'elles ne le sont aujourd'hui même dans les colléges entre les professeurs et les élèves. L'étudiant était réclamé par son maître à la prison du Châtelet; c'était son maître qui présidait à ses actes lorsqu'il prenait ses grades. Avait-il besoin de quelque dispense, de quelque faveur? Son maître la demandait pour lui à l'assemblée de la Nation ou de la Faculté. Les étudiants s'attachaient ordinairement à un maître de leur pays, pour conférer plus librement avec lui, et lui demander des explications en dehors des leçons [4]. Les étudiants et les maîtres d'une même Nation logeaient le plus souvent dans le même hôtel [5]; souvent ils mangeaient à la même table. Quelquefois les étudiants ser-

---

[1] Nullus sit scholaris Parisius qui certum magistrum non habeat. St. Robert de Courçon. 1215 (B. III, 82).— Bulle de Grégoire IX. 1231 (Bul. III, 142) : Illi qui non magistrum aliquem profitentur nequaquam scholarium gaudeant libertate.

[2] S. F. A. (Bul., III, 449.)

[3] S. U. 1528 (B. IV, 218).

[4] Robert Sorbon, *de Conscientiâ*, ap. Bul. III, 254.

[5] Pseudo-Boetius, *de Disciplinâ scholarium*, cap. 4 (ed. Venet. 1546. p. 973) : Mansioni (magistri), si possit, se inserat (discipulus) cohabitando. — Cet ouvrage doit être de la fin du XIIe siècle ou des premières années du XIIIe siècle. Bacon le cite déjà dans son *opus majus* (ed. Jebb. Venet. 1750. Pars I, cap. 7, p. 8. et pars III, p. 39), composé vers 1267.

vaient leurs maîtres pendant le repas, comme des écuyers [1]. Vincent de Beauvais nous montre saint Edme soignant un de ses clercs malade, et menant tous les jours avec lui ses auditeurs entendre avant la leçon la messe et les heures canoniques [2]. Les maîtres étaient pour la plupart fort jeunes ; on pouvait être maître à 21 ans, et bachelier à 14. Les étudiants se préparaient à enseigner comme les maîtres et se proposaient le même avenir. Ils étaient fort rapprochés de leurs maîtres par l'âge et par la position. Les maîtres jouaient souvent avec leurs étudiants et prenaient même part à leurs désordres. En 1275, la Faculté les en rend responsables [3]. Les maîtres étaient donc comme les camarades des étudiants, et ils appellent même parfois de ce nom leurs auditeurs [4].

Il y avait de grandes inégalités de fortune entre les étudiants. Les uns dépensaient 10 s. p. par semaine pour leur nourriture ; d'autres, et en grand nombre, mendiaient leur pain. Ce n'était pas une humiliation. L'exemple des ordres mendiants, particulièrement des Franciscains, rendait la mendicité respectable. Les boursiers du collége de Laon distribuaient leurs restes aux écoliers pauvres de leur Nation [5]. Les maîtres donnaient à leurs étudiants leurs vieux habits, leurs vieilles chaussures [6]. Pour gagner de quoi vivre et étudier, des écoliers écrivaient des livres, balayaient, ramassaient les ordures [7]. Ils se mettaient souvent au service d'un collége [8], d'un étudiant riche, ou d'un professeur [9].

[1] Oudin, *de Script. eccles.*, III, 886.
[2] Bul. III, 101, 102.
[3] Stat. (B. III, 420).
[4] Cf. Savigny, III, 191, et la préface du commentaire de Siger sur le *de Animá*, citée par M. Leclerc (*Hist. littér. de la France*, XXI, p. 122, n. 1).
[5] Statuts du collége de Laon, 20 septembre 1327 (Ms. reg. 96. Archives de l'Univ.).
[6] Ps.-Boetius, *de Discipl. schol.* (cap. 4, p. 980).
[7] Id., *ibid.*, p. 975.
[8] Un écolier était cuisinier au collége d'Autun, en 1557 (B. VI, 516).
[9] S. F. A. 1465 (B. V, 658).

Un pareil monde (on le conçoit) n'était pas facile à discipliner. Non seulement, comme les étudiants de tous les temps et de tous les pays, ils fréquentaient les cabarets et les mauvais lieux¹, rançonnaient impitoyablement les nouveaux venus appelés *béjaunes* ², mais encore ils commettaient des crimes qui conduisent aujourd'hui au bagne. Ils s'associaient aux truands et aux malfaiteurs, battaient le pavé en armes pendant la nuit, violaient, assassinaient, volaient avec effraction ³. Les fêtes célébrées par les Nations en l'honneur de leurs patrons, au lieu d'être une occasion d'édification, n'étaient qu'une provocation à l'ivrognerie et à la débauche. Les étudiants parcouraient les rues de Paris en armes, troublaient de leurs cris le repos du bourgeois paisible, maltraitaient le passant inoffensif. En 1276, ils jouèrent même aux dés sur les autels des églises ⁴. L'arbitraire corrigeait la licence. Le prévôt emprisonnait souvent, et quelquefois exécutait malgré les priviléges ⁵. Aubriot avait réservé deux cachots aux étudiants; il appelait l'un la rue du Fouarre, et l'autre le Clôt-Bruneau ⁶. L'Université demandait justice, cessait les leçons et les sermons; on lui faisait droit; on rendait les coupables à la justice ecclésiastique, qui les traitait avec sa mollesse ordinaire. Ils ne recevaient que le fouet ⁷, quand ils avaient mérité la corde.

La fondation des communautés appelées colléges n'améliora pas la discipline; 200 boursiers environ sur 1000 étudiants ⁸

---

¹ Ps.-Boet., *de Disc. schol.*, cap. 2 (p. 870). Il donne le sens du mot *discolus* qui s'appliquait à celui qui menait ce genre de vie.
² S. U. 1341 (B. IV, 266).
³ Arrêté de l'official. 1218 (B. III, 95).
⁴ Statut de Simon de Brie (B. III, 432).
⁵ Cf. L'affaire Tignonville en 1408 (B. V, 146).
⁶ Religieux de Saint-Denis (éd. Bellaguet. I, 104).
⁷ Le fouet était la punition ordinaire dans les cloîtres. Cf. Ducange, voce *Disciplina*.
⁸ Il est permis de penser que le nombre des déterminants était en rapport avec celui des étudiants (Cf. infra). Il est fort probable que

ne pouvaient produire grand effet. Les boursiers se conduisaient comme les étudiants libres. Ces désordres décidèrent au xv⁰ siècle la Faculté à interner les étudiants dans des pensionnats. Mais la répression fut toujours inefficace. La police était trop imparfaite dans le Paris du moyen-âge, et les priviléges de l'Université énervaient l'autorité du prévôt.

§ II.

DES GRADES.

L'histoire des grades dans la Faculté des arts est la même que dans les autres Facultés. Il n'y eut d'abord d'autre grade que celui de maître, conféré par le chancelier de Notre-Dame sous le titre de permission d'enseigner. Quand la Faculté des arts se constitua en corporation, l'autorité des maîtres res-

---

presque tous les étudiants passaient leur déterminance. En multipliant le nombre des déterminants de chaque année par 3 (on n'exigeait que deux ans d'études pour cette épreuve), on obtiendra approximativement le nombre des étudiants. — 1° Nation de France. On ne peut avoir le nombre des déterminants que pour les années 1444-1456. On voit que dans cette période, il a été en moyenne de 130 par année, ce qui donnerait 390 étudiants. — 2° Nation de Picardie. Dans les années 1477-1483, le nombre des déterminants a été en moyenne de 59 par an, ce qui donnerait 177 étudiants. — 3° Nation de Normandie. On ne sait pas le nombre des déterminants pour cette Nation. D'après certains réglements de licence (Cf. inf. B.), on peut penser que le nombre de ses étudiants était à peu près le même que dans la Nation Picarde. — 4° Nation Anglaise. De 1345 à 1351, la moyenne des déterminants a été de 17; de 1352 à 1358, 16; de 1359 à 1365, 12; de 1369 à 1378, 20; de 1483 à 1492, 26. En adoptant le chiffre 20, qui est celui de l'époque où la Nation Anglaise était le plus florissante, nous trouvons environ 60 étudiants. — Il est probable que le nombre des étudiants était moindre au xiv⁰ siècle qu'il ne l'a été dans la

treignit le pouvoir du chancelier. Leur recommandation dut être nécessairement écoutée. D'un autre côté, pour exercer le droit conféré par le chancelier, il fallait se soumettre aux coutumes de la corporation, en dehors de laquelle on n'aurait pas trouvé d'écoliers. Les conditions que les maîtres imposèrent à ceux qui voulaient être présentés par eux au chancelier, ou admis à la participation de leurs priviléges, consistaient en des épreuves dont l'ensemble constitua ce qu'on a appelé depuis baccalauréat et maîtrise.

A. DÉTERMINANCE OU BACCALAURÉAT.

La logique était d'abord l'objet exclusif de l'enseignement dans la Faculté des arts. La logique étant un art autant qu'une science, les maîtres faisaient pratiquer à leurs élèves les préceptes qu'ils leur enseignaient, et les exerçaient à l'argumentation. Pour exciter leur émulation, on les fit disputer à une certaine époque de l'année, dans des circonstances plus solennelles [1]. Cette sorte de concours permettait d'apprécier leurs progrès, et de juger plus sûrement s'ils méritaient d'être présentés au chancelier. Cette épreuve, d'abord facultative, ne tarda pas à devenir obligatoire pour tous les can-

---

seconde moitié du xve, et surtout dans la première moitié du xvie. En évaluant le nombre des étudiants de la Faculté des arts à 1000, pour les époques les plus florissantes de l'Université de Paris au moyen-âge, c'est-à-dire la seconde moitié du xive siècle et la seconde moitié du xve siècle, nous sommes, sans aucun doute, au-dessus de la vérité. — Le nombre des bacheliers ne peut pas être apprécié rigoureusement, parce qu'on recevait souvent à la licence des bacheliers d'autres Universités. Il répondait à peu près à celui des déterminants; ils étaient un peu moins nombreux.

[1] Les disputes de la déterminance semblent être indiquées dans ce passage du statut de 1215 (B III, 82) : In responsionibus vel oppositionibus *puerorum* vel juvenum nulla fiant convivia.

didats à la licence [1]. Cette dispute fut appelée *déterminance*, du mot *determinare*, qui signifiait poser des thèses [2].

Cette épreuve prit, en 1275, une forme régulière qu'elle conserva jusques vers la fin du XIV° siècle. Pour être admis à déterminer, il fallait être âgé de 14 ans au moins, avoir suivi pendant deux ans un cours de logique à Paris ou dans une autre Université qui comptât au moins six régents, et être dans la troisième année du cours de logique. Le candidat avait dû suivre un cours ordinaire et au moins deux cours extraordinaires sur l'introduction de Porphyre, le livre des catégories, l'interprétation, et la syntaxe de Priscien, un cours ordinaire et un cours extraordinaire sur les topiques et les *elenchi* d'Aristote. Il fallait avoir suivi, ou suivre, au moment où l'on se présentait, un cours sur le livre des six principes, le traité des divisions de Boèce, le traité de Donat sur les figures de grammaire, les topiques de Boèce, les seize premiers livres de Priscien, les premiers et les seconds Analytiques. On exigeait en outre du candidat qu'il eût fréquenté pendant deux ans les disputes des maîtres et disputé lui-même pendant le même temps dans les écoles. La Nation pouvait dispenser de ces conditions [3].

En 1275, on jugea utile de faire précéder la déterminance par un examen particulier qui écartait de l'épreuve solennelle et publique les candidats qui auraient fait trop peu d'honneur

---

[1] Mémoire contre Philippe de Thori, écrit vers 1285 (Ms. archives de l'Univ.) : Fuit inventus annus in quo per totum non erant 60 determinantes; magistri ordinaverunt quòd nullus reciperetur ad magisterium, nisi determinasset. — Je crois que l'auteur du Mémoire fait allusion au statut de la Faculté des arts de 1279 (B. III, 447).

[2] La locution complète est *determinare quæstionem* (statuta Universitatis Wiennensis Kollar, I, p. 230). Le mot *determinatio* est employé pour les autres Facultés, S. N. F. 1355 (B. IV, 245), et le mot *determinare* pour la Faculté de théologie, bulle d'Urbain V, 1365 (B. IV, 372).

[3] Serment des déterminants. R. N. A. III, f° 56 verso. Ce serment était prêté au XIV° siècle.

à la Nation. Avant Noël, le candidat soutenait une argumentation sur un sujet de morale, contre un maître régent, en présence des écoliers ¹.

Chaque Nation commettait à des maîtres nommés par elle le soin de vérifier si les candidats remplissaient les conditions exigées. Cet examen avait lieu après la dispute de Noël ².

Les déterminances commençaient avec le Carême. Tous les candidats devaient avoir inauguré leur déterminance avant le mardi ou le mercredi qui suivait le premier dimanche du Carême ³. Aussi, chaque déterminant n'argumentait-il d'abord que peu de temps, sous le patronage et la recommandation du maître qu'il avait choisi ⁴. Le déterminant, accompagné du bedeau de sa nation ⁵, allait inviter certains personnages importants à assister à cette dispute. On voyait à ces épreuves des maîtres des Facultés supérieures, des archidiacres, des chantres, des doyens d'églises cathédrales ⁶. Le déterminant devait disputer tous les jours jusqu'à la fin du Carême, rue du Fouarre, dans les écoles de la Nation. Il obtenait quelquefois la permission de se faire remplacer par un *sous-déterminant* qui disputait pendant la seconde moitié du Carême ⁷.

---

¹ S. F. A. (B. III, 420). S. F. A. 1288 (B. III, 487). S. N. P. 1529 (B. IV, 222).

² S. F. A. 1258 (B. III, 347).

³ Serment des déterminants. (Ms.)

⁴ Mémoire contre Philippe de Thori. — Les registres de la Nation Anglaise marquent toujours que tel écolier a déterminé sous tel maître (*sub magistro.* N.)

⁵ Serment des déterminants.

⁶ Mém. contre Ph. de Thori : Cùm ad eorum determinationes veniant viri valentes et discreti de singulis facultatibus, magnates, puta aliquando, archidiaconi, cantores et præpositi ecclesiarum cathedralium, coram illis loquendo, acquirunt loquendi audaciam quæ necessaria est artistæ, magnatum notitiam per quam solebant ad beneficia ecclesiastica promoveri.

⁷ Serment des déterminants. — Cf. S. N. F. 1288 (B. III, 487). Cf. B. IV, 993.

— 45 —

Pour être admis à *sous-déterminer*, il fallait affirmer par serment qu'on était hors d'état de payer les frais de réception [1].

Ces épreuves subirent quelques modifications au xve siècle. Le livre de Priscien, le traité de Donat sur les figures grammaticales, l'Organon d'Aristote, les topiques de Boëce furent toujours au nombre des livres que les candidats devaient avoir *entendus* [2]. Les réformes de 1366 et de 1452 substituèrent à la grammaire de Priscien le Grécisme et le Doctrinal [3]. La réforme de 1452 insista particulièrement sur la connaissance des règles de la versification [4]. La logique forma toujours le fond de cet examen [5]. Mais l'importance relative des différentes épreuves changea.

Ces épreuves étaient, comme nous l'avons vu, au nombre de trois : une dispute avant Noël, un examen, et des disputes pendant le Carême.

Au xve siècle, la dispute avant Noël prit une grande importance; elle fut appelée *déterminance*, et les réglements autrefois pratiqués pour les disputes du Carême, lui furent appliqués [6]. Les écoliers inauguraient l'argumentation sous la présidence de leur maître dans les écoles de la Nation. Ils ne

---

[1] Serment des sous-déterminants. R. N. A. II, f° 57 recto. — Cf. R. N. A. 1375, 25 avril.

[2] Cf. infra § III sur l'expression *entendre un livre*. — Les livres énumérés ici se trouvent dans un serment des déterminants, écrit dans le registre de la Nation Picarde, f° 107 verso. Le barbarisme et Priscien ont disparu des réformes de 1366 et de 1452.

[3] B. IV, 390, et V, 573. — Le Grécisme se trouve dans le serment du registre de la Nation Picarde.

[4] B. V, 573 : In arte metrificandi fuerint competenter edocti.

[5] Le Mémoire contre Ph. de Thori sur l'utilité de la déterminance : Iterum veniunt ad hoc quòd sciunt per hoc sophismata diversa probare, et in probatione respondere communi responsione ad eadem, ad veritates eorumdem ac distinctiones arguere.

[6] R. N. F. 1446, 16 décembre : Supplicabat... quòd præclara Artium facultas vellet dispensare quòd post festum Nativitatis possent fieri determinantes. Dicebat enim quòd erant plures qui non erant nec potuerant esse determinantes ante dictum festum Nativitatis. — Cf. R. N. A. 1469, 15 avril.

pouvaient passer plus de cinq à la fois [1]. Ils continuaient à disputer pendant un mois dans leurs collèges et leurs pensionnats respectifs [2]. Ces argumentations devaient avoir lieu entre la Saint-Martin (11 novembre) et Noël (25 décembre)[3]. Mais on accordait souvent des dispenses. Tout un pensionnat était même parfois exempté de l'épreuve [4].

Les déterminants se présentaient ensuite devant des examinateurs nommés par leurs Nations respectives. Ils justifiaient de leur temps d'études par des certificats que leur délivraient leurs professseurs et leurs maîtres de pension [5]. Le temps d'études se comptait par mois [6]. Les candidats étaient examinés sur la grammaire et la logique [7]. L'examen avait lieu à la fin de janvier, ou au commencement de février. Les examinateurs devaient être gradués depuis trois ans. [8]. Les formes de leur élection variaient suivant les Nations. Dans

---

[1] R. N. A. 1444, 24 novembre: Natio Normanniæ (deliberavit) quòd essent plures (determinantes) in unâ cathedrâ quàm quinque, vel quòd essent duæ cathedræ ante prandium, prima pro pauperibus horâ octavâ, et secunda pro divitibus horâ decimâ. — Le mot *cathedra* est sans doute pris ici métaphoriquement. Le bachelier qui passait un acte était dans une chaire plus basse que la chaire du président. Cinq déterminants *sont en chaire*, signifie sans doute cinq déterminants passent l'acte de la déterminance. De même à Bourges, Statuta Facultatis Artium (vers 1463. Copie manuscrite, Archives de l'Univ.) : Nec poterunt plures quàm 5 in unâ cathedrâ determinare.

[2] R. N. A. 1476, 5 novembre.

[3] B. V, 723-724 (1476, 6 novembre).

[4] R. N. A. 1476, 5 novembre. Cf. R. N. P. f° 13.

[5] Les certificats des maîtres sont appelés *cedulæ* (R. N. A. 1459, 5 février), les attestations des principaux *signeta* (R. N. A. 1488, 5 février).

[6] R. N. A. 1446, 22 février. On comptait ainsi dans toutes les Facultés.

[7] Réforme de 1452 (B. V, 573).

[8] Réforme de 1452 (B. V, 573). Cf. R. N. F. 1451, 5 janvier. Insolentiæ, dissolutiones, et inordinationes — contingunt frequenter in natione circa tentamen bacchalariandorum, ex eo videlicet quòd juvenes magistri et inexperti eliguntur ad tentandum...

la Nation de France, au commencement de janvier, chacune des cinq provinces nommait un intrant, et cet intrant choisissait un examinateur de sa province [1]. Les examinateurs devaient exercer leurs fonctions en épitoge dans les grandes écoles de la Nation. Ils dressaient une liste des candidats admis, qui devait être signée par eux et disposée dans le coffre de la Nation. Ils expédiaient, en présence du procureur, à chaque bachelier, un certificat de son admission, scellé du sceau commun [2]. — Dans la Nation de Picardie, à la fin de décembre, chaque diocèse nommait un intrant : ces dix intrants se partageaient en deux groupes comme dans l'élection du recteur, et chaque groupe nommait deux examinateurs, un maître régent, et un maître non-régent [3]. — Dans la Nation d'Allemagne, on confiait l'examen au receveur, au plus ancien régent, et au plus ancien non-régent [4]. Les examinateurs ne devaient pas avoir d'élèves parmi les candidats. Les déterminants devaient être examinés successivement sur la grammaire, les *parva logicalia* [5], et les livres prescrits de Porphyre et d'Aristote. Chacun des maîtres devait poser au candidat au moins une question sur chaque livre. Aussitôt après la fin de l'examen, le procureur devait recueillir les votes des examinateurs, écrire les noms de ceux qui étaient admis, faire signer la liste par les examinateurs, et la sceller de son sceau. Le bedeau lisait la liste en public, et les ba-

---

[1] Cf. le registre de la Nation de France au commencement du mois de janvier.

[2] R. N. F. 1451, 5 janvier.

[3] Cf. le registre de la Nation Picarde à la fin du mois de décembre.

[4] S. N. A. 1424 (Reg. VIII, 3 verso).

[5] Les *parva logicalia* forment le septième traité des *summulæ* attribuées à Petrus Hispanus. Ils traitent des équivoques qui peuvent naître des différentes acceptions dont les mots sont suceptibles. Cf. A ce sujet, une lettre de Morus à Martinus Dorpius dans les lettres d'Erasme (ed. Lugd. Batav., p. 1897, 1898, 1899), et Vivès *de causis corrupt. art.* (éd. Valence, 1785, 4°, VI, p. 148-146).

cheliers prêtaient les serments accoutumés entre les mains du procureur [1].

Après cette double épreuve, les disputes du Carême, qui n'étaient plus les déterminances, n'avaient plus d'importance. On y tenait cependant comme à un ancien usage; mais l'indiscipline des écoliers tendait à le faire disparaître. Ces exercices réunissaient aux mêmes jours et aux mêmes heures, dans la rue du Fouarre, une multitude d'écoliers turbulents, où il était fort difficile de maintenir l'ordre. Déjà en 1452, le cardinal d'Estouteville avait recommandé aux maîtres de mener leurs écoliers rue du Fouarre, et d'assister aux disputes [2]. Cependant les écoliers étaient abandonnés à eux-mêmes, sans surveillance. Au lieu d'argumenter, on se battait. En 1472, la Faculté fut obligée d'interdire les disputes depuis le 8 avril jusqu'à la fin du Carême [3].

Au XVe siècle, les déterminants prirent habituellement le nom de bacheliers [4]. On ne leur délivrait pas de diplôme en règle. La Nation leur expédiait des lettres testimoniales de leur grade, sur leur demande [5].

Ces épreuves étaient en quelque sorte domestiques et particulières à chaque Nation. La Faculté n'avait aucun droit d'y intervenir. Les bacheliers ne prêtaient même aucun serment au recteur [6]. Ce grade n'était pas d'un accès difficile. L'examen était souvent fait précipitamment et sans soin [7]. On n'observait même pas le principe si nécessaire dans les examens : *res judicata pro veritate habetur*. Les candidats refusés

---

[1] S. N. A. 1460 (B. V, 646).

[2] B. V, 574.

[3] B. V, 704.

[4] Au XIVe siècle, le mot de *bachalarii* ne leur est jamais appliqué. Ils sont toujours appelés *determinantes*.

[5] R. N. F. 1449, 4 février. R. N. A. 1575, 14 mai.

[6] Ils prêtaient serment au procureur de leur Nation. Cf. R. N. A. 1445, 12 février.

[7] S. N. A. 1460 (B. V, 646).

importunaient les examinateurs par leurs prières et les faisaient revenir sur leur décision [1]. En 1446, quelques écoliers de la Nation de France, repoussés par les examinateurs, en appelèrent à la Nation qui commit cinq autres maîtres pour informer de la capacité et de la moralité des réclamants [2]. Il manquait deux mois d'études à un candidat de la Nation d'Allemagne; les examinateurs le refusèrent, la Nation l'admit [3]. En 1479, un maître de la même Nation réclama pour un candidat repoussé à cause de sa moralité, et obtint qu'une commission fût nommée pour réviser le jugement des examinateurs [4]. Le régime anarchique de ces corporations devait annuler l'autorité des examinateurs. Un maître, dont les écoliers étaient repoussés, considérait leur échec comme une offense personnelle; comme les examinateurs étaient ses pairs, il pouvait réclamer contre eux. Il n'avait qu'à choisir un moment où l'assemblée de la Nation ne comptait que quatre ou cinq membres ses amis, et il enlevait tout ce qu'il voulait.

B. LICENCE.

Le chancelier de Notre-Dame était d'abord seul en possession de conférer la licence, et il la conférait, comme il l'entendait, sans tenir compte des recommandations des maîtres. Par le concordat de 1213, il conserva la faculté de conférer la licence à qui il voudrait; mais il s'engagea à ne pas la refuser à ceux qui lui seraient présentés par six maîtres, dont trois nommés par les maîtres ès-arts et trois par lui-même.

[1] S. N. A. 1460 (B. V, 646).
[2] R. N. F. 2 mars.
[3] R. N. A. 1446, 22 février.
[4] R. N. A. 7 avril.

Ces six maîtres attesteraient, la main sur les Évangiles, que les candidats présentés étaient capables et dignes d'obtenir la licence. La simple majorité suffisait pour décider l'admission du candidat. Cette formalité suppose un examen ; en effet, comment les six maîtres auraient-ils pu affirmer consciencieusement la capacité du candidat, sans s'en être d'abord assurés par eux-mêmes? Telle est l'origine de l'examen de licence. La rivalité du chancelier de Sainte-Geneviève apporta une nouvelle restriction à l'autorité du chancelier de Notre-Dame. En même temps que les papes limitaient son pouvoir, ils en étendaient les effets. Le chancelier de Notre-Dame ne conférait pas la licence au nom de l'évêque, mais au nom du pape dont il était considéré comme le délégué et le commissaire. La même observation est applicable au chancelier de Sainte-Geneviève. Cette permission d'enseigner n'était donc pas bornée au diocèse de Paris, mais s'étendait au monde entier [1]. Nicolas III, en 1279, accorda à ceux qui avaient reçu la licence à Paris le privilége d'enseigner partout, sans se soumettre aux épreuves que les corporations enseignantes imposaient aux licenciés, et qui constituaient ce qu'on appelait la maîtrise [2].

Les conditions de l'examen furent soumises à de grandes

[1] En 1233, Grégoire IX accorde à l'Université de Toulouse les mêmes priviléges qu'à celle de Paris, et entre autres celui-ci. Ut quicumque magister ibi examinatus et approbatus fuerit in qualibet Facultate, ubique sine aliâ examinatione regendi liberam habeat potestatem (B. III, 150). *Examinatio* signifie évidemment les épreuves de la licence. Le doctorat n'était pas un examen, mais une cérémonie. L'Université de Paris devait donc jouir du privilége de *docendo hic et ubique*.

[2] La bulle est dans B. III, 449. Du Boulay a tort de dater, de cette bulle, le privilége de *docendo hic et ubique*. Ce privilége est supposé par la bulle même : Ab illis per quos consuevit licentiandis in dictis Facultatibus regendi *auctoritate Apostolicâ* licentia elargiri. Le nouveau privilége que le pape accorde à l'Université, c'est la dispense des cérémonies et des actes de la maîtrise (absque examinatione vel approbatione publicâ vel privatâ vel *aliquo alio novo principio*). Il confirme pourtant en même temps l'ancien privilége.

variations. Avant 1366[1], les candidats à la licence juraient qu'ils avaient suivi un cours ordinaire et deux cours extraordinaires ou *vice versa*, sur la grammaire de Priscien, l'introduction de Porphyre, les catégories, l'interprétation, les premiers et les seconds analytiques; ils devaient en outre avoir *entendu* le livre des six principes, les traités de Boèce sur les topiques et la division, le traité de Priscien sur l'accent, celui de Donat sur les figures grammaticales (*barbarismus*), la physique, *de cœlo*, *de generatione*, les météores, *de animâ*, *de sensu et sensato*, *de memoriâ et reminiscentiâ*, *de longitudine et brevitate vitæ*, quatre livres de la morale à Nicomaque, Boèce *de consolatione*; enfin il fallait avoir suivi cent leçons sur les mathématiques et l'astronomie [2]. La réforme de 1366 retrancha Priscien, Donat, Boèce *de consolatione*, le livre des six principes; elle réserva pour la maîtrise l'étude du traité des météores et de la morale; mais elle exigea que les candidats eussent entendu la métaphysique ou l'entendissent au moment où ils se présentaient [3]. La réforme de 1452 con-

---

[1] La bibliothèque de Sainte-Geneviève possède (n° 1224) un manuscrit sur vélin, sans titre, qui contient les serments prêtés par les candidats à la licence de Sainte-Geneviève, et par leurs examinateurs, le cérémonial auquel le chancelier de Sainte-Geneviève devait se conformer dans la collation de la licence, et quelques bulles relatives à la licence de Sainte-Geneviève. On voit par les livres énumérés dans le serment des candidats que ces pièces sont antérieures à la réforme de 1366.

[2] Livre du chancelier de Sainte-Geneviève, f° 5 recto, f° 6 recto et verso. On lit en note sur le dernier article, et d'une autre écriture : istud per facultatem sic est interpretatum, quod sufficit audivisse unum librum mathematicæ, sicut tractatum de sphera, et alium librum actu audire cum spe audiendi usque ad finem sine fraude. — A Bourges, vers 1450, on exigeait le traité de la sphère, et une partie d'Euclide. — A Vienne, en 1389 (Kollar 1. p. 237), on demandait : theoricas planetarum, 5 libros Euclidis, perspectivam communem, aliquem tractatum de proportionibus, et aliquem de latitudinibus formarum, aliquem librum de musicâ, et aliquem in arithmeticâ.

[3] B. IV, 590.

firma ces dispositions; mais elle exigea la morale à Nicomaque, et recommanda expressément aux examinateurs d'insister sur la morale et la métaphysique [1].

Les candidats juraient en outre qu'ils avaient 21 ans accomplis, qu'ils n'étaient pas mariés, qu'ils avaient déterminé à Paris ou dans une université qui comptât au moins 12 régents, qu'ils avaient soutenu rue du Fouarre deux argumentations publiques contre plusieurs maîtres, enfin qu'ils avaient étudié à Paris dans la Faculté des arts pendant trois ans [2]. L'étude de la grammaire ne comptait pas pour ces trois années; mais la Faculté n'exigeait que deux années entières et le commencement de la troisième [3]. Au XVe siècle, on revint à l'exécution littérale des statuts; la multiplication des universités obligea à plus de sévérité.

Composées d'un petit nombre de maîtres et d'écoliers, ces Universités étaient faciles dans les examens et même vendaient les grades. Des étudiants y achetaient le grade de bachelier et allaient immédiatement passer leur licence à Paris, sans avoir seulement étudié la logique. En 1444, la Nation de France décida que nul ne serait admis à la licence qu'un an après avoir été reçu bachelier [4]. En 1446 (26 août) [5], la Nation Allemande statua que les bacheliers des autres Universités qui désireraient être promus au grade de maître devront se présenter à la Nation convoquée spécialement pour les entendre, justifier de leur grade par lettres testimoniales ou

---

[1] B. V, 574.

[2] Livre du chancelier de Sainte-Geneviève, f° 7 et 8, recto et verso.

[3] Ibid. Note d'une autre écriture (f° 8 verso). Dans les registres de la Nation Anglaise, on voit souvent les déterminants passer licenciés dans la même année.

[4] B. V, 529.

[5] R. N. A.

par témoignage, et demander leur admission avant la Purification (2 février.) Ils devront passer une année entière à Paris à partir de ce jour, et assister aux cours et aux disputes, avant d'être reçus à la licence. La réforme de 1452 confirma celle de 1366, relativement aux exercices qui devaient remplir l'intervalle entre le baccalauréat et la licence. Ces réglements paraissent avoir été généralement pratiqués. On voit dans les registres des Nations, qu'au xve siècle, les bacheliers de chaque année ne sont licenciés que l'année suivante.

Les bacheliers pouvaient être présentés soit pour l'*examen d'en bas*, au chancelier de Notre-Dame, soit pour l'*examen d'en haut*, au chancelier de Sainte-Geneviève [1]. Aucune règle fixe ne paraît avoir été établie au moyen-âge pour la distribution des bacheliers entre les deux chanceliers. Au xiiie siècle les bacheliers se présentaient eux-mêmes, ou étaient présentés par leurs maîtres isolément [2]. Depuis il fallut avoir une autorisation signée du procureur de la nation pour se présenter [3].

Les examens des deux chanceliers étaient d'ailleurs assez différents dans les formes ; le chancelier de Sainte-Geneviève dépendait beaucoup plus de la Faculté des arts que le chancelier de Notre-Dame, et son examen était proprement l'examen de la Faculté des arts.

Le chancelier de Notre-Dame choisissait pour l'assister quatre examinateurs, un de chaque Nation ; ces examinateurs restaient en charge jusqu'à ce qu'ils ne fissent plus partie de la Faculté des arts, ou qu'ils donnassent leur démission [4].

---

[1] Examen inferius, superius. Le premier exemple de cette expression dans S. F. A. 1278 (B. III, 447).

[2] Cela résulte de S. F. A. 1292 (B. III, 501).

[3] R. N. A. 1490, 9 février.

[4] R. N. F. 1453, 13 octobre. On voit dans ce passage que les Nations ne nommaient pas d'examinateurs à Notre-Dame, et qu'il n'y avait pas un second examen. — Le chancelier consultait la Nation. R. N. A. 1425, 10 juillet. — Malgré l'ordonnance de 1452 (B. V, 575), on ne voit pas.

L'examen n'était pas public[1]. On examinait seize bacheliers par mois[2]; le chancelier leur conférait sans doute à la fin du mois la bénédiction apostolique et la licence[3].

Le chancelier de Sainte-Geneviève était institué par une bulle du pape dont il était le délégué[4]. L'abbé du monastère le présentait à la Faculté des arts, qui examinait ses titres et l'acceptait. Le nouveau chancelier jurait alors en présence de la Faculté, d'accorder la licence suivant le mérite des candidats et l'avis des examinateurs. Il devait être chanoine de l'abbaye de Sainte-Geneviève et maître ès-arts; s'il ne se trouvait pas de maître ès-arts parmi les chanoines, le chanoine nommé chancelier devait déléguer ses fonctions à un maître en théologie[5].

Le chancelier de Saint-Geneviève ne conférait la licence qu'après deux examens. Quatre examinateurs nommés par lui l'assistaient dans le premier, quatre examinateurs élus par les Nations présidaient seuls au second.

Les quatre premiers examinateurs étaient choisis par le chancelier, chacun dans une Nation, et vraisemblablement sur la désignation de la Nation. Ces examinateurs étaient, avant 1452, continués dans leurs fonctions. Le maître qui devait remplir la place vacante était présenté par le chancelier à la Faculté; lorsqu'il était accepté, le nouvel examina-

---

dans les registres des Nations, que le chancelier de Notre-Dame présente chaque année de nouveaux examinateurs, comme celui de Sainte-Geneviève.

[1] L'examinateur *(tentator)* accepté par le chancelier de Notre-Dame, juravit servare honorem Cancellarii Parisiensis, *servare secreta cameræ sui examinis*, et deponere juste de baccalariis tentatis (R. N. A. 1441, 14 mars).

[2] R. N. A. 1448, 23 mai. L'expression *poni in cameris* était également employée des bacheliers qui entraient dans l'examen du chancelier de Notre-Dame.

[3] Dans le registre de la Nation Anglaise, les réceptions à la licence de Notre-Dame ne sont jamais rassemblées à la même époque.

[4] R. N. A. 1446, 19 septembre.

[5] Réforme de 1366 (B. IV, 391).

teur jurait en présence de la Faculté, entre les mains du chancelier, de bien remplir ses devoirs. Après le serment, le chancelier le mettait en possession de son office, en lui donnant son bonnet. Le nouvel examinateur remerciait le chancelier et la Faculté[1]. Cette continuation des examinateurs dans leurs fonctions eut de graves inconvéniens. Ils étaient souvent maîtres de pension, ils admettaient toujours leurs bacheliers et repoussaient ceux de leurs adversaires. Pour remédier à tous ces abus, la réforme de 1452 décida que les examinateurs gradués au moins depuis 6 ans, ne resteraient en charge qu'une année, et n'auraient pas de bacheliers dans leur dépendance immédiate, logeant et mangeant avec eux[2]. Chaque année, à la fin de janvier, le chancelier présentait à la Faculté quatre examinateurs[3]. L'examen ouvrait le lendemain de la Purification (3 février)[4]. Tous les candidats[5] passaient devant le chancelier et les quatre examinateurs. Après l'examen, le chancelier, de concert avec ses asseurs, dressait une liste des bacheliers appelés à passer le second examen[6]. Dans cette liste, les bacheliers devaient être distribués par mois, seize pour chaque mois ; ces seize candidats étaient répartis en deux groupes composés chacun de trois Français, de deux Normands, de deux Picards et d'un Anglais[7]. Si des

---

[1] Cette présentation est décrite en détail dans R. N. F. 1446, 27 août (f° 57 recto), par l'examinateur lui-même.

[2] Réforme de 1452 (B. V, 575).

[3] Voir le registre de la Nation Allemande depuis 1479.

[4] Arrêt du parlement 1479 (B. V, 735-736).

[5] Je le suppose ; car, dans les registres, le second examen ne commence souvent qu'un mois après la Purification. Et c'est vraisemblablement l'origine de la dénomination *examinatores* ou *tentatores in communibus*, appliquée à ces examinateurs (R. N. A. 1444, 27 avril). De là l'expression *audire*, ou *examinare in communibus*, qui signifiait faire ce premier examen. Elle est déjà employée dans S. F. A. 1287 (B. III, 483). Cf. S. F. A. 1292 (B. III, 501).

[6] Cette liste est appelée *rotulus vocationis* (R. N. A. 1480, 29 avril).

[7] S. F. A. 1307 et 1337 (B. IV, 112 et 251). Les serments d'examinateurs que du Boulay place après le statut de 1287 (III, 484-485), se

bacheliers de l'une de ces Nations manquaient pour former un de ces groupes, on le complétait avec ceux d'une autre Nation que l'on déclarait fictivement Français, Normands, Picards, ou Anglais [1]. On combinait cet ordre avec l'ordre de mérite [2]. La liste était proclamée en public par le chancelier [3].

Les bacheliers passaient le second examen dans l'ordre où ils étaient appelés [4]. Les candidats de chaque mois se présentaient d'abord à la Faculté, juraient de ne rien donner, sous aucun prétexte, au chancelier et aux examinateurs ; et la Faculté leur donnait quatre examinateurs qui prêtaient aussi serment [5]. Chacun de ces examinateurs était élu par sa Nation

rapportent évidemment aux statuts de 1307 et 1337, dont ils reproduisent toutes les dispositions. Ils se trouvent d'ailleurs à la fin du 2e registre de la Nation d'Allemagne, qui a été écrit entre 1347 et 1365. — Le S. F. A. 1287 (B. III, 483), indique 48 candidats pour chaque mois.

[1] Gallicati, Normannizati, Picardati, Anglicati, ou Alemanizati (Serment des examinateurs, B. III, 485). Cf. R. N. A. 1355, mars (f° 24 verso). Dominus Cancellarius in S. Genovefâ... *unum Anglicum* in secunda auditione *Gallicavit.* Cf. surtout R. N. A. 1449, 29 mai.

[2] R. N. P. 1479, 23 mars : Supplicuit quidam regens dicens suos scholares non secundum sua merita fuisse vocatos. Cujus supplicationis determinationem dimisit natio terminandam examinatoribus in cameris.

[3] Cela s'appelait *facere vocationem.* R. N. F. 1453 (f° 165 recto) : Fuerunt factæ vocationes tam superius quàm inferius. — Quapropter rector — fecit — Artium Facultatem congregari — conclusum extitit quòd introducerentur 16 ad cameras pro primo mense. — R. N. A. 1447, 19 avril : (Congregata fuit Facultas) ad deliberandum super vocatione baccalariorum facta eodem die ante meridiem per Dominum Cancellarium S. Genovefæ... — Cf. Statuta Fac. Artium Nannetensis (Nannetis, 1653, 4°, Statuta Universitatis Nannetensis), p. 78. Ces statuts furent votés le 30 octobre 1461.

[4] R. N. A. 6 avril, 1469 : Placuit Facultati quòd omnes manerent eodem modo quo essent vocati a 4 temptatoribus primis.

[5] R. N. A. 1448, 27 avril : (Fuit artium Facultas convocata) — ad *ponendum* baccalarios in *cameris* — placuit Facultati quòd reciperentur juramenta baccalariorum ponendorum in cameris et eorumdem examinatores, scilicet pro tertio et secundo mense. — L'expression *ponere in cameris* est toujours employée pour signifier : *envoyer les bacheliers au second examen.* Les examinateurs sont dits : *examinatores* ou *tentatores in ca-*

pour un mois. Dans la Nation de France, au commencement de janvier, le premier mois était accordé au procureur, et les autres mois distribués aux régents suivant leur rang d'ancienneté [1]. Dans la Nation de Picardie, les dix intrants élus pour nommer les examinateurs des déterminants, choisissaient chacun, dans leur diocèse, deux maîtres, et sur ces vingt maîtres, la Nation désignait, chaque mois, au moment de la présentation des candidats, celui qui devait concourir à l'examen [2]. Au XIVe siècle, la Nation Allemande vendait un mois, ou tous les mois à l'un de ses maîtres, pour un écu ou pour un franc qu'on allait consommer immédiatement au cabaret [3]. Après 1440, elle se conforma aux usages de la Nation de France. Les examinateurs expédiaient les bacheliers, dans l'ordre où ils avaient été appelés, par groupe de huit, composé comme nous l'avons dit plus haut. L'examen était secret [4]. Les examinateurs devaient admettre ou refuser sans conditions, et ne mettre personne à la disposition du chancelier. Si l'un des maîtres savait que l'on eût refusé ou admis injustement un candidat, il devait dénoncer secrètement le coupable au recteur [5].

Au XIVe siècle, chaque candidat faisait une leçon publique

---

meris, ou *in propriis*. (Cf. R. N. F. 1453, 2 janvier : *Examinatores in cameris* ou *in propriis*. R. N. A. 1410, 5 mai : *examen in propriis S. Genovefæ*. De là l'expression *audire in propriis* (B. III, 484-485) pour faire le second examen de Sainte-Geneviève.

[1] R. N. F. 1448, 30 décembre et passim.

[2] R. N. P. 1478, 19 décembre et ailleurs. Cf. ibid. 1479, 23 mars, sur l'élection définitive.

[3] R. N. A. 1368, 27 mars, — avril (f° 6 verso), — 1370, 3 mars. — 1406, 10 mars.

[4] L'expression d'*examen in cameris* écarte toute idée de publicité. *Camera*, lieu particulier, est toujours opposé à *aula*, salle publique. — L'examen de chaque groupe est appelé *auditio*. De là les expressions *prima* et *secunda auditio*. Cf. R. N. A. 1347, 12 décembre (B. IV, 502) et ailleurs.

[5] Serment des examinateurs (B. III, 484-485), et S. F. A. 1287 (ibid.).

dans la salle de l'évêché, ou dans la nef de l'église Sainte-Geneviève[1]. Au xve siècle, on ne trouve plus de traces de cet usage.

A la fin de chaque mois[2], le chancelier conférait aux candidats admis la licence avec la bénédiction apostolique.

Comme les Nations, dans l'examen des bacheliers, la Faculté, dans l'examen de licence, accueillait les plaintes de ceux qui se croyaient lésés. Le candidat refusé ou admis à un rang différent de celui auquel il pensait avoir droit, réclamait par l'intermédiaire d'un maître auprès de la Faculté, qui commettait quatre maîtres pour examiner l'affaire et lui faire droit[3]. Un maître fait même examiner à domicile un de ses bacheliers malades[4]. Au reste, l'examen n'était pas sévère, et les examinateurs étaient loin d'être incorruptibles[5]. Le temps d'études suffisait pour arriver. On passait licencié, comme aujourd'hui un élève de rhétorique passe en philosophie. En 1503, le recteur se plaignait de ce que la Faculté des arts conférait les grades à des hommes d'une ignorance grossière, étrangers même aux éléments de la grammaire latine[6].

---

[1] S. F. A. 1287 (B. III, 484) : Citius vel tardius communis lectio assignetur iisdem. — Serment des licenciés, xive siècle (R. N. A. II, 57 recto) : Solvetis receptori nationis integrè 5 bursas — antequam legeritis lectionem in aula.

[2] Peut-être à la fin de chaque *auditio* : R. N. A. 1555, mars (f° 24 verso) Dominus Cancellarius in S. Genovefà cùm *licentiavit* baccalarios *primæ auditionis*. — On trouve l'expression licentiatus est in primà, secundà auditione.

[3] R. N. F. 1450, 19 février. — R. N. A. 1480, 30 mars. — R. N. P. 1478, 3 avril.

[4] R. N. A. 1448, 7 mai.

[5] C'est ce que prouvent les statuts de 1287, 1307 et 1337.

[6] B. VI, 11 : Accedunt enim ad hanc magisterii dignitatem primo quoque die agasones, equisiones et bubulci, qui non solùm non Aristotelem, sed ne Catonem quidem primaque rudimenta didicere. — Cf. *Pragmatique Sanction de Bourges*, paragraphe *Item ut de cætero* (éd. Paris. 1666, f°. 1, 327), et Vivès *de Causis corruptarum artium* (éd. Valence, VI, 73).

C. MAITRISE.

Dès l'origine, le licencié dut se faire agréer par ses nouveaux collègues dans une sorte de cérémonie [1]. Les maîtres ès-arts constitués en corporation imposèrent au récipiendaire un serment par lequel il devait affirmer qu'il remplissait les conditions exigées par la Faculté, qu'il se soumettrait à ses réglements, et même à tel ou tel réglement particulier dont la Faculté jugeait convenable d'assurer l'observation. C'était un moyen de limiter et de contrôler l'autorité du chancelier. La Faculté pouvait imposer telle obligation qu'elle voulait à ceux qui se présentaient à la licence, en refusant à ceux qui ne s'y soumettraient pas la jouissance de ses priviléges [2].

Le licencié se faisait agréer par la corporation des maîtres dans un acte solennel appelé *inceptio* [3]. Les licenciés passaient ordinairement cet acte l'année même où ils avaient été admis, avant les vacances [4]. L'*inceptio* ne pouvait avoir lieu qu'un jour de leçon ordinaire [5]. Il n'y avait qu'une *inceptio* par jour dans chaque Nation [6], mais quatre licenciés passaient à la fois [7].

---

[1] Stat. de Robert de Courçon, 1215. (B. III, 82) : In principiis magistrorum — nulla fiant convivia. — Nullus *incipiat* licentiatus a cancellario.

[2] C'est ainsi qu'elle obligea les candidats à la détermination. Cf. supra.

[3] *Incepit* est la formule constamment employée dans les registres de la Nation Anglaise pour désigner l'acte de la maîtrise.

[4] Cela semble résulter de R. N. F. 1455, 25 mai.

[5] S. F. A. 1339 (B. IV, 258).

[6] R. N. A. 1451, 10 mai.

[7] L'expression de *cathedra* est employée pour désigner l'acte des licenciés, sans doute par les mêmes raisons qui l'ont fait appliquer à la détermination. R. N. A. 1451, 10 mai, et R. N. A. 1466 (VIII, f° 7 verso). La liste des *incipientes* est distribuée par groupes de 4; le second groupe est indiqué par *de secundâ die*, le troisième par *de tertiâ cathedra*. Ainsi *secunda dies* et *tertia cathedra* sont ici employés pour désigner le même acte. *Ponere duas cathedras* signifie faire passer la maîtrise à huit licenciés.

On était admis à cet acte dans l'ordre où on avait été licencié [1]. Avant l'acte, le récipiendaire, accompagné du bedeau de sa Nation, parcourait les écoles de la rue du Fouarre pour demander aux maîtres de chaque Nation s'il leur plaisait qu'il célébrât son *inceptio* [2]. Lorsqu'il en était agréé, il prêtait serment entre les mains du recteur. Le récipiendaire jurait qu'il avait au moins 21 ans, qu'il avait déterminé dans une Université contenant au moins douze régents, et étudié en arts pendant six ans. Il s'engageait à célébrer son *inceptio* sous les auspices du maître qui avait présidé à sa licence, afin que sa qualité de licencié fût duement attestée. Il promettait de respecter les priviléges, statuts, droits, libertés et louables coutumes de l'Université, de la Faculté des arts et de sa Nation, quelque position qu'il occupât plus tard. Il s'engageait à ne pas révéler les secrets de la corporation [3]. Le jour fixé, le récipiendaire se rendait, en grande pompe, aux écoles de sa Nation, rue du Fouarre. Le maître sous lequel il avait été licencié, prononçait une harangue, et lui imposait le bonnet, insigne de la maîtrise [4].

Jusqu'en 1452, les candidats s'engageaient par serment à disputer pendant 40 jours sans interruption, après leur *inceptio* [5]. Mais on n'en faisait rien, dans les premières années du xve siècle. Le cardinal d'Estouteville dispensa de cet article du serment [6].

---

[1] R. N. A. 1445, 24 mai.

[2] C'est ce qu'on appelait le *placet*. Le *placet* est indiqué déjà S. F. A. 1258 (B. III, 347); et l'étymologie de l'expression est donnée R. N. A. 1357, 19 septembre (B. IV, 340): Ad petendum licentiari a magistris Facultatis artium, ut moris est, si inceptio sua eis *placeret*.

[3] Juramentum incipientium au xive siècle (B. IV, 272, sqq).

[4] Stat. Fac. Art. Wiennensis (Kollar, I, 244). — Dès lors on portait devant son nom de baptême le titre de *magister*. Les écoliers et les bacheliers sont appelés seulement *dominus*. (Cf. les registres des Nations passim). La maîtrise était aussi appelée *gradus* par excellence; *graduari* signifiait passer maître (R. N. F. 1455, 21 mai et ailleurs).

[5] Juramentum incip. (B. IV, 273).

[6] B. V, 576-77.

D. FRAIS D'ÉTUDES ET D'EXAMEN.

On n'a pas de renseignements précis sur les honoraires (*collecta*) que les étudiants payaient aux régents. Cette somme était probablement fort variable. Elle était fixée librement par un contrat entre le maître et l'élève. Vers 1383, ceux qui faisaient leçon le matin prenaient un franc de chaque écolier [1]. En 1450, un maître exige un écu par élève pour l'explication et la répétition des livres requis au baccalauréat [2]. Le candidat à la déterminance jurait qu'il s'était acquitté ou qu'il s'acquitterait avant de commencer ses disputes, envers le maître qui lui avait donné des leçons ordinaires [3].

Pour subvenir à ses dépenses, chaque Nation levait sur chaque candidat une certaine somme au moment où il prêtait serment. Cet impôt était considéré comme une cotisation qu'on devait payer pour participer aux priviléges de la corporation. Il faut distinguer dans les frais d'examen la cotisation fixe, et les dépenses indéterminées de représentation; dans la cotisation fixe, il faut séparer ce que les candidats payaient à la Nation, de ce qu'ils payaient aux bedeaux.

La cotisation imposée par la nation aux candidats était fixée d'après leur revenu présumé. L'unité de compte était appelée *bourse* (*bursa*); une bourse était la somme que le candidat dépensait pour son entretien, déduction faite du loyer de sa chambre et du salaire de son domestique [4]. Le candidat affirmait cette

---

[1] Plaidoirie de l'Université (B. IV, 610).
[2] R. N. A. 1449, 6 mars.
[3] Livre de la Nation de Normandie, f° 147 v°.
[4] Juramentum determinatorum (R. N. A. II, 56 verso): Dicetis quantitatem bursæ vestræ, fideliter, sine dolo, computando omnia ordinarie consumpta et exposita in bursâ, duntaxat locagio hospitii et sallario famuli exclusis.

somme par serment ; le procureur multipliait la bourse, ou, comme on disait, la *taxait*[1] suivant les besoins de la Nation, de la Faculté et de l'Université. Les bacheliers, les licenciés, et les maîtres payaient en moyenne quatre bourses. Si la Faculté, l'Université, ou la Nation avait à subvenir à des dépenses extraordinaires, comme pour un procès, une ambassade, la construction des salles de leçon, les candidats payaient des bourses de surplus. Outre les bourses, les déterminants et les maîtres payaient une certaine somme pour le loyer des écoles. Au xive siècle, dans la Nation Anglaise, cette somme était fixée pour les déterminants proportionnellement au taux des bourses[2]. En 1320, la Nation Française décida que chaque déterminant paierait 13 sous 4 deniers pour le loyer des écoles[3]. Au xve siècle, les nouveaux maîtres payaient tous une même somme, pour le loyer des écoles et la robe du recteur[4]. Dans la Nation Picarde, au xve siècle, les bacheliers payaient une certaine somme pour les frais de la Chandeleur[5].

La licence devait être conférée gratuitement. Il était expressément interdit aux chanceliers, à leurs examinateurs, et aux gens de service de rien recevoir des candidats, sous aucun prétexte, sauf 4 sous pour l'herbe et la paille[6]. Ces pro-

---

[1] R. N. F. f° 2 verso : Ista est *vera taxa bursarum* quam procurator tenetur facere ; etc. Cf. R. N. F. 1446, 31 janvier.

[2] Jurament. det. (R. N. A.) Solvetis receptori nationis 5 bursas, et pro scholis proportionabiliter, priusquam vicum intrabitis ; videlicet, si septimanatim expendetis in bursâ 2 vel 3 sol., dabitis pro scholis 20 sol. Paris ; si autem 4 vel 5 sol., dabitis 30 sol. ; si autem 6 vel 7 sol., dabitis 40 sol. ; si autem 8 vel 9., dabitis 50 sol. et sic deinceps.

[3] B. IV, 187.

[4] Dans la Nation Allemande, en 1492, 2 livres (*liber receptoris*).

[5] *Pro operibus beatæ Mariæ* (R. N. P. f° 36 verso et ailleurs).

[6] S. F. A. 1307, 1337 (B. IV, 112, 251). L'herbe et la paille remplaçaient les siéges. On jonchait les églises de paille en hiver, et d'herbe en été.

hibitions furent souvent renouvelées, ce qui prouve qu'elles furent peu observées.

Les droits des bedeaux variaient suivant les temps et les Nations. En 1424, leurs droits furent ainsi fixés dans la Nation Anglaise : lors de la déterminance, un demi-franc ; lors du baccalauréat, pour la conduite aux écoles 4 sous, pour les examens 2 sous ; lors de la licence, un franc ; lors du *placet*, 4 sous 8 deniers, pour la corporation des bedeaux [1]. Voici la taxe que la Nation de France établit en 1476 [2] : lors de la déterminance, 4 blancs ; les cinq premiers devaient payer chacun 2 blancs pour le tapissier ; les déterminants payaient, suivant leur qualité, 1 blanc ou 2 deniers pour l'herbe et la paille ; lors des disputes du Carême, 2 blancs, ou invitation au dîner ; lors du placet, 14 blancs ; les nouveaux maîtres, qui passaient leur *inceptio* par groupe de quatre [3], devaient payer, le premier, les droits du président ; le second, le bonnet du grand bedeau ; le troisième, le bonnet du petit bedeau (chacun de ces bonnets étant estimé 5 s. p.) ; le quatrième donnait, s'il était riche, 2 sous ; même taux pour la paille et les herbes que dans la déterminance.

Les déterminants donnaient un banquet au commencement et à la fin de leur déterminance [4]. D'abord ils illuminaient la rue du Fouarre. Mais la Faculté le défendit en 1275. Les licenciés et les nouveaux maîtres donnaient également un banquet.

Le candidat qui n'était pas assez riche pour payer les bourses, affirmait sous serment, en présence de la Nation, qu'il était placé dans les conditions de pauvreté qui exemptaient des frais d'examen [5]. Au XIV° siècle, dans la Nation An-

---

[1] *Rem. sur les Bed.*, p. 45.
[2] *Ibid.*, p. 38.
[3] *A quinque primis sive primæ cathedræ.*
[4] S. F. A. 1275 (B. III, 420).
[5] L'expression officielle est *Jurare statutum paupertatis.* (S. N. A. 1424.)

glaise, celui dont la bourse ne dépassait pas 16 deniers était exempté comme pauvre [1]. Le candidat qui ne pouvait payer ses bourses comptant, remettait des gages au receveur de la Nation, ordinairement des livres que la Nation vendait si elle n'avait rien reçu à l'époque fixée [2]. Quelquefois le candidat s'engageait devant l'officialité à acquitter sa dette dans un délai déterminé, sous peine d'excommunication [3].

§ III.

DES COURS ET DES DISPUTES.

Dans l'Université, les maîtres enseignaient également par les leçons et par les disputes. Les étudiants devaient assister aux unes et aux autres. La leçon n'était souvent elle-même qu'une argumentation écrite et dictée, et la dispute une argumentation parlée.

L'année scolaire était divisée en deux parties par les vacances de Pâques ; la première était appelée *grand ordinaire*, la seconde *petit ordinaire* [4]. Le grand ordinaire était compris entre la saint Remi (1er octobre) et le premier dimanche du Carême ; le petit ordinaire, entre le jeudi qui suivait le jour de Pâques et la saint Pierre et la saint Paul. Les grandes vacances duraient depuis la saint Pierre et la saint Paul (29 juin)

[1] Juramentum subdeterminatorum (R. N. A. II, 58 recto).
[2] S. N. A. 1424.
[3] Il y a plusieurs engagements de ce genre aux archives de l'Université.
[4] *Ordinarium magnum*, S. N. P. 1529 (B. IV, 222). *Ordinarium parvum*, S. N. F. 1535 (B. IV, 244). Cette dénomination vient sans doute de ce que ce temps était consacré aux leçons *ordinaires*, tandis que pendant les vacances, on ne pouvait faire que des leçons extraordinaires.

jusqu'à la saint Louis (25 août) '. Il y avait en outre congé depuis le 18 décembre jusqu'au lendemain de l'Épiphanie, du premier dimanche du Carême au premier jeudi après Pâques, du troisième dimanche après Pâques au lendemain de la Trinité ². Outre ces congés, l'Université fériait 60 jours, et la Faculté des arts avait 8 fêtes qui lui étaient particulières ³.

Les leçons étaient distinguées en *ordinaires* ⁴ et *extraordinaires* ⁵. Les leçons ordinaires étaient ainsi appelées parce que la matière, la forme, le jour, l'heure et le lieu étaient déterminés par la Faculté et par la Nation. Ces leçons ne pouvaient être faites que par les maîtres. L'objet, la forme, le jour, l'heure et le lieu des leçons extraordinaires étaient laissés dans de certaines limites au libre arbitre de chacun. Elles pouvaient être faites soit par des maîtres, soit par des bacheliers.

Le caractère distinctif de l'enseignement au moyen-âge, c'est qu'on n'enseignait pas la science directement et en elle-même, mais seulement par l'explication des livres dont les auteurs faisaient autorité. Ce principe était pratiqué dans toutes les Facultés, et Roger-Bacon l'a formulé ainsi : Quand on sait le texte, on sait tout ce qui concerne la science

---

¹ Vetera statuta (Cf. p. 66 note 3), B. IV, 425. Il y a ici dans les anciens calendriers (et sur ce point les deux manuscrits n'offrent aucune variante) une difficulté. On y lit, pour le lendemain de la saint Louis : *Istá die resumuntur lectiones ordinariæ in vico Straminis ;* et au 10 octobre : Illà die lectiones ordinariæ reincipientur in vico Straminis ; et pourtant, ils ne marquent pas de jour où les leçons ordinaires aient cessé, entre le 25 août et le 10 octobre.

² Vetera Kalendaria. Cf. infra p. 66 note 3 bis.

³ Vet. Kal.

⁴ Lectiones ordinariæ. Legere ordinariè. St. de 1215 (B. III, 82).

⁵ Lectiones cursoriæ; dans S. 1215. Legere *ad cursum.* Lectio cursoria (S. A. 1244. B. III, 194). Lectiones *transitoriæ* (Robert Sorbon, *de Conscientiá.* B. III, 231). *Extraordinariæ* (S. F. A. 1254. B. III, 280). Enfin simplement *cursus* (ibid.) et Vet. Stat. (B. IV, 425) : Proclamantur cursus... in vigiliâ B. Petri. L'expression *lectiones cursoriæ, legere cursoriè,* est la plus habituelle.

qui est l'objet du texte ¹. On ne disait pas au moyen-âge *faire un cours de morale*, mais *lire un livre de morale*. Au lieu de suivre un cours, on dit toujours *entendre un livre* (audire, legere librum).

A. LEÇONS ORDINAIRES.

JOURS. — Les leçons ordinaires devaient être faites pendant l'hiver, entre la saint Remi et le premier dimanche du Carême ; elles commençaient le lendemain de la saint Denis (10 octobre), et se terminaient entre le 11 février et le 14 mars, suivant la place de Pâques ². C'était donc en moyenne 140 jours, dont il faut déduire environ 18 dimanches et 47 jours de congé ³. Il ne restait donc pour les leçons ordinaires que 75 jours environ.

HEURES. — Les heures du matin jusqu'à la troisième heure,

---

¹ *Opus majus*, p. 2, c. 4 (ed. Jebb., p. 28) : Omnis alia facultas (autre que la Faculté de théologie) utitur textu suo solo, et legitur textus in scholis, quod *scito textu sciuntur omnia, quæ pertinent ad facultatem, propter quam textus sunt facti*.

² S. N. P. 1529 (B. IV, 222).

³ J'ai relevé ces jours de congé d'après les plus anciens calendriers qui nous aient été conservés. Ils sont au nombre de deux : l'un se trouve dans un fragment de livre de la Nation Picarde (voir plus haut p. 56, note 1 bis); l'autre est en tête d'un manuscrit de Corbie, qui est à la Bibliothèque nationale (fonds Saint-Germain, 951) ; il est écrit sur parchemin et de la même main que les statuts imprimés par d'Achèry (spicilegium VI, 381 sqq.), et par du Boulay (IV, p. 425). Les indications de ces deux calendriers sont identiques pour le fond et pour la forme, sauf quelques variantes insignifiantes. Ces deux calendriers donnent les jours de congé adoptés par l'Université et les trois Facultés de théologie, de décret et des arts. On n'y trouve rien sur la Faculté de médecine. La fête de la saint Charlemagne, établie par Louis XI, n'est pas marquée sur ces calendriers. D'un autre côté, on lit dans les registres de la Faculté de médecine (27 janvier 1419, registre I, p. 238) que l'Université avait décrété récemment (*nuper ante*) que l'on fêterait la saint Antoine, la saint Romain et la saint Yves. Or, les deux calendriers n'indiquent pas

c'est-à-dire jusqu'à 8 ou 9 heures, étaient exclusivement réservées aux leçons ordinaires. Les leçons commençaient avec le jour, et duraient sans doute une heure [1]. Au xive siècle, on commmençait beaucoup plus tard. Il en résultait que les maîtres qui étudiaient en théologie étaient inexacts aux cours de cette Faculté, et que les écoliers employaient à dormir le temps le plus favorable à l'étude. La Faculté des arts décida, en 1367 [2], que les maîtres commenceraient leur leçon quand les Carmes de la place Maubert sonneraient leur première messe, à la même heure que les bacheliers en décret et les médecins, c'est-à-dire dès le lever du soleil.

SALLES. — La salle où le maître faisait ses leçons était appelée *scholæ* [3]. Au xiiie siècle, chaque maître la louait directement et pour son compte [4]. Il pourvoyait à cette dépense en exigeant de chacun de ses déterminants une somme qui ne devait pas dépasser deux bourses, quel que fût leur nombre [5]. La grande affluence des maîtres et des étudiants aurait eu pour effet de faire monter les loyers à des prix énormes, si le pape Grégoire IX n'eût pas imposé aux propriétaires de maisons l'obligation de se conformer à une taxe fixée par deux maîtres et deux bourgeois [6]. Il menaça même de l'excom-

de congé général pour la saint Antoine (17 janvier), ni pour la saint Romain (23 octobre); et l'on trouve à la saint Yves (19 mai) : *Non consuevit legi alicubi*; au lieu de la formule ordinaire : *Non legitur in aliquâ Facultate*. Il en résulte évidemment que ces deux calendriers sont antérieurs à 1419.

[1] Cf. ch. III, §. 2. Les maîtres devaient d'ailleurs se rendre aux leçons de la Faculté de théologie, où ils étaient pour la plupart étudiants. Cf. sur l'heure des leçons, infra ch. II, §. 2 C.

[2] B. IV, 412. — Sur l'heure à laquelle lisaient les bacheliers en décret. Cf. infra p. ch. III, §, 2.

[3] Toujours le pluriel, même pour désigner une salle unique.

[4] S. U. 1244 (B. III, 195).

[5] S. F. A. 1275 (B. III, 420). — Le Mémoire contre Philippe de Thori n'est pas clair sur ce point. Il semble dire que les écoliers ne payaient que les deux tiers du loyer.

[6] Bulle 1231 (B. III, 143).

munication les ecclésiastiques réguliers ou séculiers qui refuseraient de se soumettre à la taxe [1]. Cette mauvaise volonté était plus facile à réprimer que les abus qui renaissaient sans cesse de la nature des choses. On ne peut régler invariablement les conditions de contrats renouvelés à chaque instant par des volontés isolées et individuelles. Les maîtres enchérissaient les uns sur les autres. Le propriétaire, étant contraint de louer au prix de la taxe, sous peine de voir sa maison interdite pendant cinq ans, convenait avec un maître d'une location fictive qui le dispensait de louer désavantageusement à des membres de l'Université. Certains maîtres accaparaient plusieurs salles au nom de bacheliers ou de maîtres nouvellement reçus, pour les sous-louer à des prix plus élevés. En vain la Faculté invoqua l'autorité de l'Université [2] et des papes pour remédier à ces abus; elle ne put réussir à les extirper.

Vers la fin du XIIIe siècle, les Nations supprimèrent cette concurrence qu'elles ne pouvaient régler. Les maîtres n'eurent plus la faculté de louer leurs écoles individuellement et pour leur compte particulier [3]. Chaque année la Nation distribuait à ses maîtres les écoles [4] où ils devaient faire leurs leçons ordinaires. Les Nations ne mettaient rien de côté; elles n'avaient pas en réserve les sommes considérables qu'auraient demandé des acquisitions et des constructions; elles vivaient au jour le jour, et louaient la plupart des salles où se faisaient les cours ordinaires. Elles payaient avec un impôt levé sur les déterminants de chaque année. Elles eurent recours au même expédient pour acquérir et pour construire

[1] Bulle 1237 (B. III, 160).

[2] S. U. 1277 (B. III, 432).

[3] Le premier exemple de cet usage se trouve dans S. N. F. 1305 (B. IV, 100).

[4] *Distributio scholarum* est le terme officiel (Cf. les registres de la Nation Anglaise à la saint Mathieu).

des salles mieux appropriées aux besoins de l'enseignement. Les écoles qui appartenaient aux Nations étaient situées rue du Fouarre[1]. Le mobilier était simple; il consistait en une chaise à estrade, et un pupitre pour le maître. La Nation ne le fournissait point en dehors de la rue du Fouarre[2]. Les écoliers étaient assis par terre, dans la poussière et la saleté[3]. Quelquefois cependant, surtout en hiver, le sol était jonché de paille[4]. Vers 1366 et 1452, on commença à avoir des bancs; mais les cardinaux Ste.-Cécile et d'Estouteville réprimèrent ce luxe corrupteur; ils exigèrent que les écoliers fussent assis par terre, comme autrefois, pour éloigner de leur cœur toute tentation d'orgueil[5]. Le prévôt de Paris autorisa en 1403[6] la Faculté à fermer la rue du Fouarre par une barrière, pour que le bruit des voitures ne troublât pas les exercices. Les Nations n'avaient pas les clefs de leurs écoles; elles étaient entre les mains du bedeau de la Nation de France[7]. Un porte-clefs (claviger) ouvrait et fermait les barrières de la rue du Fouarre[8].

A la fin de septembre, tous les maîtres qui avaient occupé des écoles pendant la précédente année scolaire, les résignaient à la Nation assemblée[9]. Les maîtres qui se proposaient d'enseigner pendant le prochain ordinaire demandaient

---

[1] *Vicus Straminum* très-souvent avant le XVe siècle. Dante traduit en effet *vico degli Strani*. Plus tard, généralement *vicus Straminis*.

[2] R. N. A. 1376, 5 octobre.

[3] R. N. A. 1370, 18 septembre.

[4] Cf. supra p. 62 note 6. C'est de cet usage que l'on dérive le nom de la rue du Fouarre *(feurre)*. On y vendait de la paille (R. N. A. III f° 8 recto).

[5] Ut occasio superbiæ a juvenibus secludatur (B. IV, 390, V, 573).

[6] R. N. A. 1403, 16 novembre. Elles furent posées le 5 février 1405 (ibid.). Cf. un mandement du dauphin de mai 1358 (Collection du Louvre III 237). Il était resté sans exécution.

[7] R. N. F. 1466, 23 septembre (*Rem. sur les Bed.*, p. 42).

[8] C'était le bedeau de la Nation de France. R. N. F. 1473, 14 mai (*Rem. sur les Bed.*, p. 37).

[9] R. N. A. 1371, septembre (f° 28 verso).—R. N. F. 1444, 5 octobre, 1447, 5 octobre.

à la Nation qu'elle leur accordât des écoles[1]. Les maîtres qui n'avaient pas encore enseigné ou qui avaient interrompu, payaient une sorte de bienvenue en vin ou en argent[2]. Quiconque faisait partie de la Faculté, et avait satisfait à ces conditions, avait droit à une école[3]. Les plus belles écoles, celles de la rue du Fouarre, étaient données aux maîtres qui comptaient le plus d'années de régence[4]. Entre des droits égaux, le sort décidait[5]. Quant aux autres maîtres, ils allaient chercher en dehors de la rue du Fouarre, des écoles dont la Nation s'engageait à payer le loyer[6]. Comme les leçons ordinaires se faisaient en même temps, chaque maître avait ses écoles. Quelquefois des maîtres cédaient, avec l'approbation de la Nation, leurs écoles à d'autres maîtres, à condition qu'ils pourraient les reprendre à une époque déterminée[7]. Les Nations se sous-louaient souvent des écoles[8].

Il arrivait souvent que des maîtres demandaient des écoles, sans être sûrs d'avoir ou de garder des écoliers. D'autres fois, ils n'allaient pas jusqu'au bout du grand ordinaire. Les écoles vides ne fournissaient pas de déterminants pour en acquitter le loyer. Les Nations se trouvaient ainsi grevées par le caprice ou la négligence de leurs maîtres. Les écoles situées loin de la rue du Fouarre, donnaient surtout lieu à ces abus, parce

---

[1] *Supplicare pro scholis*, est la formule ordinaire au XIVᵉ siècle.

[2] R. N. F. 1445, 31 décembre. — 1447, 30 décembre. — En 1459 (5 avril), la Nation Allemande décida que les nouveaux régents paieraient 11 s. par. (Ms. 2ᵉ liasse nº 20).

[3] R. N. A. 1377, septembre (fº 9 recto) : Erant illæ supplicationes — tanquam *rigorosæ* concessæ. — 1376, 12 octobre : Natio deliberavit quòd habere scholas esset *rigorosum*. — Dans les registres, la pratique est constamment d'accord avec ce principe.

[4] R. N. A. 1396, 21 septembre (fº 26 recto); — 1392, 21 septembre. — R. N. F. 1409, 26 septembre (B. V, 859).

[5] R. N. A. 1376, septembre (fº 2 verso).

[6] R. N. A. 1396, 21 septembre. — 1377, septembre (fº 9 recto).

[7] R. N. A. 1378, 31 septembre.

[8] S. N. A. 1424.

qu'on ne pouvait pas y surveiller les maîtres aussi facilement. En 1327, la Nation de France décida que les maîtres se chercheraient des écoles, autant que possible, dans la rue du Fouarre. S'ils en louaient ailleurs sans nécessité, ils ne recevraient pas de la Nation plus de 28 sous 8 deniers, pour le loyer [1]. Cinq maîtres, élus dans les cinq provinces, visiteront avec le bedeau les écoles, pour savoir ceux qui enseignent sérieusement, et on ne paiera les écoles que pour les vrais régents. Le bedeau devra dire la vérité touchant les noms et les écoles des vrais régents; et on le croira sur parole, à moins qu'un maître ne prouve le contraire. En 1329 [2], la Nation Picarde décida qu'elle ne paierait que pour les écoles situées dans la rue du Fouarre, ou aux environs, et exclusivement affectées à l'enseignement et à la dispute. Elle prit une mesure que toutes les autres Nations imitèrent. Tous ceux qui demanderaient des écoles, durent promettre qu'ils enseigneraient sans interruption pendant tout le grand ordinaire. S'ils interrompaient, le loyer des écoles restait à leur charge; ils devaient présenter un répondant qui s'engageât solidairement avec eux [3].

Costume. — Les maîtres devaient faire les leçons ordinaires, en robe noire, avec capuchon fourré de menu-vair [4].

Objet des leçons ordinaires. — Les livres prescrits en 1215, par Robert de Courçon, pour les leçons ordinaires, sont la grammaire de Priscien, et les traités compris dans l'Organon d'Aristote [5]. La bulle de Grégoire IX (1231) ne

[1] B. IV, 212.
[2] B. IV, 222.
[3] *Ponere fidejussores.* Donner des répondants, fournir caution. Cf. R. N. A. 1395, 31 septembre, etc.
[4] Vet. Stat. (B. IV, 425) : Cum caputio fourrato de minutis-variis.
[5] Libros Aristotelis de Dialecticâ tam de veteri quàm de novâ (B. III, 82). Le mot *vetus logica* est ainsi développé S. F. A. 1254 (B. III, 280) : Veterem logicam Porphyrii, Prædicamentorum, Perierminias, Divisionum et Topicorum Boetii, excepto quarto. — Enfin, Vivès (*de Causis*

changea rien à ces dispositions. Les ouvrages métaphysiques d'Aristote, condamnés en 1215, étaient encore suspects en 1231[1]. En 1254, ils étaient entrés officiellement dans l'enseignement de la Faculté des arts[2]. Ils ne paraissent pas toutefois avoir été à cette époque l'objet des cours ordinaires. En effet, voici quels étaient alors les livres que les maîtres étaient tenus d'expliquer, entre le 1er octobre et le 25 mars, c'est-à-dire pendant le temps réservé plus particulièrement aux leçons ordinaires : l'Introduction de Porphyre, les Catégories, l'Interprétation, le Traité de Boëce sur la division, les trois premiers livres de ses Topiques, la Grammaire de Priscien, les Topiques et les *elenchi* d'Aristote, les premiers et les seconds Analytiques. Quoiqu'on n'ait pas de données directes pour les temps postérieurs, sur la distribution des matières entre les leçons ordinaires et les leçons extraordinaires, on peut conclure de quelques allusions[3], rapprochées des réglements des autres Universités[4], que l'Organon était l'objet à peu près exclusif des leçons ordinaires. L'explication de la grammaire de Priscien semble avoir perdu beaucoup de son importance au xive siècle, et au xve siècle l'enseignement grammatical était réservé aux petites écoles qui préparaient aux leçons de la Faculté des arts. On conçoit au reste que la saison et les heures les plus favorables à l'étude durent être réservées exclusivement à la logique ; on la

corruptarum artium, ed. Valence, VI, p. 131) : Logicam appellant veterem — prædicabilia, categoriæ, et de interpretatione ; logicam novam, priora, posteriora, topica. Les livres de la *Logica nova* correspondent précisément à ceux que ne connaissait pas Abélard, et c'est sans doute là l'origine de cette dénomination.

[1] B. III, 141.

[2] S. F. A. (B. III, 280).

[3] Ramus, *Schol. Dial.*, lib. IV, c. 16 (apud Kastus de Petri Rami vita, scriptis, philosophia, Parisiis, 1848.) — Vivès *de Causis corruptarum artium* (ed. Basil.), I, p. 390.

[4] Réglement de la Faculté des arts de Toulouse. 1509 (Ms. Bibl. nat., 4222, p. 23).

regardait comme l'art des arts, comme la science des sciences ; elle tenait dans l'éducation du moyen-âge la même place que la rhétorique dans l'éducation des anciens et des modernes. D'ailleurs, les candidats au grade de bachelier devaient avoir *entendu* en deux ans tous les traités compris dans l'Organon ; et ce n'était certes pas trop de cent cinquante leçons pour les expliquer consciencieusement.

FORME DES LEÇONS ORDINAIRES. — Les leçons se faisaient suivant deux méthodes différentes. Ou on interprétait le texte de l'auteur dans une *exposition* (expositio), ou on le discutait dans une série de *questions* (quæstiones).

La méthode des expositions est toujours la même. Le commentateur discute dans un prologue quelques questions générales, relatives à l'ouvrage qu'il expose, et il traite ordinairement de ses causes matérielle, formelle, finale et efficiente. Il indique les divisions principales, prend le premier membre de la division, le subdivise, divise le premier membre de cette subdivision, et ainsi, par une série de divisions dichotomiques, il arrive à une division qui ne comprend que le premier chapitre. Il applique à chaque partie de l'ouvrage et à chaque chapitre le même procédé qu'à l'ouvrage entier. Il pousse les divisions jusqu'à ce qu'il arrive à une division qui ne comprenne qu'une phrase exprimant une idée complète. Alors il prend ces phrases une à une, et les paraphrase en se préoccupant de l'idée plutôt que de l'expression. Il ne passe jamais d'une partie de l'ouvrage à l'autre, d'un chapitre à un autre, et même d'une phrase à une autre phrase, sans analyser minutieusement les raisons pour lesquelles cette partie, ce chapitre, ou cette phrase doit être placée après celle qui la précède immédiatement.

Dans les questions, on extrait du texte de l'auteur toutes les propositions qui sont susceptibles d'être discutées en deux sens contraires. On pose la question ; on énumère d'abord les raisons qui peuvent la faire décider en tel sens ; on énumère ensuite les raisons qui peuvent la faire décider dans le sens contraire. L'auteur se décide alors pour l'un des deux partis, donne ses raisons, et termine en réfutant successivement tous les arguments sur lesquels s'appuie l'opinion contraire à celle qu'il a adoptée. Chaque raison est présentée sous la forme d'un syllogisme complet, avec majeure, mineure et conclusion, et chacune des prémisses est prouvée par d'autres syllogismes, s'il est nécessaire. En un mot, une question est une dispute écrite. Dans cette méthode, on ne s'assujétit pas au texte de l'auteur qui fournit les questions. On y prend seulement une partie des matériaux de l'argumentation [1].

Ces deux méthodes paraissent avoir été employées concurremment dans les leçons ordinaires. L'une faisait connaître le texte qui avait autorité; l'autre préparait à la dispute, qui était l'unique exercice et la seule espèce d'épreuve. L'ennui de l'exposition la faisait souvent négliger. La réforme de 1452 rappelle aux maîtres qu'ils doivent expliquer le texte d'Aristote de point en point, de chapitre en chapitre, et faire connaître les opinions des commentateurs anciens et modernes [2]. Au XIIIe siècle, on expliquait plusieurs livres différents dans la même leçon. Vers 1283, on n'expliquait qu'un livre pendant une leçon; mais on passait à un autre livre, à la leçon suivante [3].

Il est évident qu'aucune de ces deux méthodes ne comportait la liberté du développement oratoire. Dans l'une on est enchaîné à la pensée d'autrui; dans l'autre on est assujéti à un ordre de discussion consacré et à une méthode de démonstration inflexible qui ne règle la place des idées que suivant

---

[1] Le *Commentaire* de saint Thomas et les *Questions* de Buridan sur la morale d'Aristote, peuvent être regardés comme les types de ces deux méthodes différentes.

[2] B. V, 574-575.

[3] Mémoire contre Ph. de Thori.

leur valeur logique, et en soumet l'expression à des formules convenues. Dans l'exposition, le développement de la pensée personnelle est à chaque instant interrompu par la lecture du texte que l'on explique. Dans les questions, il devait être singulièrement difficile de garder dans la mémoire et de produire à propos et avec exactitude toutes les subtilités d'une argumentation minutieuse. D'un autre côté, les livres étaient chers, les étudiants pauvres; encore aujourd'hui on est obligé de beaucoup copier, de faire beaucoup d'extraits, si l'on ne veut pas se contenter de garder de ses lectures une impression fugitive. Dès les premières années du XIVe siècle, les maîtres dictèrent leurs leçons. Les inconvénients de cette méthode ne tardèrent pas à se faire sentir. Le maître devenait inutile; il était dispensé de tout travail personnel; non-seulement les maîtres lisaient des travaux étrangers, mais ils finirent par se dispenser même de la peine matérielle de la lecture. Ils remettaient le manuscrit à un écolier qui le dictait à ses camarades. Ainsi le maître ne payait plus de sa personne, mais seulement de sa présence. La Faculté des arts comprit que c'était trop peu. Elle rendit, en 1355, un statut qui interdisait de dicter, et recommandait de parler d'abondance, comme les prédicateurs. Ce statut devait être juré par les déterminants et les nouveaux maîtres. Une première contravention serait punie de la privation d'une année de leçon, la récidive de la privation de deux ans, une quatrième contravention de la privation de quatre ans. La Faculté s'attendait vraisemblablement à une vive résistance lors de la publication de ce statut. Elle menace des mêmes peines les auditeurs qui s'opposeraient à cette nouvelle mesure en criant, en sifflant, en trépignant, ou en jetant des pierres[1]. On continua à jurer ce statut et à ne pas l'observer. La crainte du parjure ne pouvait détruire une habitude qui dérivait na-

---

[1] B. IV, 332.

turellement de la forme des cours. Elle prévalait généralement au xv⁵ siècle, et le cardinal d'Estouteville dispensa d'un serment quotidiennement violé [1]. Il interdit seulement les abus qui ne pouvaient guère être séparés de l'usage que par une surveillance minutieuse et impossible dans une corporation indépendante.

PUBLICITÉ. — Les leçons ordinaires n'avaient évidemment pas plus de publicité que nos classes de collége. Chaque maître les faisait à un certain nombre d'écoliers avec lesquels il passait sans doute marché, pour les préparer à la déterminance. Elles se faisaient toutes de grand matin et à la même heure. On ne remarque dans l'organisation de ces leçons aucune des précautions propres à leur assurer une vraie publicité.

B. LEÇONS EXTRAORDINAIRES.

FORMALITÉS. — On pouvait faire des leçons extraordinaires tous les jours de l'année, excepté les jours où il était interdit de faire leçon passé neuf heures du matin, c'est-à-dire les jours de dispute et les vigiles des principales fêtes [2]. En 1244, la Faculté défendit de faire leçon extraordinaire de la Saint Remi au Carême [3]. Cette prohibition ne fut pas maintenue. Cependant l'intervalle compris entre le Carême et la Saint-Remi était plus particulièrement affecté aux leçons extraordinaires [4].

[1] B. V, 577.
[2] B. IV, 425.
[3] B. III, 194.
[4] Vet. Kal. : A dominicâ quâ cantatur *vocem jucunditatis* (le troisième dimanche après Pâques) usquò in crastinum S. Trinitatis non legitur in vico Straminis ordinariè.

Les jours de leçon ordinaire, les leçons extraordinaires ne devaient commencer qu'après la troisième heure[1], c'est-à-dire après les leçons ordinaires. Les jours où toute l'Université devait assister au sermon, elles ne devaient être faites qu'après le sermon[2]. En général, elles avaient lieu dans l'après-dîner, c'est-à-dire après dix ou onze heures.

En 1276, l'Université avait ordonné d'enseigner tout ce qui n'était pas du domaine de la logique et de la grammaire, dans des lieux accessibles à la surveillance[3]. En 1355, la Faculté défendit de faire les leçons extraordinaires en dehors des écoles des Nations[4]. Mais ces statuts ne furent pas observés. On faisait leçon extraordinaire où l'on voulait, dans les écoles des Nations, dans celles d'un couvent, dans le réfectoire d'un collége, dans sa chambre[5].

En 1254, la Faculté des arts imposa aux cours extraordinaires, certaines restrictions qui paraissent être tombées depuis en désuétude. Elle défendit de faire plus de deux leçons extraordinaires un jour de leçon ordinaire, ni plus de trois un jour de congé. Le maître ne devait pas changer de livre avant d'avoir achevé celui qu'il avait commencé, à moins qu'il ne fût malade ou forcé de s'absenter plus de quinze jours, ou que les étudiants ne voulussent plus suivre le cours[6].

Les maîtres et les bacheliers étaient également admis à faire des leçons extraordinaires. Quand les maîtres voulaient expliquer un livre qui n'était pas compris parmi ceux qui étaient prescrits pour les examens, ils en demandaient l'autorisation à la Faculté en lui indiquant les jours et les heures où ils se proposaient de le faire. Il fut interdit, pendant quelque temps,

---

[1] S. F. A. 1244 (B. III, 194).
[2] Cf. infra et S. F. A. 1355 (B. IV, 352).
[3] B. III, 430.
[4] B. IV, 332.
[5] Cf. infra p. 81, 82, 83.
[6] B. III, 280.

aux bacheliers de faire leurs cours aux mêmes heures que les maîtres ; mais la réforme de 1366 leva cette restriction [1]. Les cours extraordinaires étaient pour les bacheliers une occasion de recruter un auditoire pour leur maîtrise, et de s'exercer à l'enseignement [2]. Il est probable que ces cours faits par les bacheliers étaient des espèces de répétitions.

Il fut toujours permis de dicter les leçons extraordinaires [3], et l'usage paraît en avoir été constant et général.

Les maîtres et les bacheliers pouvaient faire les leçons extraordinaires en robe [4] de telle étoffe qu'il leur convenait.

OBJET DES LEÇONS EXTRAORDINAIRES. — Dans le règlement de 1215, Robert de Courçon réserve pour les jours de congé l'explication des livres relatifs à la philosophie, à la rhétorique et au quadrivium, du traité de Donat sur les figures grammaticales, de la morale d'Aristote, du quatrième livre des Topiques de Boëce, qui traite des rapports de la dialectique et de la rhétorique [5]. La démarcation établie, ou plutôt sanctionnée par Robert de Courçon, entre la matière des leçons ordinaires et celle des leçons extraordinaires, subsista toujours. La logique était l'objet exclusif des leçons ordinaires ; les cours extraordinaires embrassaient tout ce qui n'était pas compris dans cet enseignement fondamental, la métaphysique, la morale, les sciences, la rhétorique, les langues.

La plupart des cours extraordinaires avaient sans doute pour objet les traités d'Aristote sur la métaphysique, la physique et la psychologie prescrits pour la licence. Dès 1254, le petit ordinaire paraît avoir été particulièrement réservé à l'explica-

[1] B. IV, 391.
[2] Ps.-Boetius, *de Disc. schol.*, cap. V (p. 977).
[3] Le statut de 1355 les excepte (B. IV, 332).
[4] *Cappis rugatis* (Vet. Stat., B. IV, 425). Ducange traduit cette expression par *roquet, manche ridée*.
[5] B. III, 82.

tion de ces traités¹. Au xvᵉ siècle, les bacheliers les étudiaient, entre les disputes du Carême et leur présentation à la licence, entre Pâques et la Purification. C'était la troisième année du cours d'études. Il est probable qu'on n'*exposait* pas des traités aussi longs et aussi difficiles. Les maîtres dictaient sans doute à leurs élèves des questions sur ces livres ou des abrégés. Au reste, à la fin du xvᵉ siècle, et au xviᵉ, l'enseignement de la métaphysique tenait fort peu de place dans les études de la Faculté des arts, consacrées presque exclusivement à la logique².

On attachait beaucoup d'importance à l'enseignement de la morale. En 1254, la Faculté fixait six semaines pour l'explication des six premiers livres de la morale d'Aristote³. Les déterminants commençaient par argumenter sur une question de morale. Buridan composa, sur la morale à Nicomaque, des questions fort célèbres au moyen-âge. En 1348, les boursiers du collége de Cambray devaient soutenir tour à tour, chaque samedi, une argumentation sur une question de morale⁴. En 1356, un maître allemand, Albert de Saxe, demande à la Faculté l'autorisation de *lire* chez lui, les jours de fête, après le sermon, tel livre de morale qu'il voudrait. En 1358, il fait la même demande, au sujet de la politique d'Aristote⁵. La réforme de 1366 prescrivit aux aspirants à la maîtrise, l'étude de la morale d'Aristote⁶ ; et quand la réforme de 1452 en recommanda particulièrement l'étude aux bacheliers qui se présenteraient à la licence, elle était depuis longtemps l'objet d'un cours régulièrement organisé. Quelques années avant 1392, la Faculté des arts décida que chaque Nation nommerait à son tour et à son rang (France,

[1] S. F. A. (B. III, 280).
[2] Cf. supra p. 72 note 5.
[3] B. III, 250.
[4] Statut du collége de Cambray (Félibien, *Hist. de Paris*, *Preuves*, I, 431, art. 20).
[5] B. IV, 949.
[6] B. IV, 390.

Normandie, Picardie, Angleterre) un de ses maîtres, qui ferait, pendant deux ans, à tous les bacheliers, les jours de fête, un cours sur la morale d'Aristote[1]. En 1454, on proposa dans la Nation de France, de limiter à un an la durée de cet office, pour faire participer un plus grand nombre de maîtres aux avantages qu'il procurait[2]; mais cette proposition fut rejetée à cause des troubles que suscitaient toujours les innovations dans le régime démocratique de l'Université. La Nation dont le tour était arrivé, faisait son élection vers le 3 février, et présentait le maître qu'elle avait choisi à l'approbation des autres Nations. Lorsqu'il était accepté, il remerciait la Faculté, et, quand ses fonctions expiraient, il la priait d'approuver ses actes, suivant la même formule que les recteurs[3]. Le *lecteur de morale* (*lector ethicarum*), comme on l'appelait, était donc considéré comme un officier de la Faculté des arts. Lors de l'examen de licence, les bacheliers devaient présenter un certificat signé par lui, attestant qu'ils avaient suivi ses leçons[4]. Outre l'argent qu'il percevait en raison de ces certificats, il recevait parfois un traitement de sa Nation[5]. L'élection donna lieu à des scènes de violence[6]. A la fin du XVe siècle, ce cours tombait en désuétude. Il rassemblait des écoliers de toutes les Nations et de tous les pensionnats, plus disposés à se quereller qu'à pratiquer les leçons qu'ils venaient entendre. En 1477, à la sortie du cours de morale, les écoliers se livrèrent un combat acharné; plusieurs furent blessés, l'un d'eux eut même le bras coupé[7]. Pour prévenir ces désordres, les prin-

---

[1] R. N. A. 1392, 25 août. — C'est la première mention que j'en aie trouvée. L'usage semble nouveau.
[2] R. N. F. 1454, 16 novembre.
[3] R. N. A. 1475, 18 janvier. — R. N. F. 1448, 19 septembre.
[4] Cf. infra et R. N. A. 1445, 10 février.
[5] R. N. A.
[6] R. N. A. 1477, 2 mar.
[7] B. V, 726.

cipaux et les maîtres de pension n'avaient d'autre moyen que de laisser leurs élèves sortir le moins possible des pensionnats et des colléges. En 1491, les principaux de plusieurs colléges n'envoyaient plus, pour ce motif, leurs élèves aux cours de morale, et leur faisaient donner cet enseignement dans l'intérieur de la maison [1]. Jean Standonc, qui en était alors chargé, réclama et insista beaucoup, dans l'intérêt de la Faculté, disait-il, pour que les bacheliers fussent astreints à suivre le cours. Plus tard, l'élection fut accompagnée de graves désordres et même d'homicides. Entre 1492 et 1517, cet office fut supprimé; chaque maître dut faire à ses écoliers un cours de morale qui lui était payé à part [2].

L'enseignement scientifique était à peu près borné à la géométrie et à l'astronomie. Les réformes de 1366 et de 1452, prescrivent pour la licence quelques livres de mathématiques et d'astronomie, sans les indiquer avec précision. En 1340, un maître Suédois, Sunon, demanda à la Faculté l'autorisation de faire chez lui, les jours de fête, un cours sur la sphère [3]. Le 10 octobre 1427 [4], un Finlandais, Jacques Pierre Roodh, commença un cours sur le traité de Campano de Novare, intitulé *Theorica planetarum*; il faisait leçon vers midi, dans les écoles des Carmes. La Faculté lui accorda la faveur de le considérer comme *régent*, quoiqu'il ne fît qu'un cours extraordinaire. En 1382, la Faculté accorda à Jean d'Autriche l'autorisation de faire à quelques-uns de ses écoliers, chez lui, les jours de fête, un cours sur la géométrie d'Euclide [5]. Charles V, vers 1378, affecta la dîme de

---

[1] R. N. A. 1491, 7 avril.

[2] Robert Goulet (apud Launoi, *de Variâ Aristotelis fortunâ*, cap. 12, opp. VII, 201) *De Academiæ Parisiensis magnificentiâ*. Parisiis, 1517.

[3] R. N. A. (f° 40).

[4] R. N. A.

[5] 10 octobre. R. N. A.

Caenchy à l'entretien de deux maîtres ès-arts, boursiers dans le collége de maître Genvais, qui, sous le nom de *scholares regis*, feraient des leçons sur les mathématiques et l'astronomie. Ils ne devaient lire que les livres permis par l'Église. L'un ferait son cours les jours de leçon ordinaire, rue du Fouarre, à l'heure fixée par la Faculté; l'autre ferait leçon, sur un autre livre, les jours de congé, au collége, dans le réfectoire de la communauté des artiens. Ils recevraient chacun 6 s. p. par semaine, plus 10 l. t. par an, et demeureraient avec la communauté des boursiers, médecins et théologiens, dont ils devaient observer les statuts [1].

On trouve fort peu de traces d'un enseignement des sciences physiques et naturelles. Le réglement de 1254 mentionne l'Histoire des Animaux et le Traité des Météores, parmi les livres que les maîtres sont tenus de ne pas achever avant le 24 juin. Cinq semaines sont assignées à l'explication du traité des plantes [2]. La réforme de 1366 ordonne que nul ne sera admis à la maîtrise s'il n'a suivi un cours sur les trois premiers livres des météores [3]. Cette disposition n'est pas reproduite dans la réforme de 1452 [4].

On trouve peu de traces de l'enseignement de la rhétorique dans la Faculté des arts au XIIIe et au XIVe siècle. Le 4e livre des Topiques de Boèce, prescrit pour les déterminants, par les réformes de 1366 et de 1452, contenait un court résumé de la partie de la rhétorique qui se rapporte à l'invention, et des considérations sur les rapports de la rhétorique et de la dialectique. La rhétorique n'était donc pas complètement exclue des études de la Faculté des arts; mais elle n'y tenait

---

[1] Statuts du collége de Gervais (Ms. registre 96, archives de l'Université).

[2] B. III, 280.

[3] B. IV, 390.

[4] Vivès *de Caus. corr. art.* (éd. Valence, VI, p. 190): Libros Meteororum ita tractant ut aliud videantur agere. On voit (Vivès *ibidem*,) que l'Histoire des Animaux n'était pas expliquée.

pour ainsi dire aucune place. La rhétorique et la poétique d'Aristote n'étaient connues que par de mauvaises traductions, faites à la fin du xiii⁰ siècle, d'après l'arabe, par un certain Hermannus Alemannus [1]. Ces traductions, en grande partie inintelligibles pour l'auteur et pour les lecteurs, paraissent avoir été très-peu répandues au moyen-âge. En général, les humanités étaient considérées comme un appendice de la grammaire. L'étude de la rhétorique tenait à celle du droit [2]. A la fin du xiv⁰ siècle, les études littéraires paraissent avoir été assez florissantes dans la communauté des grammairiens du collége de Navarre. Pierre d'Ailly et Gerson semblent mieux connaître les classiques que beaucoup d'autres scholastiques de cette époque [3]. Leur contemporain, Clémengis, est, avant tout, rhéteur et bel esprit; il a déjà pour la scholastique toute l'aversion des humanistes du xvi⁰ siècle. Il se vante d'avoir remis en honneur la culture des lettres et de l'éloquence [4]. Ce mouvement de renaissance est encore plus marqué dans la seconde moitié du xv⁰ siècle. Le théologien Guillaume Fichet [5] enseigna la rhétorique dans le collége de Sorbonne, et inspira à beaucoup de jeunes étudiants le goût des lettres et de l'élégance dans le style [6]. L'un de ses élèves,

[1] Jourdain, *Recherches critiques sur les traductions d'Aristote*, 1819 (p. 144 sqq.).

[2] Cf. Henri d'Andeli, *Bataille des Sept Arts* (Rutebœuf, éd. Jubinal, II) *Molt i ot Chevaliers lombards*, etc. — Cf. *ibid.* II, p. 420, note; citation de l'*Image du Monde*.

[3] Voir la curieuse énumération d'auteurs dans Pierre d'Ailly, *Principium in cursum Bibliæ* (Gersonii, opp. ed. du Pin., I, p. 612), et dans Gerson (opp. III, p. 296: *Responsio ad scripta cujusdam de innocentiá puerili errantis*). — Cf. Clemengis epistola 4 ad Galeotum de Petra Mala.

[4] Epistola 6 ad Gontherum Colli (apud B. IV, 893).

[5] Il fit son premier cours de bible le 21 février 1459, le second le 31 août 1463, commença son cours sur les sentences en septembre 1463, fut licencié le 23 janvier 1467, et maître le 7 avril 1467 (*livre du grand Bedeau*).

[6] Gagninus, ap. Bul. V, 682.

Robert Gaguin, général des Mathurins, docteur en décret, eut beaucoup d'influence. Il donna des leçons de rhétorique dans son couvent [1], et encouragea de tout son pouvoir à l'étude des belles-lettres. Il était dans l'Université le centre d'une société de beaux esprits avec lesquels il échangeait des lettres et des épigrammes. Sa haute position, son crédit à la cour de Charles VIII, l'importance que lui donnaient dans l'Université les discours qu'il prononçait en son nom dans les occasions solennelles [2], durent exciter l'émulation de beaucoup de jeunes gens. La rhétorique et la poésie commencèrent à être cultivées avec ardeur. On cite deux maîtres qui ont enseigné à cette époque la rhétorique au collège de Navarre, Guillaume Tardif [3] et Guillaume Montjoie [4]. Le nominaliste Martinus Magistri écrivit lui-même sur cet art [5]. En 1493, le moine chargé de diriger les études du couvent des Bernardins dut instituer un maître qui fît, les jours de congé, des leçons sur la rhétorique et sur les poètes [6]. La réforme de 1452 avait recommandé spécialement l'étude de la versification ; elle fut enseignée à Paris par des Italiens, parmi lesquels on cite Jean Balbus, Faustus Andrelinus et Cornelius Vitellius [7]. En 1489, la Faculté décida que les *poètes* (on appelait ainsi les maîtres d'humanités) feraient leçon l'après-dîner, pendant une heure indiquée par les commissaires de l'Université [8]. La métropole de la scholastique ne poursuivait donc pas la littérature avec l'acharnement de

---

[1] Epistola Reuchlini, ap. Bul. V, 898.
[2] Crevier, IV, 395, 402, 407, 409, 416, 445.
[3] Sa rhétorique (Guillelmi Tardivi Aniciensis rhetoricæ artis et oratoriæ facultatis compendium. Paris. per Petr. Casparis. 4°.) n'est qu'un centon de Cicéron et de Quintilien.
[4] B. V, 881.
[5] Launoi, opp. VII, p. 570.
[6] Félibien, *Hist. de Paris*, *Preuves*, I, 174, b.
[7] Cf. le Catalogue de du Boulay (5e volume).
[8] B. V, 793.

l'Université de Cologne. Érasme reproche même à l'Université de Paris d'admettre trop facilement quiconque se présentait pour enseigner les belles-lettres [1]. Au reste, beaucoup de théologiens et de maîtres ès-arts méprisaient ces nouvelles études qu'ils confondaient sous la dénomination méprisante de *grammaire*. Ils appelaient dédaigneusement *grammairiens*, c'est-à-dire, maîtres d'école, tous ceux qui les cultivaient. Bon grammairien, mauvais logicien, c'était leur maxime [2].

Cette renaissance des études littéraires est marquée par quelques tentatives faites pour répandre la connaissance du grec et des langues orientales. Déjà, en 1311, Raymond Lulle avait obtenu du pape Clément V un décret, confirmé par le concile de Vienne, qui instituait, au lieu de la résidence de la cour de Rome et dans chacune des Universités de Paris, d'Oxford, de Bologne et de Salamanque, huit professeurs : deux pour l'hébreu, deux pour l'arabe, deux pour le grec, deux pour le chaldéen. Ils devaient enseigner ces langues et faire des traductions latines ; ils seraient entretenus aux frais des prélats, des curés et des communautés [3]. Le but de cette institution était la conversion des infidèles. Ce décret ne fut jamais exécuté. En 1430, on proposa, dans la Nation de France, de pourvoir d'un bénéfice convenable quelques maîtres qui enseigneraient le grec, l'hébreu et le chaldéen. Cette proposition ne paraît pas avoir eu de suite [4]. En 1455, chaque Nation donnait 8 écus à un religieux pour des leçons d'hébreu [5] ; en 1457, la Faculté des arts accorda 100 écus à un certain Grégoire pour faire deux leçons par jour, l'une de grec le matin, l'autre sur la rhétorique l'après-dîner ; il

---

[1] Epistola ad Ludov. Vivem. ap. Bul. V, 873.
[2] Vivès *de Caus. corr. art.* (ed. Basil.), 1, p. 361.
[3] B. IV, 141.
[4] B. V, 393.
[5] B. V, 399.

n'exigerait rien des étudiants [1]. Vers 1477, un grec exilé, Hermonyme, spartiate, enseignait sa langue [2].

La plupart de ces leçons extraordinaires doivent être considérées comme des répétitions particulières. Les rivalités et les querelles qui divisaient les Nations, s'étendaient aussi à l'enseignement. Vers 1290, les maîtres d'une Nation défendaient à leurs étudiants de suivre les cours faits par leurs ennemis. La Faculté rendit aux étudiants leur liberté accoutumée [3]. Le cours de morale, commun à toute la Faculté, peut être comparé aux classes de nos colléges d'externes. Les cours d'humanités et de langues orientales ressemblent à ceux du collège royal qu'ils semblent annoncer. Mais aucune de ces leçons n'avait de publicité dans le sens que nous attachons aujourd'hui à ce mot. Les auditeurs payaient sans doute, et, quand le cours était gratuit, les seuls membres de l'Université y étaient admis.

Ces leçons comportaient une grande variété. Les faits relatifs à l'enseignement de la rhétorique et des langues orientales montrent que cette coutume des leçons extraordinaires permettait d'introduire dans l'enseignement de l'Université, sans trouble et sans brusque secousse, beaucoup d'innovations importantes, et se prêtait à des essais de tout genre. Les leçons extraordinaires corrigeaient ce que l'enseignement ordinaire avait d'exclusif, et suppléaient à son insuffisance. En réalité, les cours extraordinaires tenaient plus de place dans l'enseignement que les leçons ordinaires. En d'autres termes, les réglements laissaient à l'enseignement des maîtres beaucoup de latitude et de liberté ; ce qui faisait prédominer la logique dans la Faculté des arts, c'était peut-être moins l'enseignement que la pratique assidue de la dispute et la nécessité de s'y exercer pour les examens.

[1] B. V, 621.
[2] B. V, 882.
[3] S. F. A. (B. III, 497).

C. DISPUTES.

Les maîtres disputaient entr'eux, au moins une fois par semaine [1], en présence des étudiants. On ne pouvait pas disputer les jours de leçon extraordinaire [2]. Les actes de maîtrise et les leçons extraordinaires occupant tout le petit ordinaire, on ne disputait que pendant l'hiver et le grand ordinaire. Ces disputes étaient souvent désordonnées et tumultueuses. La Faculté des arts décida, en 1339, que personne n'argumenterait sans la permission du maître qui présidait à la dispute ; et on demanderait cette autorisation par signe et non verbalement [3].

Outre ces disputes hebdomadaires, on avait institué une dispute solennelle qui avait lieu une fois par an, en hiver, dans l'église de Saint-Julien-le-Pauvre ; quatre maîtres élus chacun par leur Nation, disputaient sur des questions relatives à tous les arts libéraux [4]. On appelait cet acte *actus quodlibetarius*. Il était tombé en désuétude pendant la guerre des Armagnacs. En 1445, la Faculté décida qu'elle le reprendrait, et la Nation de France élut un maître pour y participer [5]. Mais les autres Nations y opposèrent une mauvaise volonté [6] qui demeura victorieuse, malgré les recommandations du cardinal d'Estouteville et les efforts de la Nation de France [7].

---

[1] S. F. A. 1275 : Si vero in septimanâ non fuerit dies disputabilis, quod rarò accidit (B. III, 420). Cf. St. Fac. Art. Wienn. (Kollar, I, 254). A Vienne, on disputait tous les vendredis.

[2] Vet. Stat. (B. IV, 425).

[3] B. IV, 257.

[4] Stat. Fac. Art. Wiennensis (Kollar, I, 259-60). Il avait lieu à Vienne vers la sainte Catherine.

[5] 2 décembre. R. N. F.

[6] R. N. A. 1445 (f° 99 recto). — R. N. A. 1446 (f° 115 recto).

[7] B. V, 572. — R. N. F. 1454, 23 octobre. C'est la dernière mention que j'en aie rencontrée.

Les disputes hebdomadaires elles-mêmes étaient négligées d'assez bonne heure. Déjà en 1285, sur cent vingt maîtres, sept ou huit seulement disputaient, et le chancelier les accusait d'apporter leurs arguments tout écrits, au lieu de les improviser [1]. Au xve siècle, les disputes paraissent être devenues des actes soutenus par les bacheliers. Ils prenaient déjà part à ces disputes en 1339 [2]. Les réformes de 1366 et de 1452 ordonnent que les bacheliers soutiendront deux argumentations dans les disputes des maîtres avant leur licence [3]. Depuis cette époque, les maîtres ne semblent plus avoir disputé entr'eux ; ils étaient remplacés par les bacheliers qui argumentaient dans les écoles de leur Nation, sous la présidence d'un maître. Les maîtres présidaient à leur tour et par rang d'ancienneté [4]. Si un non-régent se trouvait en concurrence avec un régent pour cette présidence, et que le maître-régent eût déjà présidé une fois, le non-régent devait avoir la préférence [5]. Le président ne devait pas répondre pour les bacheliers, mais diriger seulement l'argumentation [6]. Il ne devait pas leur faire soutenir des propositions évidemment fausses [7].

Les écoliers ne connaissaient pas d'autres exercices que la dispute. Les compositions écrites ne furent jamais en usage au moyen-âge. La dispute était assidûment pratiquée : on dispute avant le dîner, écrivait Vivès, en 1531 [8] ; on dispute pendant le dîner, on dispute après dîner ; on dispute en public, en particulier, en tout lieu, en tout temps. Les boursiers des colléges disputaient tous les samedis ; chacun était

[1] Mém. contre Ph. de Thori.
[2] B. IV, 257.
[3] B. IV, 390 ; — V, 574.
[4] R. N. A. 1408, 1er juin.
[5] R. N. A. 1414, 27 janvier. — R. N. A. 1445, 5 novembre.
[6] B. V, 574.
[7] R. N. F. 1454, 16 novembre.
[8] *De Caus. corr. art.* (éd. Basil.), I, p. 345.

à son tour *répondant* et *opposant*[1]. Celui qui devait répondre la prochaine fois indiquait, huit jours à l'avance, les propositions qu'il devait soutenir. Le maître du collége présidait. C'est le seul exercice que prescrivent les réglements.

Les humanistes ont vivement attaqué l'usage de la dispute. On met de l'amour-propre, disaient-ils[2], à trouver des questions sur les propositions les plus simples. Sur ces seuls mots: *scribe mihi*, on posera une question de grammaire, de dialectique, de physique, de métaphysique. On ne laisse pas l'adversaire s'expliquer. S'il entre dans quelques développements, on lui crie: Au fait, au fait; réponds catégoriquement. On ne s'inquiète pas de la vérité; on ne cherche qu'à défendre ce qu'on a une fois avancé. Est-on pressé trop vivement? on échappe à l'objection à force d'opiniâtreté; on nie insolemment; on abat aveuglément tous les obstacles en dépit de l'évidence. Aux objections les plus pressantes, qui poussent aux conséquences les plus absurdes, on se contente de répondre: Je l'admets, car c'est la conséquence de ma thèse. Pourvu qu'on se défende conséquemment, on passe pour un homme habile. La dispute ne gâte pas moins le caractère que l'esprit. On crie à s'enrouer, on se prodigue les grossièretés, les injures, les menaces. On en vient même aux coups de pied, aux soufflets, aux morsures. La dispute dégénère en rixe, et la rixe en combat; des blessés et des morts restent sur le carreau.

En faisant dans ces reproches la part de la rhétorique et de l'hyperbole, on ne peut s'empêcher de reconnaître que la dispute pouvait amener des violences dans les mœurs grossières du moyen-âge, et que l'usage exclusif de la logique entraîne à sacrifier le fond du raisonnement à la forme, et à ériger la conséquence en criterium unique de la vérité. Mais c'est peut-

---

[1] Le répondant est celui qui pose les thèses *(respondens, respondere de quæstione)*; l'opposant *(opponens)* est celui qui fait les objections.
[2] Vivès, *de Caus. corr. art.* (éd. Basil.), I, p. 545.

être là une tendance inhérente à toute discussion. La dispute n'en avait pas moins de grands avantages. On croyait, non sans raison, qu'elle était propre à aiguiser l'esprit, à le rendre prompt et fécond en ressources[1], à donner de l'aplomb et l'habitude de la parole. Ces espèces de tournois dialectiques avaient, en outre, l'intérêt dramatique d'une lutte ; ils attachaient les jeunes gens et excitaient vivement leur ardeur et leur émulation. L'empereur Charles IV prenait tant de plaisir à ces exercices, que le désir d'avoir à Prague des disputes semblables à celles de Paris fut, dit-on, un des motifs qui le décidèrent à fonder dans la capitale de la Bohême une Université sur le modèle de l'Université de Paris [2].

D. RÉGENCE.

Dès le XIIe siècle, *regere scholas* signifiait professer [3]. On s'habitua à dire, par abréviation, *regere*. *Magister regens* était un maître qui enseignait.

On distinguait, parmi les maîtres, les régents, les non-régents, et les régents d'honneur.

D'importants avantages étaient attachés à l'exercice de la régence. Chaque Nation assistait à vêpres le vendredi, et à une messe le samedi. Elle célébrait, en outre, par un grand office, la fête de son patron, la Purification, les fêtes de Saint-Nicolas et de Sainte-Catherine. A tous ces offices, on distribue une certaine somme entre les maîtres régents, à titre de droit

---

[1] St. Fac. Art. Wienn. (Kollar, I, 254) : Cùm inter actus scholasticos humanum ingenium decorantes actus disputativus sit præcipuus necnon fœcundativus intellectûs naturæ rationalis.....

[2] Ruhkopf, *Geschichte der schul-und-Erziehungswesen in Deutschland* (Bremen, 1794), p. 179.

[3] Abélard, *Hist. calamit.*, cap. IX : Cùm utrique Remis scholas regerent.....

d'assistance. Les seuls régents avaient droit d'assister au banquet que la Nation donnait trois ou quatre fois par an à ses frais [1]. Dans le rôle des bénéfices, les régents étaient préférés aux non-régents.

Pour être considéré comme régent, il fallait donner des leçons ordinaires dans des écoles possédées ou louées par la Nation [2]. L'exercice de la régence était donc très-variable. On était régent une année, on ne l'était plus l'année suivante. Les maîtres ne se vouaient pas exclusivement à l'enseignement dans la Faculté des arts ; souvent ils étudiaient en même temps en théologie, et leurs devoirs, comme étudiants, ne s'accordaient pas toujours avec leurs fonctions de régents. L'exercice de leur régence était souvent irrégulier et sujet à des interruptions. La conduite des maîtres ressemblait d'ailleurs à celle des étudiants. En 1335, la Nation de France admet la détention en prison comme une excuse légitime de l'interruption de la régence [3].

Les régents d'honneur (*regentes honoris*) participaient aux priviléges des vrais régents sans en exercer les fonctions. Les principaux des collèges, les chefs de pensionnats étaient admis à cette faveur [4]. Les boursiers de Sorbonne jouissaient du privilége d'être considérés comme régents pour le jour où il leur plaisait de disputer ou de faire leçon, rue du Fouarre [5].

Les maîtres ès-arts, qui enseignaient la grammaire et les lettres, étaient exclus, au xve siècle, des avantages accordés

---

[1] Du Boulay, *de Patronis 4 nationum*. Parisiis, 1662.

[2] Aussi on disait généralement au xve siècle : Supplicare pro regentia et scholis (B. V, 859). — Cf. S. F. A. 1275 (B. III, 420). — Voir : Factum historique et général contenant plusieurs mémoires instructifs pour servir à la décision du procès entre les régents et les non-régents de l'Université de Paris. Paris, 1678, 4°.

[3] B. IV, 245 : Si quis infirmus fuerit corpore vel carcere detentus.

[4] *De Patronis 4 nat.*, p. 167 : Antiqui regentes honoris principaliter tenentes collegia.

[5] R. N. A. 1447, 15 novembre.

aux régents [1]. En 1490, on proposa, dans la Nation d'Allemagne [2], de les admettre parmi les régents ; mais il ne fut pas donné suite à cette proposition. Au xvi⁰ siècle, l'enseignement des lettres avait pris beaucoup d'importance ; ceux qui les enseignaient ne pouvaient plus être considérés comme de simples maîtres d'école, depuis la fondation du collége royal. En 1534, ils demandèrent à l'Université d'être admis à la participation de tous les priviléges accordés aux régents. L'Université le leur accorda sans difficulté, pensant que la **grammaire** et la **rhétorique** doivent être comptées au nombre des arts libéraux [3].

Le nombre des régents variait beaucoup suivant les Nations. Vers 1283, la Faculté des arts comptait environ 120 maîtres [4]. En 1460, la Nation de France avait 61 régents. La Nation Picarde comptait, en moyenne, entre 1477 et 1483, 25 régents. La Nation Allemande avait, en moyenne, 11 régents, entre 1396 et 1400. Il est probable que les proportions du nombre des régents entre les différentes Nations ne variaient pas sensiblement.

§ IV.

DES PENSIONNATS OU PÉDAGOGIES.

Au xv⁰ siècle, une révolution importante s'opéra dans la discipline de la Faculté des arts. La plupart des étudiants, jus-

---

[1] S. N. F. 1463 (B. V, 859). Je crois qu'ils sont désignés par le nom de *regentes ecclesiarum Parochianarum*, dans R. N. F. 1473 (*de Patronis 4 nat.*, p. 169).
[2] R. N. A. 9 septembre.
[3] B. VI, 250-51.
[4] Mém. contre Ph. de Thori.

ques-là externes, deviennent pensionnaires. C'est dans l'organisation de l'enseignement grammatical au moyen-âge qu'il faut chercher l'origine de ce changement.

A chaque église cathédrale était ordinairement annexée une école, espèce de petit séminaire où l'on élevait les enfants destinés à la prêtrise. On leur enseignait les connaissances élémentaires nécessaires à leur état : la lecture, l'écriture, la grammaire, le comput ecclésiastique, le chant d'église. L'école était souvent placée sous la direction du chantre. On mettait alors dans les églises beaucoup de soins et même d'amour-propre à cultiver le chant. Dans les villes de peu d'importance, l'école cathédrale suffisait ; dans les grandes villes, comme Paris, il y avait des écoles de lecture, d'écriture et même de grammaire dans chaque paroisse. Mais on ne pouvait ouvrir école sans l'autorisation du chantre, qui, à Paris, n'accordait la permission que pour un an. Il fixait à chaque maître le nombre et le sexe de ses élèves, les livres qu'il devait enseiseigner [1]. Les uns n'enseignaient que la lecture et l'écriture ; les autres y joignaient la grammaire. Ce mot de grammaire avait alors un sens beaucoup plus étendu qu'aujourd'hui. Il avait conservé la même acception que chez les anciens. Du temps de Gerson, comme du temps de Quintilien, la grammaire comprenait, non-seulement la science des lois du langage, mais encore l'étude et l'explication des poètes. Depuis que la logique dominait exclusivement dans la Faculté des arts, les maîtres de grammaire enseignaient tout ce qui tient à la littérature, et préparaient même immédiatement aux études de la Faculté des arts par les éléments de la logique [2]. En réalité, leur enseignement embrassait tout ce qu'on apprend aujourd'hui dans les établissements d'instruction primaire et d'instruction secondaire ; il n'y avait pas alors, et il n'y eût

---

[1] *Vetera Statuta* (Félib., *Pr.*, I, 447) jurés en 1380, par 41 maîtres et 21 maîtresses d'école de Paris et de la banlieue (ibid., p. 449).

[2] Gerson, *Doctrina pro pueris eccl. Paris.* (opp. IV, p. 718).

jamais, avant 1789, une distinction bien tranchée entre les différents degrés de l'enseignement [1]. On ne connaissait, en réalité, que deux degrés : l'enseignement supérieur (théologie, droit, médecine), et l'enseignement préparatoire des sciences qu'on appelait primitives et fondamentales (lecture, écriture, grammaire et logique). On peut distinguer trois degrés dans cet enseignement préparatoire, tel qu'il existait au moyen-âge. Le premier degré comprenait la lecture, l'écriture et les éléments de la grammaire latine que l'on apprenait dans le traité de Donat (*de octo partibus*), et que l'on appliquait aux distiques moraux de Caton ; au second degré, on étudiait dans le doctrinal d'Alexandre de Villedieu, les irrégularités et les anomalies grammaticales, la syntaxe et la prosodie ; on expliquait des poètes latins de l'antiquité, du XIIe et du XIIIe siècle ; on apprenait la rhétorique du temps, c'est-à-dire les formules que l'on doit employer dans les lettres que l'on écrit à un seigneur, à un évêque, à un chapitre, etc., et les éléments du calcul, sous le nom d'*algorisme*. Le troisième degré comprenait les éléments de la logique étudiés dans les *summulæ*, abrégé de l'Organon qu'on attribuait à Pierre d'Espagne. On copiait tous ses livres et on les apprenait par cœur, même les *summulæ* que l'on devait répéter avant d'être en état de les comprendre [2]. Cet enseignement finissait à 12 ou 13 ans, âge auquel les enfants entraient dans la Faculté des arts.

[1] Voir le curieux tableau que M. Taranne a dressé de l'état des colléges avant 1789, à la fin du rapport de M. Villemain, sur l'*Instruction secondaire*, et du livre de M. Kilian, sur l'*Histoire de l'instruction publique*. On en a tiré des inductions fausses relativement à l'état actuel de l'instruction secondaire ; on n'a pas pensé que les colléges de l'ancien régime, surtout en province, comprenaient le degré correspondant à notre instruction primaire. On apprenait à lire dans les colléges de l'Université de Paris (Claude Joly, *Traité historique des écoles épiscopales et ecclésiastiques*. Paris, 1678, p. 344).

[2] Gerson (opp. I, p. 21) : Apud logicos summulæ Petri Hispani traduntur ab initio novis pueris ad memoriter recolendum, etsi non statim intelligant.

Les écoles de grammaire étaient pour la plupart des externats. Cependant, les pensionnats, appelés alors *pedagogies*[1], deviennent fort nombreux à la fin du xive siècle[2]. Ils étaient dirigés par un maître, appelé *pédagogue*, qui se faisait aider dans ses fonctions par un sous-maître (*submonitor*[3]) qu'il logeait et qu'il nourrissait. Le réglement dressé par Gerson, pour l'école de la cathédrale[4], donne une idée de la discipline en usage dans ces maisons. Il devait y avoir dans l'école cathédrale un maître pour enseigner la grammaire et la logique, et un autre maître pour apprendre le plain-chant, le contre-point et le déchant. Les enfants seront, jour et nuit, sous la surveillance de l'un des deux maîtres. Ils étudieront la grammaire et la logique depuis le lever jusqu'à l'heure du dîner (10 ou 11 heures), et depuis le retour de vêpres jusqu'à souper (6 heures). Chacun devra dénoncer au maître les fautes de ses camarades. Voici l'énumération des principales : Parler français, mentir, donner un démenti, injurier, frapper, dire ou faire des choses déshonnêtes, se lever tard, oublier de dire les heures canoniques, causer à l'église ; celui qui ne dénoncerait pas serait puni comme le coupable. La punition en usage était le fouet, châtiment commode qu'on pouvait proportionner exactement aux délits et appliquer immédiatement sans le secours d'un tiers.

Les communautés d'étudiants, appelées collèges, n'avaient été fondées généralement qu'en vue des études théologiques. Cependant, la grammaire n'en fut pas exclue. 70 bourses y furent spécialement affectées. Le collége d'Hubant était entière-

---

[1] La première mention de pédagogies pour l'Université de Paris est de 1392 (B. IV, 674). Le mot *pedagogus*, dans l'Université de Toulouse, en 1328 (Statuts manuscrits Bibl. Nat. 4222, p. 69 verso), semble désigner des surveillants subalternes des enfants.

[2] Exuberanti pædagogorum multitudine (Gerson, avant 1403, opp. I, p. 110, v).

[3] Cf. Statuts des petites écoles (Félib., I, 447).

[4] Opp. IV, p. 718.

ment affecté à six boursiers grammairiens, qui devaient le quitter à l'âge de 12 ou 13 ans. En 1370, le cardinal Jean de Dormans fonda, pour six boursiers grammairiens, un collége organisé comme les *pédagogies*[1]. Un maître ès-arts dirigeait la maison, aidé d'un sous-maître qui était choisi et payé par lui. Par une disposition remarquable, le cardinal permit au maître et au sous-maître d'admettre des externes qui paieraient 4 s. p. au procureur de la maison, au profit de la communauté, outre ce qu'ils devaient au maître et au sous-maître ; mais il était défendu de les prendre en pension. Les colléges de Navarre, de Tréguier, de Tours et de Boissy admettaient des boursiers grammairiens, parmi lesquels se recrutaient les boursiers des autres Facultés. Le collége de Navarre avait une communauté de 20 boursiers, qui était une vraie pédagogie, et qui fournissait des boursiers aux communautés des artiens et des théologiens[2]. Cette combinaison fut imitée par beaucoup de pédagogues. Il n'y avait pas, à cette époque, une grande différence pour l'âge entre les étudiants de la Faculté des arts et les écoliers de grammaire. L'enseignement même de la Faculté des arts ressemblait beaucoup à celui des écoles de grammaire. Dans les écoles de grammaire, on ne parlait que latin, on ne lisait que du latin, on apprenait même à lire et à écrire en latin. La logique dominait exclusivement dans l'enseignement grammatical et même dans l'explication des poètes. Il était donc naturel que les pédagogues conservassent jusqu'à la déterminance, et même jusqu'à la licence, les écoliers que leur confiaient les parents. Ils les menaient suivre les cours de la rue du Fouarre et les exerçaient à la dispute[3]. Les chefs des communautés de boursiers prirent eux-mêmes des pension-

[1] Reg. 96 (arch. de l'Univ.).
[2] Voir les réglements dans Launoi, opp. VII, p. 305.
[3] Statuts du collége de Séez, 1427 (Félib., *Preuves*, III, 692, a.).

naires¹ ou louèrent une partie de leurs bâtiments à des pédagogues. Déjà, en 1452, la plupart des étudiants de la Faculté des arts paraissent avoir été enfermés dans des pensionnats.

La Faculté des arts favorisa cette tendance de tout son pouvoir. L'Université, appauvrie et affaiblie, ne pouvait protéger l'indiscipline des écoliers contre le pouvoir royal devenu plus fort, et elle avait souvent à souffrir des désordres de ses étudiants. En les renfermant tous dans des pensionnats, elle les plaçait sous la surveillance et la responsabilité des pédagogues. En 1459, la Nation de France voulait que les externes libres, appelés *Martinets*, fussent contraints à habiter les pédagogies ou les maisons voisines². Enfin, en 1463, la Faculté des arts décida qu'il ne serait délivré de certificats d'études à aucun étudiant qui ne résiderait pas dans un collége, dans une pédagogie, chez ses parents, ou chez quelque membre notable de l'Université qu'il servirait gratuitement³. A partir de cette époque, les colléges et les pédagogies renfermèrent presque tous les étudiants de la Faculté des arts. Il fut cependant impossible de faire disparaître complètement les externes libres ou martinets. La Faculté était obligée de les tolérer pour ne pas exclure beaucoup d'étudiants pauvres qui n'auraient pu payer leur pension dans les pédagogies⁴.

Les raisons qui décidaient la Faculté à renfermer les étudiants dans des pensionnats tendaient à anéantir l'ancienne organisation de l'enseignement. Les sorties des élèves étaient une occasion de désordre. On cherchait à les restreindre autant que possible. C'est ainsi que les disputes du Carême

---

¹ B. 854, 855.
² B. V, 622.
³ B. V, 638.
⁴ R. N. P. 1478, 7 novembre, et 1482, 25 octobre. Cf. Crevier, VI, p. 48.

furent négligées, que le cours de morale fut abandonné ; en 1489, on décida que les écoliers ne marcheraient plus en tête de la procession de l'Université [1]. La Faculté défendait souvent aux pédagogues de mener leurs élèves à la promenade [2]. Il dut paraître beaucoup plus commode pour la discipline de faire instruire les artiens dans l'intérieur des maisons, comme on l'avait fait de tout temps en théologie et en grammaire. C'est ainsi que l'enseignement fut transporté peu à peu de la rue du Fouarre dans les pensionnats. Déjà, en 1460, la plupart des régents de la Nation de France enseignaient dans les pensions [3]. Les leçons de la rue du Fouarre continuèrent pourtant jusqu'à la fin du xve siècle. Entre 1477 et 1483, la Nation Picarde distribuait encore les écoles à ses régents, suivant l'ancienne coutume [4]. Ce qui dut porter le dernier coup à ce mode d'enseignement, ce fut l'obligation de résider dans les colléges et les pensionnats, imposée aux maîtres vers 1524. Dès 1452, les pédagogues logeaient et nourrissaient leurs régents [5]. Vers 1524, il fallut demeurer dans un collége ou une pédagogie bien famée pour être capable d'exercer les offices de recteur, de procureur, de doyen et d'intrant ; et, pour choisir les intrants [6], en 1530, on interprétait ce statut en déclarant les maîtres, qui habitaient hors des colléges et des pensionnats, incapables d'avoir voix active ou passive dans les assemblées des Nations [7]. Dès-lors, l'enseignement de la Faculté des arts dut être presque tout entier renfermé dans les colléges et dans les pensionnats. Ramus vit

---

[1] B. V, 793.
[2] B. V, 725. — R. N. A. 1473 (f° 116 recto).
[3] R. N. F. 1460, 29 septembre (*Factum historique*, etc., p. 20).
[4] Les régents qui demandent des écoles fournissent caution, ce qui semble indiquer que la Nation louait encore des salles. — Cf. S. F. A. 1488 (B. V, 783) : Quo tempore *lectiones in vico Straminis inchoantur*.
[5] Réforme d'Estouteville. (B. V, 871).
[6] B. VI, 167-168.
[7] B. VI, 250.

mourir le dernier maître qui eût enseigné dans les écoles de la rue du Fouarre [1].

Voici quelle était, à la fin du xve siècle, l'organisation de ces pensionnats. Nul ne pouvait établir une pédagogie sans l'autorisation de la Faculté des arts, ni sans appartenir à cette Faculté. Les docteurs des Facultés supérieures étaient exclus [2]. Les pédagogues passaient ordinairement, pour une année, avec chacun de leur régents, une sorte de contrat, par lequel le régent s'engageait à faire des leçons pendant l'année sur tel objet, et le pédagogue à lui donner la table et le logement [3]. Les pédagogues qui s'établissaient dans les bâtiments appartenant à des colléges, passaient un bail avec la communauté des boursiers [4]. Ces baux étaient de 2, 6, ou 9 ans. Le pédagogue s'engageait à payer une certaine somme au collége pour chacun de ses élèves; il ne payait rien pour son personnel [5]. Le chef des boursiers se réservait le droit de délivrer aux élèves les certificats d'études. L'enlèvement des immondices, l'entretien du mobilier du collége et le traitement du portier étaient à la charge du preneur.

Les réglements dressés en 1503, par Jean Standonc, pour le collége de Montaigu, peuvent donner une idée de la distribution de la journée dans l'intérieur de ces maisons. De 4 heures du matin à 6 heures, leçon; à 6 heures, messe; de 8 h. à 10, leçon; de 10 h. à 11, discussion et argumen-

---

[1] Ramus *prœmium reformandæ Academiæ Paris.*
[2] S. F. A. 1486 (B. V, 770-771).
[3] S. F. A. 1520 (B. VI, 106), et B. VI, 448, 672.
[4] Baux de pédagogie passés avec le collége de La Marche, 18 mai 1504, et 11 mai 1506. Ils sont rédigés en français (arch. de l'Univ.). — M. Taranne a déjà appelé l'attention sur ces pièces curieuses, dans son travail sur les colléges.
[5] Dans les baux du collége de La Marche, le personnel est composé de trois régents ès-arts, d'un cuisinier, d'un dépensier, d'un portier, de trois serviteurs, et de deux régents en grammaire. Le pédagogue payait pour chaque élève 22 s. p. en 1504, et 18 s. p. en 1506.

tation; à 11 heures, dîner; après le dîner, examen sur les questions discutées et les leçons entendues, ou, le samedi, dispute; de 3 h. à 5, leçon; à 5 heures, vêpres; de 5 h. à 6, dispute; à 6 heures, souper; après le souper jusqu'à 7 h. et demie, examen sur les questions discutées et les leçons entendues pendant la journée; à 7 heures et demie, complies; à 8 heures, en hiver, coucher, et à 9, en été [1]. On voit que la dispute était l'unique exercice des étudiants de la Faculté des arts. Les pédagogues mettaient de l'amour-propre à ce que leur pension retentît des clameurs de la dispute; c'était le signe d'une bonne discipline, de fortes études [2].

La réunion d'élèves fort inégaux en âge et en instruction dans les grands colléges, la nature des baux passés entre les pédagogues et les régents, pour une seule année et pour un enseignement déterminé, durent conduire à distribuer les écoliers en différentes classes. Ces divisions paraissent avoir été établies sous le nom de *lectiones* [3], dans les colléges et pédagogies, dès la seconde moitié du xve siècle. Elles ont dû sans doute beaucoup varier, suivant la nature de l'enseignement, et le nombre des régents et élèves. On n'a pas de données précises sur la division des classes en grammaire [4]; il est pro-

[1] Félib., *Hist. de Paris*, *Preuves*, III, 727-728.
[2] Vivès *in pesudo dialecticos* (1519), opp. (éd. Basil.) I, p. 285.
[3] R. N. F. 1477 : In prato clericorum ubi *lectio* contra *lectionem* insurgere solebat (B. V, 725). — Statuts du collége de Montaigu, 1503 (Félib., *Hist. de Paris*, *Pr.*, III, 728 a., art. IV): *Eritque in qualibet lectionem ex prudentioribus aliquis qui cæteros suæ lectionis conducat.* — *Classis* est une expression de la renaissance. Le premier acte authentique où je l'aie rencontrée est de 1539 (B. VI, 919).
[4] Cf. Ramus, *Oratio pro philosophicâ disciplinâ*, 1550 (1093-1095). A cette époque, les études grammaticales occupaient quatre ou cinq ans; la rhétorique, deux ou trois ans. On la commençait dans la quatrième classe. En 1599, la division en sixième, cinquième, etc., paraît établie dans le collége de Narbonne (Statuts, Félib., *Pr.*, III, 800, art. III), telle qu'elle persista au xviie siècle. Jean Sturm, qui avait professé dans l'Université de Paris, établit la division par classes dans le collége qu'il fonda à Strasbourg en 1538 (Raumer, *Geschichte der Pedagogik*. Stuttgard, 1843, I, p. 234, sqq.).

bable que les deux premiers degrés de l'enseignement formaient deux classes confiées à deux régents. Pour la Faculté des arts, la division était naturellement indiquée par les examens. On distinguait trois classes parmi les étudiants ès-arts : les summulistes, qui étudiaient le livre de Petrus Hispanus ; les logiciens, qui se préparaient au baccalauréat ; les physiciens, qui étudiaient pour la licence. Chacune de ces classes avait son régent[1].

Quoique cette nouvelle organisation offrît plus de garanties de discipline, les désordres des écoliers étaient encore graves et fréquents. Gerson se plaint vivement des pédagogues de son temps, de leur ignorance, de leur négligence, de leur immoralité. Ils ne punissaient pas leurs élèves de peur de les perdre. Ils regardaient comme indigne d'eux de les former à la piété. Leurs écoliers étaient aussi étrangers que des payens aux notions fondamentales du christianisme. Leur conduite au sermon était des plus indécentes ; ils troublaient le prédicateur par des sifflets et des murmures[2]. Les pédagogues ne valaient pas mieux du temps du cardinal d'Estouteville. Ils spéculaient sur la nourriture de leurs élèves ; ils allaient les recruter dans les hôtels et les cabarets[3]. Ils prenaient part eux-mêmes aux désordres des écoliers ; ils étaient quelquefois les chefs et les promoteurs de leurs querelles[4]. Dans les pensionnats, les artistes, les grammairiens étaient mêlés, malgré la différence des âges. Les écoliers sortaient pendant la nuit[5]. Ils compromettaient l'Université par

---

[1] Summulistæ, logici, physici. Cf. R. N. A. 1473 (f° 116 recto.) Cf. Ramus prœmium ref. Acad. Paris, On ajouta, au xvi° siècle, un intrant (intrans) pour la dernière année où les étudiants entraient dans l'une des Facultés supérieures (annus intrantiæ). Cf. Bul. VI, 581.

[2] Gerson., opp. 1, p. 111.

[3] B. V, 572.

[4] B. V, 727.

[5] Réglement de Charles VII pour le collége de Navarre, 1445 (B. V, 834).

des pièces satiriques jouées lors de l'Épiphanie, et pleines de traits mordants contre des personnages puissants[1]. Dès 1452, on sentit la nécessité de soumettre les colléges et les pédagogies à une inspection régulière. La réforme de 1452 ordonna que les Nations choisiraient tous les ans quatre maîtres, bacheliers ou licenciés dans l'une des Facultés supérieures, qui, sous le titre de *censeurs*, visiteraient les colléges et pédagogies pour en réformer l'administration, la discipline, et l'enseignement[2]. Ce réglement ne fut exécuté que quelques années après[3]. Tous les ans, dans les derniers jours d'octobre, chaque Nation nommait un censeur, ou, comme on l'appelait alors, un *réformateur (reformator)*. L'esprit d'anarchie et de violence qui régnait dans la société d'alors, rendait l'exercice de leur autorité très-difficile. En 1477, ils furent obligés de réclamer la protection de la Faculté contre les dangers auxquels ils s'étaient exposés[4] pour avoir fait fouetter en leur présence, dans le réfectoire de leurs colléges, au son des cloches, des écoliers qui avaient pris part à un combat[5]. Cette inspection ne paraît pas avoir produit des résultats importants, parce qu'elle manquait de sanction. L'exécution appartenait à la Faculté des arts, qui n'était composée que de pédagogues, et de régents qui dépendaient de ces pédagogues.

La nouvelle organisation contenait d'ailleurs un vice radical : sans parler des pensionnats particuliers dont la discipline était et devait être nécessairement mauvaise, les colléges fon-

---

[1] B. V, 656, 761, 777, 782.

[2] B. V, 571.

[3] Les Nations commencent vers 1468 à nommer régulièrement les réformateurs. Leurs fonctions sont exprimées dans les termes mêmes de la réforme de 1452. Cependant ils ne sont jamais appelés *censeurs*. On trouve dans R. N. P. 1478, 7 novembre : Reformatores habebunt bis in anno visitare collegia et cogere martinetas ad moram faciendum in collegiis, si compertum sit quod possint sufferre onera collegiorum.

[4] Defenderent eos ab omni periculo. R. N. A. 1477, 2 juin.

[5] B. V, 727.

dés pour de petites communautés de boursiers déjà capables de se conduire par eux-mêmes, n'étaient pas propres à devenir des pensionnats. Les bâtiments n'étaient nullement appropriés à cet usage [1], et l'on sait que pour la discipline, cette circonstance est loin d'être indifférente. Le chef de la communauté des boursiers devait être originaire d'un certain diocèse. Cette restriction renfermait le choix du principal dans un cercle trop étroit, et écartait du gouvernement des colléges des hommes capables et expérimentés [2]; enfin les intérêts opposés, les procès, les rivalités des diverses communautés fondées dans la même maison, détruisaient cette union et cette uniformité si nécessaires à la discipline. Il était fort difficile de réformer ces inconvénients. Il y fallut plus de deux siècles. Les offices des colléges étaient des bénéfices, une sorte de propriété particulière, garantie par des testaments qu'on croyait ne pouvoir briser sans attenter à des droits acquis [3]. En présence de cette organisation incohérente et embarrassée par ses traditions, les jésuites eurent l'avantage d'avoir table rase, et de pouvoir s'accommoder immédiatement à la nouvelle situation que la renaissance des lettres faisait à l'enseignement.

Malgré ses imperfections, cette nouvelle organisation de la Faculté des arts fut cependant très-avantageuse [4]. Elle enleva les étudiants à la vie irrégulière qu'ils menaient au XIII° et au

---

[1] B. V, 854-856.

[2] Advis pour le bien et la conservation de l'Université de Paris, p. 9.

[3] On pensait déjà en 1551 (Petri Gallandii — contra novam Academiam Petri Rami oratio Parisiis. 1551, 4°, f° 23 verso) à supprimer les petits colléges; c'était une réforme jugée urgente. Elle ne fut accomplie qu'en 1763. — Je remarquerai en passant que Pierre Galland est le *malus genius* que Ramus attaque dans son *Oratio pro philosophicâ disciplinâ* (Petri Gallandii, etc., f° 15 recto).

[4] Ramus l'a attaquée avec violence. Mais il s'était forgé une ancienne Université imaginaire. Il croit qu'avant les colléges, il n'y avait que trois ou tout au plus six maîtres de philosophie pour toute la Faculté des arts (*Orat. pro ph. disc.*, p. 1100), et que lors des examens, les étudiants

xiv° siècle. La plupart étaient trop jeunes pour être abandonnés à eux-mêmes dans le Paris du moyen-âge. D'ailleurs, en aucun temps, ce n'est pas à 14 ou 15 ans qu'on peut user convenablement de sa liberté; d'un autre côté, les maîtres furent obligés à plus de régularité et d'exactitude. L'enseignement ne fut plus abandonné au hasard ; il fut soustrait à la bonne volonté, c'est-à-dire, à la négligence des maîtres et des étudiants. On n'atteignit pas le bien, mais on obtint le mieux.

§ V.

DE LA LIBERTÉ D'EXAMEN DANS LA FACULTÉ DES ARTS.

Pour se faire une idée complète de l'organisation de l'enseignement dans la Faculté des arts, il est important de savoir quelles limites on fixait à la liberté d'examen et de discussion. Cette question dépend de deux autres : quels étaient les rapports de la philosophie avec la théologie ? à quels réglements l'enseignement des maîtres était-il soumis ?

Les docteurs du moyen-âge admettent une lumière naturelle, suffisante pour nous diriger en industrie, en politique, en morale. Nous ne pouvons atteindre, par nos propres forces, les vérités indispensables à connaître pour notre salut éternel. Il faut donc que Dieu nous les révèle. Ces vérités ne sont pas en contradiction avec celles que nous dé-

---

ne payaient que deux bourses (*ibid.*, p. 1101). — Dans sa réponse, Galland ne relève pas ces énormités, et se contente de dire (Petri Gallandii, etc., f° 33 recto) : Neque ego, neque tu, Rame, neque qui utroque nostrum — plus videt, quo ordine, quâ ratione et viâ omnia scholâ tum administrarentur vix pronuntiare potest.

couvre la lumière naturelle. Elles en sont le complément nécessaire. On trouvait dans Aristote, ou comme on disait dans *le philosophe*, les principales vérités accessibles à la lumière naturelle. L'Écriture sainte est le dépôt de la révélation. En général, les scholastiques discutent peu les limites qui séparent la révélation divine de la raison humaine. Ils les admettent toutes deux et les emploient concurremment sans beaucoup se préoccuper de leur rapport. A cette époque, si on ne doutait pas de la révélation, on ne médisait pas de la raison.

L'application de ces principes souffrit d'abord quelques difficultés. Au XIIIe siècle, les maîtres de la Faculté des arts, uniquement occupés de logique et de métaphysique, formaient une corporation qui semble avoir été beaucoup plus indépendante de la théologie, qu'elle ne le fut plus tard. Par esprit de corps, les artistes pouvaient se trouver entraînés à mépriser la théologie et à décider les questions suivant Aristote et les commentateurs arabes, plutôt que suivant la foi orthodoxe. Etienne Tempier, évêque de Paris, condamna, en 1270, quelques hérésies philosophiques où l'on reconnaît l'influence de la métaphysique arabe[1]. En 1271, la Faculté des arts décida qu'aucun maître ou bachelier ne devait entreprendre de traiter une question purement théologique, comme de la Trinité et de l'Incarnation. Chacun doit se renfermer dans sa spécialité. Si le maître, après avertissement de la Faculté, ne se rétracte pas publiquement dans les trois jours, au lieu même où il a parlé, il sera exclu de la corporation. S'il décide contre la foi une question mixte, il sera exclu comme hérétique, à moins qu'il ne se rétracte dans les trois jours, après avertissement préalable, en présence de la Faculté assemblée. S'il rencontre dans les textes qu'il explique des propositions contraires à la foi, qu'il les déclare erro-

---

[1] B. III, 597.

nées, ou qu'il les passe[1]. Cette ordonnance ne paraît pas avoir produit immédiatement tous les résultats qu'on en attendait. Six ans après, en 1277, Etienne Tempier condamnait les propositions suivantes, qu'on est étonné de rencontrer au siècle de St.-Louis : L'autorité ne suffit pas pour donner la certitude. — Les sermons des théologiens reposent sur des fables. — On n'en sait pas davantage pour avoir appris la théologie. — Le christianisme contient des fables et des erreurs tout comme d'autres religions. — Le christianisme fait obstacle à la science. — Il ne faut croire que ce qui est évident par soi-même, ou ce qui résulte de principes évidents par eux-mêmes. — Il ne faut pas prier. — Il ne faut aller à confesse que pour la forme[2].

Au XIVe siècle on ne rencontre plus d'exemples de cette lutte de la philosophie contre la théologie. La Faculté de théologie avait alors une grande prépondérance dans l'Université ; elle était composée d'homme mûrs, expérimentés, et la plupart de ses bacheliers enseignaient dans la Faculté des arts. Les nouveaux maîtres admis dans la Faculté des arts, juraient entre les mains du recteur d'observer les articles du réglement de 1271[3]; et l'on ne voit pas qu'ils aient été enfreints.

En tout ce qui ne touchait pas à la théologie, la Faculté des arts était complètement indépendante de l'autorité ecclésiastique. L'opinion du temps est exprimée par Occam, à propos d'une condamnation prononcée en 1276, par l'archevêque de Cantorbéry, contre des propositions de philosophie, de logique et de grammaire, enseignées à Oxford : des propositions de philosophie qui ne touchent pas à la théologie, dit Occam, ne doivent pas être condamnées solennellement ; en

---

[1] B. III, 398.

[2] B. III, 442. Siger de Brabant est un exemple de la liberté qui régnait alors en matière d'enseignement. Voir l'article de M. Le Clerc, *Histoire littéraire de la France*, t. XXI, p. 120, 121.

[3] B. IV, 274.

pareille matière chacun doit être libre, et dire librement ce qui lui convient. Il faut donc tenir pour téméraire l'arrêt porté par cet archevêque, contre des propositions de grammaire, de logique et de pure philosophie [1].

La Faculté des arts ne prescrivit jamais rigoureusement de suivre de préférence les opinions d'Aristote [2]. En l'expliquant, on le discutait fort librement. On le suivait par goût et non par force. La persécution exercée contre le Nominalisme, semble faire exception à ces habitudes de liberté; mais au XIVe siècle, elle ne fut pas sérieuse, et au XVe elle ne fut qu'accidentelle. Les arrêts rendus par la Faculté des arts, en 1339 et 1340 [3], contre le Nominalisme, semblent se rapporter à quelques propositions prises dans un sens exagéré, plutôt qu'à l'ensemble de la doctrine. La nécessité de réprimer quelques désordres qu'elle avait occasionnés dans les disputes, paraît avoir été la cause principale de ces statuts. Tous les docteurs illustres de la fin du XIVe siècle, n'en furent pas moins des nominalistes décidés. Au XVIe siècle, en 1473, à la suite d'une querelle théologique, les réalistes firent intervenir Louis XI contre leurs adversaires; les livres des Nominaux furent cloués dans les bibliothèques, ou livrés au premier président [4]. Cette ridicule persécution ne fut qu'un acte de vengeance, exercé par quelques intrigants, à l'aide du pouvoir civil; on ne peut l'imputer à l'Université. Si la persécution fut violente, elle ne dura pas longtemps. Les livres des Nominaux furent rendus aux maîtres en 1481 [5], et leur doctrine régna dans l'Université jusqu'au XVIe siècle.

[1] Ockam, *Dialogi*, P. 1 lib. II, cap. 22.
[2] La seule prescription formelle dans le juramentum incipientium (B. IV, 275) à l'occasion du Nominalisme.
[3] B. IV, 257, 265.
[4] B. V, 706. Cf. 679 et d'Argentré : *Collectio judiciorum*, I, p. 2, p. 287.
[5] B. V, 739.

La révolution opérée dans la discipline de la Faculté des arts, par le développement des pédagogies, fut plus favorable que nuisible à la liberté. Les réformateurs avaient peu d'autorité réelle. Les pensionnats et les colléges étaient en réalité autant de petits royaumes, que les chefs de maison gouvernaient avec une indépendance à peu près complète. C'est ainsi que la renaissance des lettres put trouver dans la métropole de la scholastique un accès beaucoup plus libre que dans d'autres Universités. On expliquait même des poètes licencieux[1], les colloques d'Erasme; la dialectique d'Agricola remplaçait la logique d'Aristote[2]. En 1550, il ne restait depuis longtemps dans l'enseignement philosophique aucune trace de la barbarie scholastique[3]. On ne saurait douter que l'indépendance des pensionnats n'ait contribué à hâter ces changements.

Les maîtres de la Faculté des arts jouissaient donc dans leur enseignement d'une grande liberté, et le régime anarchique de l'Université y contribuait sans doute beaucoup plus que l'esprit de tolérance, qui ne se rencontre jamais dans les corporations fortement constituées.

---

[1] Réglements du collége de Montaigu. 1503 (Félib., *Pr.*, III, 728, art. 6). Je crois qu'il est fait allusion à cet abus dans S. F. A. 1488, B. V, 784, et R. N. A. 1488, 6 février.

[2] B. VI, 235.

[3] Petri Gallandii, — *Oratio*, f° 60 recto et verso. Les *parva logicalia* n'étaient plus enseignés en 1551. *Jam pridem exolevére*.

CHAPITRE II.

FACULTÉ DE THÉOLOGIE.

L'organisation de l'enseignement théologique dans l'Université de Paris a subi, à la fin du XIIIe siècle et au commencement du XIVe, un changement considérable. Au XIIIe siècle, de 1200 à 1250 environ, les maîtres en théologie, encore fort peu nombreux, forment une association séculière dont le chancelier est le chef. Ensuite cette association devient, sous le nom de Faculté de théologie, une corporation indépendante et mixte, composée non d'individus, mais de communautés régulières et séculières; en même temps, le système d'études est profondément modifié.

Nous commencerons donc par exposer l'organisation de l'enseignement théologique, telle qu'elle était dans la première moitié du XIIIe siècle; nous la montrerons ensuite telle qu'elle était au XIVe et au XVe.

§ Ier.

DE LA FACULTÉ DE THÉOLOGIE

AU XIIIe SIÈCLE.

Dès 1215, on distinguait parmi les théologiens des étudiants, des bacheliers et des maîtres.

Les étudiants et les bacheliers devaient s'attacher particulièrement à un maître qui était en quelque sorte leur répondant. Ils suivaient d'ailleurs en même temps d'autres cours que les siens. Un bon étudiant devait aller au cours au moins une fois par semaine [1]. Après cinq ans d'études, les étudiants étaient admis à faire des leçons comme bacheliers [2]. Ils expliquaient l'Écriture-Sainte après neuf heures du matin, dans les écoles de leurs maîtres. Les heures précédentes et l'explication du Livre des Sentences étaient réservées aux maîtres [3].

Après trois ans de cet apprentissage, et à trente-cinq ans d'âge [4], les bacheliers se présentaient devant le chancelier de N.-D. pour en obtenir la permission de prêcher et d'enseigner comme maîtres, ou, en d'autres termes, la licence. On pouvait se présenter tous les ans et à telle époque de l'année que l'on voulait [5]. Avant de conférer la licence, le chancelier

---

[1] Robert Sorbon, *de Conscientiâ*, B. III, 231.

[2] Statut de 1215 (B. III, 82).

[3] S. U. 1251 (B. III, 245), et Bacon, *Op. maj.*, B. II, c. 4, p. 28 (éd. Jebb.). Il semble, d'après ce passage, que les bacheliers sententiaires existaient déjà du temps de Bacon, vers 1267, époque de la composition de l'*Opus majus*.

[4] Statut de 1215 (B. III, 82).

[5] Rob. Sorb., *de Consc.* (B. III, 228).

devait attendre trois mois à partir du jour de la demande, pour prendre des informations auprès de tous les maîtres en théologie et d'autres personnes graves et instruites, qui fussent en état de lui donner des renseignements sur la moralité, la capacité, l'éloquence, et l'avenir probable du candidat [1]. Après cette enquête, le chancelier appelait devant lui le candidat, et l'examinait soit par lui-même, soit par d'autres maîtres. Cet examen n'était pas public [2]. Pour être reçu il suffisait de répondre sur sept ou huit chapitres du livre sur lequel on était examiné [3]; le chancelier accordait ou refusait la licence, suivant sa conscience. Le candidat refusé pouvait se représenter au bout d'une année. De grands personnages recevaient la licence sans examen. Un candidat refusé obtenait quelquefois par des prières ou des présents la révocation de la sentence [4].

Le licencié devait ensuite se faire agréer de la corporation des maîtres. Il devait d'abord jurer en présence des maîtres ou de leurs délégués, qu'il observerait les statuts votés par la corporation ; il s'engageait à ne pas révéler les secrets et les délibérations de la compagnie, et à consentir à tous les serments qu'on s'imposerait pour la défense des priviléges de l'Université. Il faisait ensuite une leçon ou soutenait une argumentation solennelle, appelée *principium*, sous la présidence de l'un des maîtres, en présence de la compagnie. Si un licencié ne consentait pas à prêter le serment exigé, les maîtres refusaient d'assister à son *principium*, et de l'admettre à leurs réunions et à leurs exercices. Ils excluaient même de leur so-

[1] De vita, scientia, et facundia, necnon proposito et spe proficiendi (Bulle de Grégoire IX, 1231 ; B. III, 141). Cette formule est devenue sacramentelle.

[2] Rob. Sorb. (B. III, 230).

[3] Ibid., p. 228. Cf. p. 230 : Si aliquis respondeat coram Cancellario de 7 quæstionibus, ad tres bene transit et licentiatur.

[4] Ibid., p. 226.

ciété quiconque présiderait le *principium* du licencié réfractaire[1].

Dans ces premiers temps, les étudiants en théologie, et par conséquent les maîtres étaient fort peu nombreux. En 1207, Innocent III fixa à huit le nombre des maîtres, ou plutôt le nombre des chaires ou écoles publiques de théologie[2]. Ce nombre paraît avoir été dépassé dès 1213[3]. L'autorisation du chancelier et de l'évêque était nécessaire pour l'érection d'une chaire de théologie[4].

§ II.

DE LA FACULTÉ DE THÉOLOGIE

AU XIV^c ET AU XV^c SIÈCLE.

En 1253, sur douze chaires que comportait alors le nombre des étudiants en théologie, 9 étaient dans les couvents[5]. De 1373 à 1398, 192 bacheliers reçurent la licence, dont 102 mendiants, 17 moines de Cîteaux et 47 séculiers[6]. A cette époque, 138 séculiers pouvaient se trouver dans les commu-

---

[1] Bulle *quasi lignum vitæ*. 1254 (B. III, 285).
[2] Bulle (B. III, 56).
[3] Concordat de 1213 (ms.) : Iste articulus maneat quamdiù *non erit taxatus numerus* theologorum. Les théologiens obtinrent, comme les maîtres des autres Facultés, le privilége de faire accepter ceux qu'ils recommanderaient au chancelier pour la licence. Mais ce privilége était accordé seulement pour la vie du chancelier d'alors. Il fut peut être renouvelé en 1225 (bulle de Grégoire IX. B. III, 130), par le légat Romain.
[4] Littera U. 1253 (B. III, p. 255), et bulle *quasi lignum* (id., p. 284-285).
[5] Littera U. 1253 (B. III, 256).
[6] Listes de Licence (inscrites).

nautés appelées colléges, et au commencement du xiv⁰ siècle, ces communautés comptaient déjà 76 étudiants en théologie.

On conclura de ces faits que les étudiants en théologie étaient presque tous dans des couvents ou dans des colléges. L'étude de ces établissements est donc un préliminaire indispensable à l'étude de l'organisation de l'enseignement dans la Faculté de théologie. Nous commencerons par les couvents, qui ont été établis avant la plupart des colléges et qui leur ont servi de modèles.

A. DES COUVENTS.

Avant les deux grands ordres fondés par St. Dominique et par St. François, beaucoup de couvents avaient été célèbres par l'enseignement théologique ; mais la science n'y était pas cultivée comme un devoir. Ce n'était qu'une occupation accessoire, destinée à remplir innocemment les loisirs du cloître. Aussi, la réputation scientifique de ces couvents n'avait-elle rien de permanent ; elle dépendait uniquement du caractère de l'abbé. Le couvent de St.-Victor offre un exemple frappant de cette instabilité. Après avoir produit au xii⁰ siècle des théologiens distingués, il n'avait pas même une chaire de théologie en 1254. Par une combinaison originale, les ordres de St.-Dominique et de St.-François faisaient servir les vertus du moine à l'accomplissement des fonctions du prêtre. Ils pratiquaient les vertus de pauvreté et d'obéissance, pour mieux s'acquitter de la prédication et de la confession, négligées par le clergé riche et féodal. L'ascétisme n'était pas le but, mais le moyen. Le but de ces ordres, c'était l'enseignement de la religion par la prédication, et la direction des consciences par la confession ; pour enseigner la religion et pour diriger les consciences, il fallait étudier la théologie. L'étude était donc pour les ordres mendiants un devoir impérieux, une indispensable obligation [1].

Paris était depuis le XIIe siècle le centre des études théologiques. Dès 1221, les Dominicains cherchèrent à profiter de la société de ces maîtres célèbres, et ils fondèrent leur couvent au milieu d'eux, sur un terrain qui appartenait à l'Université [2]. Lors de la dispersion de l'Université, en 1229, ils obtinrent l'autorisation d'avoir dans leur couvent une chaire de théologie, et quelque temps après ils en eurent une seconde sans opposition de la part des maîtres [3]. Leur exemple excita l'émulation des autres ordres religieux. Avant le XIVe siècle, ils avaient presque tous, dans le quartier de l'Université, des couvents où ils envoyaient les plus capables de leurs moines, les Mineurs depuis 1230, les Prémontrés depuis 1252, les Bernardins depuis 1256, les Carmes depuis 1259, les Augustins depuis 1261, l'ordre de Cluny depuis 1269. Chacun de ces couvents avait une chaire de théologie. Les Mathurins, établis à Paris depuis 1209, et l'ordre du Val des Écoliers, fondé vers 1223, avaient aussi, en 1253, des écoles de théologie [4]. Les monastères de St.-Denis et de Marmoutiers eurent à Paris un couvent d'études, le premier en 1203, le second en 1329.

Entre tous ces couvents, ou, comme on les appelait, ces colléges de réguliers, ceux des Mendiants et des Bernardins étaient les plus importants. Ils se rattachaient au système général de l'enseignement dans ces ordres religieux. Il est in-

[1] Saint Bonaventure, opp. (éd. Venet. 1754, V, p. 747-48).
[2] Le contrat dans B. III, 105.
[3] Littera U. 1253 (B. III, 255) : Majoribus nostris, qui nondum aliis regularium scholasticorum conventibus artabantur, *dissimulantibus*. Les Dominicains avaient donc pour eux le droit de possession. Sur ce point, l'Université me semble avoir tort contre eux.
[4] Littera U. ibid., p. 256.

dispensable de le connaître pour bien comprendre le caractère de ces établissements. Nous allons exposer l'organisation de l'enseignement chez les Dominicains, telle qu'elle était entre 1240 et 1315 [1]. Elle paraît avoir été analogue à celle qu'adoptèrent les autres ordres religieux, au moins dans ses dispositions principales.

L'ordre de St.-Dominique avait été fondé surtout pour la prédication, comme l'indique le nom des Frères-Prêcheurs, que ses membres portaient officiellement. La théologie devait donc être l'objet principal des études. Les Frères devaient s'exercer particulièrement en tout ce qui pouvait servir à la réfutation des hérétiques et à la défense de la foi [2]. Ils ne devaient étudier la métaphysique que dans les limites tracées par les constitutions. Il leur était interdit de se livrer à des spéculations subtiles [3] et de cultiver l'alchimie [4]. La morale, la théologie, l'étude du Livre des Sentences devaient passer avant la philosophie.

Il était alors impossible d'étudier la théologie sans savoir à fond la logique. Il fallait que les Frères fussent préparés à la théologie par l'enseignement de la logique et de la philosophie. Les couvents où l'on enseignait la philosophie, étaient d'abord distincts de ceux où l'on enseignait la théologie. Les premiers étaient appelés *studia particularia* [5]; il devait y en avoir au moins un dans chaque province de l'ordre [6]. Si une province manquait de maîtres, les visiteurs devaient engager les professeurs qui se trouveraient inoccupés à aller enseigner dans

---

[1] D'après leurs chapitres généraux, recueillis dans Martène, *Thesaurus anecdotorum*, IV, 1681 sqq. Wadding ne donne aucun renseignement important sur les études dans ses *Annales des Mineurs*.— J'indiquerai le chapitre général seulement par sa date, et le numéro de l'article qui se rapporte aux faits que j'énonce.

[2] 1242-13. Lettre du Maître, p. 1687. 124-36.

[3] 1279-12, 1271-8.

[4] 1273-17.

[5] 1314-9.

[6] 1259-25, 1261-11, 1305-14.

cette province, au moins pendant trois ans, pour le pardon de leurs péchés[1]. Si quelque professeur s'offrait de lui-même, le maître de l'ordre devait en être averti aussitôt par les visiteurs. Les couvents où l'on enseignait la théologie étaient appelés *studia generalia* ou *solemnia*. En 1303, il n'y avait *studium generale* que dans les couvents d'Oxford, de Cologne, de Barcelone, de Bologne, de Montpellier et de Naples[2]; le couvent de Paris était à part. Ainsi les *studia generalia* étaient communs à plusieurs provinces, et les *studia particularia* étaient bornés à une seule; et ce fut sans doute l'origine de cette dénomination.

Plus tard, l'enseignement de la théologie ne fut plus réservé exclusivement aux *studia generalia*. En 1288, on ordonna aux provinces qui n'avaient pas de *studium generale*, d'établir un cours extraordinaire sur les sentences, dans trois couvents au moins[3].

Pour être admis à étudier dans les *studia particularia*, il fallait être entré depuis deux ans dans l'ordre, et avoir reçu préalablement une instruction religieuse[4]. Le cours de logique durait trois ans, le cours de physique deux ans[5]. Pour enseigner la logique, il fallait avoir suivi pendant deux ans un cours sur la *logica nova*, pendant deux autres années un cours sur la physique, et être recommandé par le lecteur de théologie et le lecteur de physique. Pour enseigner la physique, il fallait avoir professé ou suivi pendant deux ans un cours sur le Livre des Sentences, et justifier de son habileté dans la dispute, par les certificats des lecteurs et du *maître des étudiants*[6]. Tout couvent qui avait

---

[1] 1259-39.
[2] Établis d'abord (1246-3) dans les provinces de Provence, Lombardie, Allemagne, Angleterre. — 1303-27.
[3] 1288-7 et 1314-9.
[4] 1285-2, 1305-15.
[5] 1305-13. Je traduis *naturalia* par *physique*. Cf. p. 101.
[6] 1305-13.

un lecteur, devait avoir aussi un Frère capable de répéter aux étudiants la leçon de chaque jour[1]. Tout *studium particulare* devait avoir un *maître des étudiants* (*magister studentium*), chargé de surveiller et de diriger les études. Il devait rendre compte au prieur provincial de l'objet, de l'étendue, de la méthode des leçons faites par les maîtres, et du nombre de leurs disputes. S'ils enseignaient des propositions contraires à la doctrine de St. Thomas et de l'Eglise, ou s'ils laissaient les objections sans réponse, le maître des étudiants devait les avertir préalablement, et, s'il n'était pas écouté, faire son rapport au prieur provincial, qui destituait les coupables. Il devait veiller à ce que le prieur du couvent laissât aux étudiants toutes les libertés auxquelles ils avaient droit. En cas de refus, il faisait son rapport au prieur provincial. Chaque semaine il devait appeler devant lui les jeunes étudiants, et les examiner sur les leçons qu'ils avaient entendues. Il réprimandait les étudiants en présence des maîtres, et s'ils ne se corrigeaient pas, il les faisait renvoyer par le prieur, avec le consentement des maîtres [2].

Chaque province avait le droit d'envoyer deux étudiants à chaque *studium generale*[3]. Les prieurs provinciaux et les visiteurs devaient s'informer des jeunes moines qui montraient des dispositions, et en référer au chapitre provincial [4]. La province où était le *studium generale*, n'y pouvait placer que vingt-quatre étudiants [5]. Pour être admis dans un *studium generale*, il fallait être suffisamment instruit en logique et en physique, et avoir suivi pendant deux ans un cours sur le Livre des Sentences, dans quelque *studium particulare*. Les témoignages des maîtres devaient faire espérer que l'étudiant

---

[1] 1259-37-58.
[2] Première mention du *Magister studentium*, 1252-24. Sur ses fonctions, voir 1315-14-15-16.
[3] 1246-5.
[4] 1315-6.
[5] 1259-19-20.

serait capable d'enseigner [1]. Chaque étudiant était entretenu aux frais de sa province, qui pourvoyait à ses besoins en chapitre provincial [2]. Il passait ordinairement deux ans dans le *studium generale* [3]. L'étudiant incapable ou négligent était renvoyé dans sa province. Chaque *studium generale* avait un lecteur principal [4], un sous-lecteur ou *cursor*, et un maître des étudiants. Pour être lecteur principal, il fallait avoir suivi pendant deux ans un cours sur les Sentences, dans quelque *studium particulare*, étudié pendant deux autres années dans un *studium generale*, et fait dans sa province un cours sur les Sentences ou un cours ordinaire de philosophie [5]. Le lecteur principal était chargé de faire des leçons ordinaires sur les Sentences et des leçons extraordinaires sur la Bible. Le sous-lecteur ou *cursor* était un bachelier qui ne faisait que des leçons extraordinaires. Il devait faire pendant l'hiver un cours complet sur le Livre des Sentences, et après Pâques des leçons sur la morale ou sur quelque traité de saint Thomas [6]. Il était d'abord choisi par les étudiants; il fut ensuite institué par le chapitre général et le chapitre provincial [7]. Le maître des étudiants remplissait les mêmes fonctions que dans les *studia particularia*. Dans les *studia generalia*, il adressait ses rapports au maître de l'ordre, et non au prieur provincial [8]. D'abord, il était élu au commencement de l'année scolaire par le prieur, le sous-prieur, le lecteur principal et le sous-lecteur [9]. Plus tard, le sous-lecteur devenait de droit, l'année suivante, maître des étudiants [10].

[1] 1305-15, 1259-33.
[2] 1273-15, 1305.
[3] Cela résulte de 1305-3.
[4] *Lector principalis*. Il ne devait y en avoir qu'un. 1305-16.
[5] 1305-13-14.
[6] 1258-18, 1259-35, 1265.
[7] 1314-9.
[8] 1315-14-15-16.
[9] 1305-41.
[10] 1314-9.

Le couvent de Paris avait une administration à part. Il était soumis immédiatement au maître de l'ordre, qui le gouvernait à sa volonté [1]. Il avait deux lecteurs des Sentences, un lecteur de la Bible, et un maître des étudiants. Les deux lecteurs des Sentences enseignaient, l'un dans une salle dite *écoles intérieures*, et sans doute destinée aux seuls Frères; l'autre dans une salle dite *écoles extérieures* [2], sans doute parce que les étrangers y étaient admis. Les trois lecteurs avaient chacun sous eux un bachelier qui faisait des leçons extraordinaires. Chaque province avait le droit d'envoyer au couvent de Paris deux étudiants qu'elle entretenait à ses frais [3]. Pour demander la licence, et, après l'avoir obtenue, pour commencer ou pour quitter ses leçons, il fallait avoir le consentement du maître de l'ordre, ou du prieur de la province de France [4]. Au sortir du couvent de Paris, on était immédiatement lecteur principal [5]. On avait remarqué que ceux qui avaient étudié au couvent de Paris étaient plus recherchés que d'autres pour les fonctions administratives. L'ordre se trouvait ainsi privé des leçons de ses meilleurs professeurs. On défendit aux prieurs provinciaux de les appliquer au gouvernement, avant qu'ils eussent enseigné pendant plusieurs années [6].

Ces règlements arrêtés en chapitre général n'étaient pas toujours observés. L'ignorance, la négligence [7], ou la mauvaise volonté des prieurs y mettaient souvent obstacle. En général, ils ne voyaient qu'un surcroît de charges pour leur couvent dans la présence des étudiants, et ils les traitaient parfois assez mal. Pour assurer l'exécution des règlements,

---

[1] 1264-19. Cet article est répété à tous les chapitres.

[2] Scolæ interiores — scolæ exteriores. (Dionysius Cisterciensis, *Principia*, ap. *Quæstiones in Sententiarum*. Parisiis, 1511).

[3] 1315-19.

[4] 1259-17.

[5] 1305-14.

[6] 1260-8, 1312-9.

[7] 1305-6.

les visiteurs devaient parcourir chaque année les provinces, s'informer des progrès des étudiants, s'enquérir du nombre des leçons et des disputes des lecteurs, noter les couvents qui manquaient de professeurs. Ils faisaient leur rapport au chapitre provincial ; le prieur et les définiteurs transmettaient ces observations au chapitre général [1]. Dans chaque chapitre général, on accordait une attention particulière à l'état des études ; on réformait les abus, on décrétait les innovations nécessaires, on punissait les désobéissances. En 1261, l'ordre d'établir à Oxford un *studium generale* n'avait pas été exécuté. Le prieur de la province d'Angleterre fut destitué et envoyé en Allemagne comme lecteur, avec défense de revenir en Angleterre sans l'autorisation du chapitre général. Il fut en outre condamné au pain et à l'eau pour sept jours, à sept flagellations et à sept messes. On suspendit de leurs fonctions pour sept ans les définiteurs de la province qui avaient refusé d'admettre dans le couvent les Frères des autres provinces. Ils furent condamnés au pain et à l'eau pour treize jours, à treize flagellations et à treize messes [2]. Ceux d'entre eux qui étaient prieurs furent destitués. On avait négligé en Sicile d'établir un cours de Bible ; les définiteurs de la province furent condamnés au pain et à l'eau pour six jours et à autant de litanies [3].

Le système d'études était imité de l'Université de Paris ; mais le gouvernement était bien supérieur au régime anarchique de l'Université. Les Dominicains appliquèrent à l'organisation de leurs études les puissants moyens de gouvernement que l'unité de leur ordre et le principe d'obéissance passive mettaient à leur disposition ; ils purent ainsi obtenir, dans une certaine mesure, les avantages de la centralisation moderne. Les *studia particularia* étaient comme des colléges ;

[1] 1262-16, 1259-54.
[2] 1261-21.
[3] 1309-21.

les *studia generalia* étaient de vraies écoles normales qui fournissaient de lecteurs les *studia particularia*; enfin le couvent placé à Paris, dans l'Université théologique par excellence, était une sorte d'école normale supérieure qui donnait des professeurs à tous les *studia generalia*. Ainsi les Frères des diverses provinces venaient s'inspirer du même esprit dans le couvent de Paris; ils le répandaient dans les *studia generalia*, d'où il descendait dans les *studia particularia*. Une surveillance incessante était exercée sur les études par le maître des étudiants, qui était comme le représentant du prieur provincial dans les *studia particularia*, et du maître de l'ordre dans les *studia generalia*. Une inspection régulière assurait l'exécution des réglements ; ces réglements eux-mêmes étaient soumis à la révision des chapitres provinciaux et généraux, espèces de conseils de perfectionnement et d'administration, qui pourvoyaient aux besoins nouveaux et brisaient les désobéissances.

Cette organisation fut imitée par les autres ordres religieux [1]. Chaque ordre eut ses *studia generalia*, et à Paris un couvent qui formait des maîtres pour les *studia generalia*. Chacun de ces ordres était comme une sorte d'Université, qui disposait d'un personnel nombreux, de grandes richesses, et qui pouvait à la rigueur se suffire à elle-même. Les Franciscains obtinrent même, en 1376, du pape Grégoire XI, pour leur ministre général, la faculté de conférer la licence dans les chapitres généraux, après un examen où il serait assisté par quatre maîtres en théologie [2]. Ils pouvaient ainsi se passer complètement du concours de l'Université de Paris. Mais, en 1429, le pape Martin V leur retira ce privilége [3]. Il n'était pas fort précieux. Des grades ne peuvent avoir de valeur qu'autant qu'ils sont conférés par une autorité revêtue d'un caractère public, par une sorte de tribunal supérieur et

---

[1] Cf. les statuts des Bernardins (Félib., *Pr.*, I, 165).
[2] B. IV, 447-448.
[3] B. V, 389.

désintéressé. Ces grades, que les mendiants se conféraient à eux-mêmes, n'avaient pas plus de signification que les éloges qu'un père donne à son fils.

B. DES COMMUNAUTÉS SÉCULIÈRES OU COLLÉGES.

Le clergé séculier, livré à l'anarchie féodale, ne put imiter que faiblement l'exemple donné par les ordres mendiants. Parmi les communautés fondées à Paris pour l'entretien d'étudiants séculiers, aucune n'a été établie d'autorité publique, par une association ou une communauté. Elles durent toutes leur origine à la bienfaisance individuelle. Aussi furent-elles en général mal gouvernées, mal administrées, mal surveillées, et elles restèrent fort au-dessous des besoins du clergé.

Dès le commencement du XIIIe siècle, quelques particuliers avaient pensé à secourir des pauvres étudiants par des fondations charitables où ils leur assuraient la nourriture et le logement. Les établissements connus plus tard sous le nom de collége de Saint-Thomas du Louvre, de Saint-Nicolas du Louvre, des Dix-Huit, des Bons-Enfants Saint-Victor, des Bons-Enfants Saint-Honoré, paraissent avoir été des hospices d'étudiants, analogues aux maisons de charité fondées pour les pélerins [1]. Il ne semble pas que les étudiants aient été assujétis à une discipline régulière, à un réglement d'études. Les fondateurs n'avaient eu d'autre intention que de leur donner de quoi vivre et étudier. Un chapelain de Saint-Louis, le fameux Robert Sorbon, conçut le premier l'idée d'imiter la puissante organisation des ordres mendiants dans la fondation

---

[5] Cf. fondation du collége des Bons-Enfants Saint-Honoré. B. III, 45. — Au reste, *hospitium* veut dire *hôtel* et non *hospice*.

d'un établissement exclusivement destiné aux séculiers. Vers 1250, il réunit, dans une habitation commune, un certain nombre de maîtres ès-arts, étudiants en théologie. Il leur assurait la nourriture. Ils durent manger à la même heure, dans une salle commune, remplir ensemble leurs devoirs religieux, et s'exercer entre eux à la dispute et à la prédication. Si au bout de sept ans, ils n'étaient pas capables de prêcher et de disputer, ils devaient quitter la maison. Ils choisissaient chaque année parmi eux un chef appelé *prieur*, chargé de maintenir la discipline dans la maison et de régler la participation de chacun aux exercices de la prédication et de la dispute [1]. Comme les mendiants, les étudiants de la maison de Robert Sorbon, ou, comme on l'appela depuis, de la Sorbonne, s'honoraient de leur pauvreté et portaient avec fierté le titre de *pauvres maîtres* [2] *de Sorbonne*. Robert Sorbon comprit de quelle importance il était d'assurer le recrutement de la maison parmi des artiens animés d'un esprit semblable. Une maison fondée par lui à côté de la Sorbonne, sous le nom de collége de Calvi [3], devait réunir des étudiants en arts soumis à la vie commune et à une discipline régulière, et qui passeraient après leur licence aux études théologiques. Cette organisation ressemblait beaucoup à celle des ordres mendiants; c'est le même système d'études, la même discipline, et jusqu'aux mêmes dénominations.

L'exemple donné par Robert Sorbon fut bientôt suivi. Des chanoines, des évêques, et même des laïcs, laissèrent, par testament, des biens fonciers et des rentes affectés à l'entretien de communautés d'étudiants séculiers organisés comme celle de Robert Sorbon. C'était à la fois une bonne œuvre

---

[1] Ce statut est au commencement du recueil des Statuts de la Sorbonne (ms. Bibl. nat., fonds Sorbonne, 1280; je l'appellerai *liber Sorbonæ*). Il n'a pas de date.

[2] Ils sont ainsi nommés dans les actes de 1258, de 1263 et de 1268 (B. III, 224; IV, 265).

[3] Crevier, I, 500. Je n'ai pas trouvé de documents authentiques sur ce collége, sur son origine et sa fondation.

qu'ils regardaient comme utile à leur salut, une occasion de perpétuer le souvenir de leur nom, et un moyen de rendre service à l'Église en lui formant des prêtres instruits. Ces communautés furent généralement appelées du nom de *collegium*, qui désignait dans le droit romain ce que nous appelons corporation, et qui était souvent appliqué au moyen-âge à ce qu'on appelle aujourd'hui congrégation.

Le régime de toutes ces communautés était à peu près le même [1]. La maison du collége était sur la Montagne Ste.-Geneviève ou aux environs, dans le quartier des études. Chaque semaine, chaque étudiant recevait une certaine somme destinée à sa nourriture et appelée *bourse*, d'où ces étudiants étaient appelés *boursiers*. Cette bourse était, au minimum, de 2 s. p., et au maximum, de 8 s. p. Les bourses des colléges étaient généralement de 3 ou 4 s. p. La plupart des colléges contenaient deux communautés : une communauté d'artiens et une communauté de théologiens. Les boursiers théologiens, moins nombreux que les boursiers artiens, devaient être choisis parmi ces derniers. Les boursiers devaient être originaires de la ville ou du diocèse auquel le fondateur appartenait par sa naissance ou par ses fonctions. La plupart des fondateurs expriment cette condition dans leurs testaments, et même assurent presque tous aux membres de leurs familles le droit d'être préférés. Le revenu des boursiers ne devait pas dépasser une certaine somme, au-delà de laquelle ils ne pouvaient obtenir ni conserver leur bourse. Ces bourses étaient conférées par un grand dignitaire ecclésiastique ou par un chapitre du diocèse des boursiers. Ce grand dignitaire, appelé supérieur-majeur, avait pouvoir de visiter et de réfor-

---

[1] Les mêmes dispositions sont souvent reproduites littéralement dans les réglements des divers colléges. -- Ce qui suit est extrait de ces réglements. Félibien en a imprimé une grande partie dans les tomes I et III des Preuves de son Histoire de Paris. Aux archives de l'Université, le registre 96 contient des copies authentiques de la plupart des réglements qu'il n'a pas donnés. J'y renvoie une fois pour toutes.

mer le collége, soit par lui-même, soit par des délégués. Un licencié ès-arts, élu par les boursiers ou choisi par le supérieur-majeur qui, seul, pouvait le déposer, était chargé, sous le nom de *maître*, de maintenir la discipline parmi les boursiers et de diriger leurs études. Un procureur élu par les boursiers représentait la communauté dans ses affaires, veillait à ses intérêts, percevait et administrait ses revenus, pourvoyait aux dépenses. Un, deux, trois, et même parfois quatre chapelains célébraient les offices divins dans la chapelle du collége. Tous ces officiers devaient être du même diocèse que les boursiers, et ils étaient ordinairement pris parmi eux. Leur bourse était plus forte que celle des boursiers. Les artiens allaient, rue du Fouarre, suivre les leçons des maîtres de la Faculté ; les boursiers théologiens des petits colléges allaient sans doute aux écoles de théologie qui se trouvaient dans les couvents et dans les grands colléges. Tous les samedis, chaque boursier disputait à son tour sur une question relative à ses études. Les boursiers ne devaient pas découcher, ni s'absenter de Paris pendant plus de 3 mois ; ils étaient astreints à prendre leur nourriture ensemble dans la salle commune ; ils pouvaient inviter des étrangers à leurs frais ; nul étranger ne pouvait coucher dans le collége sans la permission du maître ; le maître pouvait louer les chambres de surplus à des étudiants non boursiers, et les admettre à la table commune moyennant pension ; le consentement des boursiers était nécessaire. Les infractions au réglement, les injures, les voies de fait étaient punies par des amendes qu'imposait le maître. Si des boursiers conspiraient contre le maître, on était tenu à le lui dénoncer secrètement. Le boursier devait renoncer à la pension lorsqu'il recevait la licence. Si, au bout de 7 ans, il n'était pas licencié dans la Faculté des arts, ou si, au bout de 10 ans, il n'était pas en état de faire son cours sur le Livre des Sentences, il devait quitter la maison : il fallait être licencié ès-arts pour obtenir une bourse de théologien. A son entrée dans le collége, le boursier jurait, sur les Evangiles, d'observer le réglement. Ce réglement était, en général, dressé soit par le fondateur lui-même, soit par des exécuteurs testamentaires.

Le régime des colléges était intermédiaire entre celui d'un couvent et celui d'un chapitre séculier. On pourrait définir les colléges fondés dans l'Université de Paris, des chapitres réguliers d'étudiants.

De 1200 à 1500, 50 colléges ont été fondés dans l'Université de Paris. On ne connaît, avec exactitude, le nombre des bourses que pour 35 colléges [1]. Ces 35 colléges avaient été fondés pour 680 boursiers, ce qui donnerait, en moyenne, 19 boursiers par collége. Mais ces bourses étaient réparties fort inégalement. Le collége de Navarre avait été fondé pour 70 boursiers; le collége du cardinal Le Moine, pour 100; le collége d'Harcour, pour 52; le collége du Plessis, pour 40; le collége de Lisieux, pour 36. Sept colléges devaient avoir de 20 à 26 boursiers; 13, de 12 à 18; et 11, de 2 à 18. On peut donc ranger les colléges en deux groupes : le premier, composé de 5 colléges fondés pour plus de 20 boursiers; le second, composé de 31 colléges fondés pour moins de 20 boursiers. Ces colléges étaient donc, en général, de fort petites communautés.

On connaît la date de la fondation pour 42 colléges : 11 colléges ont été fondés au xiiie siècle; 19, de 1300 à à 1339; 10, de 1348 à 1400; 5 au xve siècle. Ces différences sont encore plus frappantes si l'on décompose le nombre des

---

[1] Je ne tiens compte ici que du nombre des bourses exprimé dans la fondation. Il a beaucoup varié, et on ne peut obtenir de moyenne, faute de renseignements. J'exclus ce qui concerne les colléges d'étrangers dont je parlerai plus bas. — J'ignore le nombre des bourses de fondation pour les colléges suivants : Saint-Thomas du Louvre, Bons-Enfants Saint-Victor, Bons-Enfants Saint-Honoré (on ne peut considérer 13 *lits* comme 13 bourses), Saint-Nicolas du Louvre, Sainte-Barbe, Cocquerel, Albuson.

bourses : 64 ont été fondées au xiiie siècle ; 375, de 1300 à 1339 ; 130, de 1348 à 1400 ; 24 au xve siècle. Ainsi, la plupart de ces fondations sont concentrées dans un espace de 40 ans. On ne saurait méconnaître dans ce fait l'influence de l'esprit d'imitation ; évidemment, pendant les 40 premières années du xive siècle, la fondation d'un collége était une bonne œuvre à la mode. Cette ardeur se ralentit promptement, et s'éteint, pour ainsi dire, au xve siècle, quoique les désastres de la conquête anglaise et la ruine des anciens colléges rendissent de nouvelles fondations aussi nécessaires qu'au xive siècle.

Sur 600 bourses environ, on trouve que, parmi celles dont on peut vérifier l'origine, 216 ont été fondées par 12 chanoines, 107 par 11 évêques et archevêques, 73 par 4 cardinaux, 101 par 5 laïcs. Ainsi, dans ces fondations particulièrement destinées au clergé de France, la part des laïcs balance celle des évêques et des archevêques, et pour les ecclésiastiques, ce sont les chanoines, les plus nombreux parmi les membres les plus riches du clergé, qui ont le plus contribué à l'établissement de ces communautés. Rien ne prouve mieux que ces fondations ont été accomplies sous une impulsion toute individuelle ; le clergé, comme corps, n'a rien voulu ni rien fait.

80 bourses n'étaient affectées à aucun diocèse en particulier ; mais, en général, chaque collége appartenait exclusivement à un diocèse. Si on attribue les bourses aux Nations de l'Université, on trouve que la Nation Normande en possédait 146, la Nation Picarde 113, la Nation Française 233, sur lesquelles les provinces situées au midi de la Loire n'avaient que 65 bourses. On voit par là quelle prépondérance le clergé normand, le plus riche de France, avait dans ces fondations. Les colléges normands étaient les plus considérables et les mieux dotés. Ces 146 boursiers normands

n'étaient répartis qu'entre 7 colléges[1]. Le petit nombre de bourses affectées aux provinces du midi de la Loire est un fait ajouté à tant d'autres, qui montrent que ces provinces se rattachaient plutôt aux Universités d'Italie qu'à l'Université de Paris.

Je n'ai pas parlé, jusqu'ici, des colléges fondés pour les étrangers, parce qu'ils n'ont eu aucune importance. Un seul collége fut fondé pour les peuples du Midi, le collége des Lombards, fondé en 1334, par 3 Italiens pour 11 boursiers. La Nation Anglaise comptait 6 colléges : le collége des Ecossais, le collége des Allemands, le collége de Dace, le collége de Suède, le collége de Linkœping[2], et le collége de Skara[3]. Ces quatre derniers colléges étaient vides en 1392[4]; la Nation louait la maison à son profit, et y concédait de temps en temps un logement aux étudiants danois ou suédois qui se présentaient. Les autres étaient ruinés ou déserts à la fin du XVe siècle.

Les bourses étaient ainsi réparties entre les Facultés : 138 bourses étaient réservées exclusivement à la théologie, et 212 à la Faculté des arts; les Facultés de décret et de médecine, plus lucratives que les autres, comptaient seulement, la première 13 bourses, la seconde 6 ; la grammaire comptait 79 bourses.

Des 138 bourses de théologie, 97 étaient fondées avant 1305, et sur ces 97 bourses, 36 furent fondées avant 1300. Les colléges fondés entre 1250 et 1300[5] sont exclusi-

---

[1] Trésorier, 12 bourses; Harcour, 52; Lisieux, 36; Justice, 12; Séez, 4; maître Gervais, 24; Plessis, 6.

[2] Domus Lincopiæ ad cornu Cervi. Il était rue Saint-Hilaire (R. N. A. VII, 55 recto), et 1406, 15 avril.

[3] Domus ecclesiæ Scharensis quæ situatæ sunt in vico Brunelli supra scolas Decretorum (R. N. A. 1466, 2 mai). Il est aussi désigné sous le nom de Domus ad imaginem nostræ Dominæ. R. N. A. 1597, 7 janvier. Cf. R. N. A. V, f° 36 verso et 37 recto.

[4] R. N. A. 1392, 5 avril.

[5] Sorbonne, Trésorier, Cholets, Tournay.

vement composés de théologiens. Il est possible que la rivalité entre les séculiers et les mendiants, si ardente au milieu du xiiie siècle, n'ait pas été sans influence sur ce fait. Sur ces 138 bourses, les Normands et les Picards en possédaient 89, sans compter les 20 bourses de Navarre, indivises entre toutes les provinces de la France. Les Normands avaient 47 bourses, les Picards 42. Ces faits montrent quelle prépondérance avait le clergé de ces deux provinces dans la Faculté de théologie, et combien le clergé séculier s'intéressait peu, en général, aux études théologiques. Les autres provinces de France n'étaient pour ainsi dire pas représentées dans la Faculté.

Non-seulement ces fondations étaient insuffisantes, mais même elles ne prirent aucun accroissement, et ne purent se maintenir au niveau de leur premier établissement. Les colléges ne possédaient et ne pouvaient posséder que des biens-fonds, et l'on sait à quelle variation est exposée cette sorte de revenu. Un fermier qui ne payait pas, une maison qui ne pouvait se louer, la nécessité de faire des réparations et des avances, toutes ces causes rompaient l'équilibre entre les recettes et les dépenses. Les bourses avaient été fixées en monnaie courante par les fondateurs, qui ne prévoyaient pas l'abaissement successif et continu du titre du sou parisis. Toutes ces causes tendaient incessamment à réduire le nombre des boursiers. Les revenus de la plupart de ces colléges étaient d'ailleurs fort mal administrés. Le maître et les boursiers ne résidaient dans le collége qu'en passant; ils cherchaient à tirer de leur séjour le plus de profit possible. Souvent même ils le prolongeaient au-delà des limites fixées par les réglements. On voyait dans les colléges des étudiants de 50 ans, assez riches d'ailleurs. Ainsi, les bourses tendaient à se convertir en bénéfices. Les boursiers n'avaient aucun intérêt à ménager les ressources et l'avenir de la communauté. Ils ne faisaient aucune économie, dépensant ou se réservant l'argent à mesure qu'ils le percevaient. Aucune surveillance sérieuse ne garantissait l'exécution des réglements. Le maître et les boursiers peu nombreux, originaires du même pays, pouvaient facilement se concerter entre eux et éluder l'action des supérieurs-majeurs. D'ailleurs, ces supérieurs, pour la plupart évêques et abbés, demeurant loin de Paris, et chargés déjà de bien d'autres soins, n'accordaient à la surveillance des colléges qu'une attention distraite ou peu éclairée. A la fin du xive siècle, et surtout au xve, les colléges obérés durent réduire le nombre de leurs boursiers [1]. Les Nations exerçaient bien sur leurs colléges respectifs un certain droit d'inspection et de surveillance. Elles administraient les revenus des colléges déserts, assuraient la collation des bourses, visitaient le matériel, les livres, les ornements de la chapelle, en les comparant aux inventaires [2]. Mais cette action était peu efficace : le régime des Nations était lui-même trop anarchique. D'ailleurs, toutes ces communautés opposaient souvent à l'inspection et au contrôle l'infranchissable *Non revelabis secreta* [3]. Cet article de leur serment, qui protégeait tous les abus et toutes les dilapidations, était le plus constamment observé.

Seules, les maisons de Sorbonne et de Navarre se maintinrent toujours au milieu de la décadence des autres colléges, parce qu'elles dépendaient immédiatement d'une autorité publique, et que l'autorité publique n'a pas intérêt à sacrifier l'avenir au présent. Le choix de leurs chefs et de leurs boursiers n'était pas d'ailleurs soumis à ces restrictions qui ren-

---

[1] Ainsi les 40 bourses du collége du Plessis furent réduites à 24, en 1335 (Félib., I, 380); les 8 bourses du collége de Tréguier furent réduites à 11, en 1411 ; les 56 bourses du collége de Lisieux furent réduites à 9, en 1463.

[2] R. N. F. f° 120-121.

[3] Les boursiers du collége du Plessis ne voulurent pas montrer leurs statuts *dicentes quod hujusmodi ostensio statutorum suorum posset afferre præjudicium dicti collegio.* (R. N. F. 1450, 1er octobre).

dent toute bonne administration impossible. Le collége de Sorbonne était ouvert à toute l'Europe, le collége de Navarre à toute la France. L'Université nommait le proviseur de la maison de Sorbonne et veillait elle-même à l'exécution des réglements. Le confesseur du roi nommait le grand maître et les boursiers du collége de Navarre ; la cour des Comptes en administrait les revenus. Mieux gouvernées et mieux disciplinées que les autres colléges, parce qu'elles étaient mieux surveillées, les maisons de Sorbonne et de Navarre balancèrent presque à elles seules l'importance des ordres religieux. Elles donnèrent à la Faculté de théologie la plupart et les plus distingués de ses maîtres séculiers.

Les études étaient fortes dans ces deux maisons. Les boursiers s'exerçaient assidûment à la prédication et à la dispute. Les disputes de la Sorbonne acquirent beaucoup d'importance au XIVe siècle, et demandent quelques détails. Elles peuvent, du reste, donner une idée de cet exercice dans les autres communautés. Il y avait dispute toutes les semaines, même pendant les vacances. Le prieur présidait les disputes, de la Saint-Pierre et de la Saint-Paul (27 juin) jusqu'à la Nativité de la Vierge (8 septembre) ; un maître des étudiants (*Magister studentium*), élu par les boursiers le 29 juin, les présidait depuis la Nativité de la Vierge (8 septembre) jusqu'au 29 juin. Les disputes présidées par le maître des étudiants furent instituées et réglées, en 1344 [1], par des dispositions sans doute analogues aux réglements déjà observés pour les disputes du prieur. Le maître des étudiants devait rassembler pendant les vacances, pour toute l'année, des questions relatives à tous les chapitres du Livre des Sentences, et différentes de celles qui avaient été disputées l'année précédente. Il assignait, 15 jours à l'avance, une question au répondant et à l'opposant. Sa négligence était punie par une amende

---

[1] *Liber Sorbonœ.* Richer a copié ce statut. *Hist. Acad. Paris.*, t. I, lib. V.

de deux quartauts de vin ; le refus du répondant, par une amende d'une bourse. La dispute avait lieu tous les samedis. Le boursier le moins ancien devait commencer. Le répondant d'un samedi était l'opposant du samedi suivant. Le maître des étudiants présidait la dispute, dissipait les malentendus qui pouvaient se glisser entre les deux adversaires ; si l'un d'eux argumentait de mauvaise foi, le maître devait l'avertir jusqu'à deux fois, et s'il persistait, lui dire : Je vous impose silence. Une opiniâtreté persistante après ces trois avertissements, était punie par une amende de 2 quartauts de vin. Le répondant ne pouvait poser que trois thèses ou conclusions appuyées chacune sur une citation et un argument, et sans corollaires. Pour laisser à d'autres le temps d'argumenter, l'opposant ne devait poser que 8 objections, et chacun des autres argumentants, 3. Immédiatement après le principal opposant, argumentaient successivement le maître des étudiants, le prieur, les maîtres en théologie, s'il leur plaisait, les *sententiarii*, les *cursores*, en commençant par ceux qui avaient lu leurs deux cours, et enfin les boursiers de la maison, suivant leur rang d'ancienneté. Le maître des étudiants était libre d'admettre des étrangers à ces exercices, pourvu qu'ils ne fussent pas en assez grand nombre pour gêner les boursiers. On attachait tant d'importance à ces disputes qu'on ne voulait pas qu'elles fussent absorbées par des congés. Si un samedi était férié, la dispute devait être avancée ou réservée.

La Faculté de théologie était une fédération de communautés régulières et séculières. L'accord était souvent troublé entre tous ces corps jaloux et rivaux. Cependant la réconciliation finissait toujours par s'opérer, parce qu'ils avaient besoin les uns des autres. Cette association était avantageuse à toutes les communautés : l'émulation des étudiants et des bacheliers était excitée par l'espérance de briller dans les actes publics de la Faculté, et de faire honneur à l'ordre ou au collége auquel ils apppartenaient. Les séculiers trouvaient d'ailleurs, dans les couvents des mendiants et des Bernardins, des professeurs distingués qui pouvaient se vouer, sans distraction, à l'étude et à l'enseignement, parce qu'ils étaient libres des soins du monde et des soucis de la pauvreté. La possession du grade de maître en théologie de l'Université de Paris n'était pas indifférente pour les ordres religieux. Un prédicateur, un inquisiteur revêtu de ce titre, avait beaucoup plus d'autorité ; la participation aux actes de la Faculté était d'ailleurs pour eux une occasion de se mesurer avec leurs rivaux, et un moyen de constater et de soutenir parmi eux le niveau des études.

C. DU COURS D'ÉTUDES ET DES GRADES.

Le cours d'études de la Faculté de théologie, qui n'était que de 8 ans du temps de Robert Courçon, fut porté à 14 ans au commencement du xive siècle. L'enseignement fut presque entièrement abandonné par les maîtres aux bacheliers. Les disputes solennelles ou actes publics imposés aux bacheliers se multiplièrent. La présidence de ces actes devint la principale occupation des maîtres.

Il est difficile d'expliquer les causes de ce changement. Il est probable qu'il dépend de la multiplication des colléges, et de ce fait, qu'au commencement du xive siècle, la plupart des étudiants séculiers étaient déjà boursiers dans les colléges. Les réglements de ces communautés accordaient aux boursiers, pour obtenir leurs grades, un temps qui dépassait de beaucoup celui qui était fixé par les statuts des Facultés. L'usage particulier des colléges tendit ainsi à se confondre avec la coutume générale de la Faculté. Les réguliers ne durent pas y mettre d'obstacle ; ils éludaient facilement par des dispenses les réglements de la Faculté.

L'exemple de la Sorbonique montre l'influence des colléges sur la multiplication des actes publics dans la Faculté : une dispute, qui n'était d'abord qu'un exercice particulier, était bientôt entourée de plus de solennité et devenait un acte public et obligatoire.

C'est à la confusion du régime des colléges et des couvents, avec celui de la Faculté, que j'attribue principalement ce changement dans l'enseignement théologique, et cette confusion put s'opérer, parce que la Faculté ne comptait presque pas d'étudiants en dehors des colléges et des couvents.

Telle est la raison la plus probable qu'on puisse, à ce qu'il semble, donner de ce changement. Au reste, il y a une lacune pour la fin du XIIIe siècle et le commencement du XIVe dans les monuments relatifs à la Faculté de théologie, et on en est, sur ce point, réduit à des conjectures [1].

[1] De toutes les Facultés, la Faculté de théologie est celle dont les archives sont les moins riches en monuments originaux. — 1° *Des Statuts.* D'Argentré a publié (*Collectio judiciorum de novis erroribus*, t. II, pars. 1, p. 462-467,) une collection d'anciens statuts faite par la Faculté de théologie elle-même. Ces statuts, les serments qui s'y rapportaient, et le calendrier de la Faculté, étaient écrits sur parchemin dans un livre relié en veau noir. Je ne sais ce qu'est devenu ce manuscrit. Je n'en connais que des copies.— A. On conserve aux Archives nationales (section historique, carton 9. L. 10,) une copie de ce manuscrit, écrite sur parchemin, en deux volumes reliés en veau noir, et portant le cachet de la Faculté. L'un contient l'ancienne collection suivie d'autres statuts que d'Argentré a tous imprimés. Sa publication peut même être considérée comme la reproduction de ce volume. L'autre contient les serments, le calendrier, et une miniature représentant le Christ sur la croix. Une note mise en 1672, par Bouvot, grand bedeau de la Faculté, en tête de ces deux volumes, nous apprend qu'ils reproduisent l'ancien livre de la Faculté. — B. La Bibliothèque nationale (supplément latin 271) possède une copie de ces statuts, faite sur parchemin, et d'une écriture cursive fort négligée. A la suite des statuts imprimés par d'Argentré est une autre collection, où l'on retrouve les mêmes statuts, mais disposés confusément. Cette seconde collection commence au f° 9 verso par ces mots : Ista sunt statuta Facultatis theologiæ circa statum legentium

Dans cette nouvelle organisation de la Faculté, on se préparait, par 6 années d'études, à enseigner, à disputer et à prêcher pendant 7 ans, c'est-à-dire à accomplir tous les actes imposés aux bacheliers. Les actes de la licence et de la maîtrise occupaient la quatorzième année.

cursus suos et etiam sententias facta; et etiam a summo pontifice super his addita quæ sequuntur in hâc formâ... C'est sans doute celle dont parle Filesac (*Statutorum sacræ Facultatis theologiæ Parisiensis origo prisca*, Paris., 1620, in-8°, p. 31). Ce manuscrit contient quelques détails qu'on ne trouve pas dans la copie des archives. Je le désigne par la lettre N. — C. Edmond Richer avait composé une histoire de l'Université de Paris, depuis son origine jusqu'en 1618, en 30 livres, sous le titre de *Historia Academiæ Parisiensis*. La Bibliothèque nationale (supplément latin) possède le manuscrit autographe. Il manque les livres (IX-XVII) qui contenaient l'histoire de l'Université, depuis la fin de la querelle avec les Dominicains, jusqu'en 1531. Cette histoire de l'Université est surtout celle de la Faculté de théologie. Richer donne dans le IIIe livre (t. Ier du manuscrit) une copie des statuts imprimés par d'Argentré (p. 462-467). On y trouve une disposition qui n'est reproduite ni par la copie des archives, ni par la copie N. Richer transcrit, dans ce IIIe livre, des statuts de la Faculté de théologie que je n'ai pas trouvés ailleurs. — Richer conjecture (*auguror*) que cette collection a été rédigée entre les conciles de Bâle et de Constance (t. III, cap. 19). Bouvot, dans la note qu'il a mise en tête du volume des serments, rapporte la rédaction de cette collection à l'année 1426, je ne sais sur quelle autorité. Cette collection est certainement antérieure à la réforme de 1452. Il est probable qu'elle date des dernières années du xive siècle, ou des premières années du xve. Il est étrange que Filesac (*Origo prisca Facultatis theologiæ*, p. 22,) la rapporte aux dernières années du xiiie siècle. Elle est évidemment fort postérieure. — Le manuscrit de Corbie, dont j'ai parlé plus haut, contient à la suite du calendrier une collection de statuts de chaque Faculté. Elle est écrite de la même main que le calendrier. Ces statuts contiennent surtout des règlements relatifs aux jours et aux heures des cours. Les statuts de la Faculté de théologie sont en tête. D'Achèry les a imprimés (*Spicilegium*, VI, 381 sqq.), et du Boulay les a reproduits (IV, p. 426-427) en mettant la Faculté des arts en tête. Ces statuts se rapportent évidemment à la même époque que l'ancienne collection. — Les statuts de la Faculté de théologie de l'Université de Vienne, promulgués en 1389 (publiés par Kollar, *Analecta monumentorum Vindobonensia*, I, p. 127 sqq.), offrent une reproduction fidèle des coutumes suivies dans la Faculté de théologie de Paris à la même époque. Les auteurs des statuts avertissent eux-mêmes (p. 127-147) qu'ils se conforment exactement aux usages de la Faculté de Paris. Les dispo-

Des Étudiants [1]. — On ne sait si le grade de maître ou de licencié ès-arts était officiellement exigé, au moyen-âge, des étudiants en théologie. On ne pouvait imposer cette condition aux religieux qui étaient exclus de la Faculté des arts. Pour les séculiers, cette obligation ne se trouve formellement exprimée dans aucun statut, dans aucun serment, avant la réforme de 1587. Dans le fait, il était impossible, à cette époque, d'étudier la théologie sans savoir à fond la dialectique ; et les étudiants séculiers étaient presque tous boursiers dans des colléges dont les statuts n'admettaient aux bourses de théologie que des licenciés ès-arts.

On trouve peu de réglements relatifs aux étudiants. Pendant les quatre premières années, ils devaient porter ou faire porter aux leçons le texte de la Bible ou du maître des Sentances [2].

sitions de ces statuts sont conformes à celles de l'ancienne collection. — 2° *Des registres.* Il ne semble pas que la Faculté de théologie ait eu au moyen-âge des registres tenus régulièrement par son syndic, comme les autres corporations de l'Université.— Le grand bedeau tenait un registre sur papier où il inscrivait, pour chaque année, les comptes de mise et de recette, la liste des *cursores*, des *sententiarii*, des licenciés et des docteurs, avec la date de leur réception, et le chiffre des sommes qu'ils payaient à la Faculté. La Bibliothèque nationale possède (ancien fonds 5657 C) le registre tenu par le grand bedeau pendant les années 1449-1464. Le commencement de l'année 1454 et la fin de l'année 1464 manquent. — Un manuscrit du xviiie siècle (Bibliothèque nationale, ancien fonds, 5657, A) contient les listes des licenciés depuis 1373. On lit dans ce manuscrit (p. 2) qu'il existait *liber in quo scribuntur actus Vesperiarum et Doctoratus.* C'est sans doute le livre que Launoi cite sous le titre d'*Acta Facultatis theologiæ* (opp. VII, p. 582, 583). Je ne sais où se trouve ce livre.

[1] Pour calculer le nombre des étudiants, on peut prendre pour base le nombre de ceux qui ont été admis à faire leur premier cours sur la Bible. Entre 1449 et 1464, ce nombre est en moyenne de 18 par an. (Registre du grand bedeau.) Le total, pour ces quinze années, est 269 ; ce qui, multiplié par 6, donne 108. — Les ordres mendiants ne sont pas compris dans ce calcul.

[2] Réforme de 1366 (B. IV, 589).

Les vacances de la Faculté commençaient à la Saint-Pierre et à la Saint-Paul (29 juin), et finissaient à l'Exaltation de la Sainte-Croix (14 septembre). Outre les jours de fête et de congé communs à toute l'Université, la Faculté avait six jours de fête qui lui étaient particuliers, où il était interdit de faire leçon ordinaire [1]. Il était en outre interdit de faire leçon ordinaire les jours de vespéries, d'aulique, de *principium*, et le jour où un maître se proposait de disputer. Les *principia* avaient surtout lieu entre l'Exaltation de la Sainte-Croix et la Saint-Denis (9 octobre) ; les vespéries et les auliques principalement, entre le Carême et la Saint Pierre et la Saint Paul, et les années paires. L'hiver était donc plus particulièrement réservé aux leçons ordinaires.

Des Bacheliers. — Les règlements de la Faculté de théologie montrent clairement que le baccalauréat n'était pas un *grade*, mais un *état*. En réalité, ce terme signifiait *apprentissage*, l'apprentissage de la maîtrise [2]. Le bachelier était celui qui n'était plus étudiant et qui n'était pas encore maître. Ainsi, on pouvait avoir reçu la licence, et être cependant encore bachelier [3]. Dans la Faculté de théologie, on distinguait trois degrés dans cet apprentissage de la maîtrise, qu'on appelait baccalauréat ; à ces trois degrés correspondaient trois classes de bacheliers : les *biblici ordinarii* et *cursores*, les *sententiarii* et les *formati*. Les bacheliers de la première classe étaient ordinairement trois ans avant de passer *sententiarii* ; les *sententiarii* n'étaient *formati* qu'au bout d'un an.

1°. *Biblici ordinarii* et *cursores*. — Pour être admis à ce

[1] Vet. Kal.

[2] *Bachelier*, dans l'ancien français, signifie un jeune homme qui n'est pas encore marié. (Cf. Ducange, voce *Baccalarius*). *Bachelor* a le même sens en Anglais.

[3] On trouve, S. F. A. 1257 (B. III, 420) : Nullus *bachelarius licentiatus* vel *non licentiatus*...... Je remarquerai, en passant, qu'on trouve toujours au moyen-âge *baccalariatus*, et jamais *baccalaureatus*, du moins dans les actes originaux.

premier degré du baccalauréat, il fallait avoir fait six ans d'étude [1], être âgé d'au moins 25 ans [2], et n'être ni bâtard ni contrefait [3]. On n'exigeait que 5 ans d'études des religieux [4]. Vers 1452, les séculiers étaient généralement dispensés de la 6e année [5]. Le candidat devait comparaître devant la Faculté représentée au moins par sept maîtres, et justifier de son temps d'études par des certificats signés de ceux dont il avait suivi les leçons, ou par trois témoins qui garantissaient sa moralité et attestaient les six ans d'études [6]. Après avoir vérifié si le candidat satisfaisait aux conditions exigées, la Faculté commettait 4 maîtres pour l'examiner sur les principes de la théologie [7]. Sur le rapport des examinateurs, elle admettait le candidat à prêter serment et à commencer ses exercices de bachelier.

Les bacheliers de cette première classe étaient astreints à des leçons sur la Bible et à des disputes.

Les mendiants et les Bernardins devaient lire le texte de la Bible de suite, l'après-dîner, au coup de nones des Jacobins [8], les jours de leçon ordinaire. Ils étaient appelés, pour ce motif, *biblici ordinarii*, ou simplement *biblici*. Chacun de ces cinq ordres ne devait présenter à la Faculté qu'un candidat pour ces leçons sur la Bible. Tous les ans, au mois de septembre, ils présentaient de nouveaux *biblici* [9]; s'ils le négligeaient, la Faculté les privait de la présentation d'un *sententiarius* [10]. Deux fois par an, au mois de mars et au mois

---

[1] Vet. Stat., B. IV, 426.
[2] Réforme de 1366. B. IV, 389.
[3] Juramenta cursorum (ms.), et Vet. Stat. (d'Arg., p. 463, b. 14).
[4] Vet. Stat. (B. IV, 426).
[5] Réforme de 1452 (B. V, 564).
[6] Vet. Stat. (d'Argentré, p. 463, b. 16).
[7] Vet. Stat. (d'Arg., p. 467, b. 51).
[8] Vet. Stat. (B. IV, 428).
[9] *Livre du gr. Bed.*, passim.
[10] Réforme de 1452 (B. V, 565).

de septembre, chaque *biblicus* devait apporter la liste de ses auditeurs à la Faculté, pour qu'elle s'assurât que les leçons étaient faites sérieusement [1].

Les autres bacheliers n'étaient pas astreints à lire la Bible de suite, les jours ordinaires; ils ne faisaient que des leçons extraordinaires, et ils étaient appelés, pour ce motif, *baccalarii cursores*, ou simplement *cursores*, dénomination qui suffisait pour les distinguer des *biblici ordinarii*, qui ne pouvaient enseigner que les jours de leçon ordinaire, et des *sententiarii*, qui ne donnaient que des leçons ordinaires. Les *cursores* devaient choisir dans la Bible deux livres, l'un dans l'Ancien, l'autre dans le Nouveau Testament [2]. Ces deux livres étaient l'objet de deux cours, dont le premier devait commencer dans les trois mois de la réception du bachelier [3]. Ces premiers cours commençaient ordinairement entre le mois de septembre et le mois de mai; le second cours avait ordinairement lieu entre le mois de mai et le mois de septembre de la troisième année [4]. Les leçons de chacun de ces cours devaient être continuées, sans interruption notable, jusqu'à la fin du livre choisi par les bacheliers. Le grand bedeau devait avertir la Faculté du commencement et de la fin de chaque cours, le premier jour du mois suivant [5].

On appliquait à la Bible la méthode d'exposition. Les *cursores* devaient suivre le texte de près, faire connaître les principales gloses, et ne pas lire plus d'un chapitre par leçon [6]. On expliquait la Bible tropologiquement, allégoriquement, anagogiquement; mais personne ne pouvait l'expliquer philo-

[1] S. F. T. 1492 (Richer, *Hist. ac. Par.*, lib. III, cap. 22).
[2] Vet. Stat. (B. IV, 426).
[3] Vet. Stat. (d'Arg., p. 463, b. 15).
[4] *Livre du gr. Bed.*, passim. — Entre 1449 et 1464, le nombre de ceux qui font leur second cours est en moyenne de 8 par an (124 pour 15 ans). Cf. p. 136 n. 1.
[5] Vet. Stat. (d'Arg., p. 463, b. 15).
[6] Réf. 1366 (B. IV, 589).

logiquement. Les Dominicains et les Franciscains avaient fait sur la Bible des travaux importants pour cette époque; dès le xiiie siècle, ils s'étaient appliqués à l'étude du texte sacré; c'était entre eux un sujet d'émulation. Ce fut sans doute la raison qui décida la Faculté à charger leurs bacheliers de faire des leçons suivies sur la Bible. A côté de ces cinq cours, les leçons des *cursores* avaient fort peu d'importance. D'ailleurs les théologiens du moyen-âge s'appliquaient moins à la Bible qu'aux commentaires sur le Livre des Sentences, qui préparaient beaucoup mieux à la dispute, le plus important de tous leurs exercices. Aussi la Faculté dispensait parfois les *cursores* de leurs leçons, et les autorisait à échanger leurs cours contre deux tentatives, ou contre deux disputes soutenues en Sorbonne [1].

Avant de commencer leur cours, les *biblici* devaient faire une sorte de leçon solennelle, appelée *principium*, entre l'Exaltation de la Sainte-Croix (14 septembre) et la Saint-Denis (9 octobre)[2], et deux conférences, ou un sermon et une conférence (*collatio*)[3]; les *cursores* faisaient un *principium* avant le premier cours, et un autre avant le second. Ces actes étaient accomplis sous les auspices d'un maître qui devait être présent à Paris, pour que la responsabilité fût sérieuse [4]. Tous les actes de la Faculté de théologie devaient être ainsi présidés par un maître qui en garantissait la régularité et répondait de l'orthodoxie et de la moralité du candidat.

Les bacheliers de la première classe étaient tenus d'assister à tous les actes publics de la Faculté; ils étaient assis sur le troisième banc, le plus éloigné de la chaire du président [5].

---

[1] Vet. Stat. (d'Arg., p. 464).
[2] Vet. Stat. (B. IV, 426).
[3] Vet. Stat. (d'Arg., p. 464, a. 20).
[4] Vet. Stat. (d'Arg., p. 464, a. 18).
[5] Stat. Fac. Theol. Wiennensis (Kollar, 1, p. 141).

Entre le premier cours et le cours sur les Sentences, les *cursores* étaient tenus d'argumenter aux vespéries et à la résompte d'un nouveau maître, s'ils en étaient requis par le maître qui présidait ces actes. Leur refus était puni par une amende de 40 s. p. Cette épreuve était appelée *expectatoria*[1].

2° *Sententiarii*. — Pour être admis à faire leçon sur le Livre des Sentences, il fallait justifier qu'on avait étudié en théologie pendant neuf années entières, et fait deux cours sur la Bible[2].

En outre, le candidat devait avoir fait deux conférences, ou un sermon et une conférence[3], afin qu'on pût apprécier son talent pour la parole et la prédication. Au XIV° siècle, il soutenait deux argumentations, l'une pendant l'hiver, l'autre, en Sorbonne, pendant les vacances; plus tard, ces deux disputes se réduisirent à une seule appelée *tentative*. Le candidat soutenait cette argumentation à la fin de sa neuvième année, avant les vacances, sous la présidence d'un maître qui ne devait être ni du même collége ni du même couvent. Ce maître indiquait au candidat la question qu'il devait disputer. Les bacheliers formés argumentaient contre les conclusions posées par le répondant; la discussion terminée, le maître recueillait les avis des bacheliers sur la capacité du candidat, et faisait à la Faculté un rapport où il constatait le nombre des bacheliers formés opposants, et l'opinion de la majorité sur le mérite du répondant[4]. Plus tard, cette formalité se réduisit à de simples compliments. La discussion fermée, le répondant se levait et demandait qu'on l'avertît s'il n'avait rien dit de répréhensible, se déclarant prêt à le ré-

---

[1] Vet. Stat. (d'Arg., p. 464, a. 10).
[2] Vet. Stat. (d'Arg., p. 464, b. 24).
[3] Vet. Stat. (d'Arg., p. 464, a. b. 21).
[4] S. F. T. 1387 (N. 11 verso). Vet. Stat. (d'Arg., p. 467, a. 49). Si la Tentative était disputée en Sorbonne, le prieur présidait, suivant le même réglement, et faisait son rapport à deux maîtres députés par la Faculté.

tracter immédiatement. Les bacheliers ne faisant aucune réclamation ; le bedeau leur demandait s'ils étaient satisfaits du répondant ; ils déclaraient qu'il était *ingeniosissimus et doctissimus* [1].

Le 1er juillet, ceux qui avaient disputé leur Tentative se présentaient devant la Faculté et justifiaient qu'ils avaient rempli les conditions imposées à ceux qui demandaient à lire le Livre des Sentences [2]. Si la Faculté était satisfaite, ils étaient admis à prêter serment, et étaient dès-lors *baccalarii sententiarii* [3].

Chaque ordre mendiant ne présentait à la Faculté qu'un bachelier pour la lecture des Sentences, exceptés les Dominicains, qui avaient deux chaires de théologie, et qui présentaient en conséquence deux bacheliers. En compensation de ces restrictions, la Faculté accordait aux *présentés* (*præsentati*) des ordres mendiants, comme on les appelait, d'importants avantages. Les présentés étaient exempts de l'obligation d'avoir fait à Paris leurs études théologiques et professé sur la Bible. Ils n'étaient astreints qu'à la Tentative [4]. Au reste, ils jouissaient de ces priviléges plutôt en vertu de la coutume que des constitutions écrites [5]. Cette confiance de la Faculté était sans doute motivée sur les épreuves auxquelles les ordres religieux soumettaient les Frères qu'ils chargeaient de la lecture du Livre des Sentences.

Il était interdit aux *sententiarii* de se charger de conférences,

---

[1] Reg. du parlement, 1505 (B. VI, 19).

[2] Ibid., p. 22.

[3] Entre 1449 et 1464, 13 bacheliers par an, en moyenne, furent admis à lire les Sentences. Les ordres mendiants sont compris dans ce chiffre (*livre du grand bedeau*).

[4] D'Arg., p. 467, b. 23.

[5] Bulle d'Eugène IV, 1442 (B. V, 524). Les statuts cités par le procureur de la Nation de France (B. V. 523) ne paraissent pas avoir été exécutés. Il est probable que la Faculté voulait seulement faire casser la bulle, pour que les mendiants ne réclamassent pas, comme un droit, ce qu'on leur accordait comme une faveur.

de sermons, ou de disputes qui les auraient détournés de leurs leçons sur le livre de Pierre Lombard [1]. Les seuls bacheliers des ordres mendiants devaient répondre d'une question dite *de quolibet*, avant leur quatrième *principium*, c'est-à-dire avant le mois de mai [2].

L'ouvrage de Pierre Lombard est, comme on sait, une sorte d'encyclopédie théologique divisée en quatre livres, dont le premier traite de la nature et des attributs de Dieu, le second de la Création, le troisième de l'Incarnation, le quatrième des Sacrements. Les bacheliers soutenaient un acte appelé *principium* et faisaient ensuite des leçons, sur chacun de ces livres. Les premiers *principia* devaient être tous faits entre l'Exaltation de la Sainte-Croix (14 septembre) et la Saint-Denis (9 octobre); il ne devait pas y avoir plus d'un *principium* par jour [3]. Le premier bachelier qui faisait son *principium* était invariablement un Carme [4]; l'ordre dans lequel les autres bacheliers lui succédaient, marquait leur rang dans les actes ultérieurs, l'année de la lecture des Sentences étant la première des quatre années de stage exigées avant l'année de la licence. On appelait cet ordre, l'ordre de primogéniture [5]. Le Carme devait faire son second *principium*, le premier jour de leçon du mois de janvier; le troisième *principium*, le premier jour de leçon du mois de mars; et le quatrième *principium*, le premier jour de leçon du mois de mai. Les autres bacheliers le suivaient immédiatement [6].

Chaque *principium* était composé de trois parties distinctes [7] : un court sermon appelé *collatio*, l'énoncé de plusieurs pro-

---

[1] S. F. T. 1492 (Richer, III, cap. 22).
[2] Vet. Stat. (Archives, f° 10 verso).
[3] Vet. Stat. (B. IV, 426).
[4] Vet. Stat. (N. f° 14 verso).
[5] Vet. Stat. (d'Arg., p. 465, a. 28).
[6] Vet. Stat. (d'Arg., p. 465, a. 30).
[7] Cf. les *principia* de Denys le Cistercien (opp. Paris. 1551), et de Pierre d'Ailly (opp. Paris. Jean Petit).

positions servant à décider la question qui était l'objet du *principium*, et une polémique contre les autres *sententiarii*. Le bachelier prenait pour texte de la *collatio* un passage de l'Écriture sainte dont il faisait servir les expressions à un éloge de la doctrine chrétienne, à une analyse générale des quatre livres de l'ouvrage de Pierre Lombard, et à une analyse plus détaillée du livre sur lequel il faisait son *principium*. Dans la *collatio* du premier *principium*, il énonçait ou faisait pressentir les questions qu'il traiterait dans les autres *principia*. Le texte de l'écriture adopté pour la première *collatio* était conservé dans les trois autres. L'analyse générale de l'ouvrage de Pierre Lombard était répétée à chaque *collatio* sous des formes plus ou moins variées. On dirigeait dans la *collatio* le développement des idées, de manière à ramener à la fin le texte que l'on avait choisi, et on en employait les expressions à l'énoncé de la question que l'on se proposait de traiter. Cette question était toujours relative au sujet du livre sur lequel on faisait le *principium*. Le bachelier énumérait d'abord les raisons pour et contre, donnait ensuite sa décision, et l'appuyait sur un certain nombre de conclusions prouvées chacune par plusieurs syllogismes. Sur chaque conclusion, il posait des objections contre d'autres *sententiarii* qui avaient fait leur *principium* avant lui. Les nombres des conclusions, des arguments et des objections se correspondaient en général avec une symétrie rigoureuse. Dans le second, le troisième et le quatrième *principium*, le bachelier reprenait et discutait les objections que les autres *sententiarii* lui avaient posées dans leurs *principia*, et les réponses qu'ils avaient faites à ses attaques. Il en résultait que le bachelier ne développait ses opinions personnelles que dans le premier *principium*. Les autres étaient presque exclusivement consacrés à la polémique. Pour se livrer à cette polémique sans s'écarter du sujet du *principium*, le bachelier choisissait ses quatre questions, de manière à ce que les principes posés dans le premier *principium* dussent servir à résoudre les questions traitées dans les trois autres. L'ordre adopté par Pierre Lombard était favorable à cette combinaison; le sujet de chaque livre se rattache nécessairement et immédiatement au sujet qu'il a traité dans le livre précédent.

Les *principia* étaient lus le plus souvent d'avance [1]. Les bacheliers se communiquaient par écrit leurs conclusions et leurs arguments [2]. La forme de ces *principia* est rigoureusement syllogistique. On n'y trouve pas une phrase qui ne soit une conclusion, une proposition, un corollaire, une majeure, une mineure, ou une conséquence. La seule élégance oratoire que les bacheliers se permettent, c'est de rimer les énoncés des questions et les divisions qu'ils établissent dans les *collationes* [3]. La polémique contre les autres bacheliers n'était pas exempte d'aigreur et d'amertume. On ne s'épargnait pas les expressions offensantes et injurieuses [4].

Les leçons sur chaque livre de l'ouvrage de Pierre Lombard, suivaient le *principium*. Les leçons des bacheliers sur le Livre des Sentences devaient commencer le lendemain de la Saint-Denis (10 octobre), et finir à la Saint-Pierre et Saint-Paul (29 juin); s'ils étaient obligés de les interrompre pour maladie ou pour une autre cause, ils étaient tenus de faire, après le 29 juin, autant de leçons qu'ils en avaient manqué: les bacheliers [5] lisaient, les jours de leçon ordinaire, le matin, au coup de prime du couvent des Jacobins, et au coup

---

[1] Réf. 1452 (B. V, 565).

[2] Dionysius Cisterciensis, *IV principium*, f° 15 recto : Oppositum posuit reverendus bacalarius..... sed qualiter probaverit ignoro, quia propositiones in scriptis non recepi ab eo.

[3] Dionysius Cisterciensis (*I principium*) : Quis nos horror fascinavit ad credendum cum Dei simplicitate personarum distinctionem; quis nos stupor excæcavit ad tenendum cum primi æternitate temporalem productionem, etc. — Cf. infra p. 155, n. 1.

[4] Réf. 1566 (B. IV, 589). Cf. infra p. 155.

[5] Vet. Stat. (B. IV, 427), et d'Arg. (p. 464, b. 25).

de tierce, lorsque les maîtres lisaient un coup de prime [1]. Les leçons des *sententiarii* étaient donc des leçons ordinaires. A la fin de chaque livre, les bacheliers devaient se présenter à la première assemblée de la Faculté, affirmer, par serment, qu'ils avaient lu le livre aux jours et aux heures accoutumées, et donner la liste de leurs auditeurs [2]. Ces leçons étaient faites dans les salles des couvents et de quelques colléges. Pour s'épargner des frais, les bacheliers lisaient souvent dans leur chambre. On comprit que ce défaut de solennité n'était pas propre à soutenir le zèle et le travail des bacheliers : les leçons pouvaient dégénérer en vaines conversations. Déjà, en 1368, le collége de Sorbonne exigea que les boursiers fissent leçon dans la salle du collége [3]. En 1492, la Faculté arrêta que les *sententiarii* ne pourraient lire que dans les salles où il y avait une chaire de docteur ; chacun d'eux, en prêtant serment, désignait la salle où il se proposait de lire, et devait y terminer ses leçons sous peine de 2 francs d'amende [4].

Quoique la réforme de 1366 ait ordonné aux bacheliers de lire le texte même de Pierre Lombard et de l'exposer phrase par phrase [5], cette méthode ne paraît pas avoir été pratiquée. On appliquait au texte de Pierre Lombard la méthode des questions : la discussion et la polémique tenaient donc une

---

[1] Vet. Stat. (B. IV, 426), et d'Arg. (p. 465, a. 27).

[2] S. F. T. 1492 (ap. Richer, III, 22).

[3] *Liber Sorbonæ* (ultimo f° verso), 26 avril : Ad inducendum magistros ad hoc quòd in cameris suis non legerent et scholæ non remanerent vacuæ, per bonos viros M. Grunnerium Bonifacii, cancellarium ecclesiæ Parisiensis, et M. Guillelmum de Salvarvillà, cantorem ejusdem Parisiensis ecclesiæ, magistros in theologià — ordinatum cum deputatis domûs ad hoc missis — quòd de cætero magistri pro toto anno pro scholis solverent 40 s. t., baccalarii pro sententiarum lecturà 20 s. t., cursores vero 10 s. t., pro quolibet cursu, et illam pecuniam reciperet librarius ex parte domûs, et in banchis converteret.

[4] Ap. Richer, III, 22.

[5] B. IV, 389.

grande place dans ces leçons; elles avaient peu d'originalité; on exposait les opinions des docteurs célèbres; on les discutait avec grand appareil de distinctions et de syllogismes. Le principal but de ces leçons était de préparer les auditeurs à la dispute et de leur fournir des matériaux pour l'argumentation [1]. Quoique la réforme de 1366 eût interdit de traiter dans ces leçons des questions de logique et de métaphysique [2], la philosophie tenait dans ces questions beaucoup plus de place que la théologie. C'était le premier livre de l'ouvrage de Pierre Lombard, le plus métaphysique de tous, qui fournissait le plus de questions; les trois autres livres, plus particulièrement théologiques, étaient à peine traités [3]. La Faculté recommanda d'y insister davantage, mais vainement [4]; l'explication des deux derniers livres venait précisément après Pâques, à une époque où les actes de la maîtrise enlevaient aux bacheliers le peu de leçons que leur laissaient les jours de congé; car, ordinairement, la plupart des bacheliers faisaient leçon sur les Sentences, l'année du *jubilé* [5]. Souvent les *sententiarii* se considéraient comme bacheliers formés après leur troisième *principium*, et quittaient Paris. En 1492, la Faculté décida que, dans ce cas, les leçons précédentes ne leur compteraient pas [6].

Ces leçons étaient généralement lues vers la fin du XIV° siècle; la réforme de 1366 le défendit; elle permit seulement d'avoir sous les yeux un cahier pour aider la mémoire et rappeler les principales divisions, les arguments et les cita-

---

[1] Voir les *Préfaces* de Nicolas Belin, en tête des *Quæstiones* de Denys de Cîteaux.

[2] B. IV, 389.

[3] Gerson, *Epistola de reformatione theologiæ* (opp. éd. du Pin., I, p. 123).

[4] Vet. Stat. (d'Arg., p. 465, a. 29).

[5] Cf. Vet. Stat. (B. IV, 131), et le *livre du grand bedeau*.

[6] Ap. Richer, III, 22. — Cf. Stat. Fac. univ. theol. Wiennensis (Kollar, p. 144).

tions[1]. On n'en persista pas moins à lire ces leçons. L'argumentation, qui faisait le fonds des questions, était si compliquée et si minutieuse, en matière théologique les moindres changements dans les termes avaient tant d'importance, que l'on regardait comme plus commode et même comme plus sûr de ne pas prononcer ces leçons de vive voix. Mais il devenait alors à peu près impossible de s'assurer du travail personnel des bacheliers; ils lisaient des questions qu'ils n'avaient pas composées eux-mêmes. Vers la fin du XV° siècle, la Faculté ordonna de résumer de vive voix, à la fin de la leçon, les principaux points de la question que l'on avait lue[2]. En 1452, le cardinal d'Estouteville autorisa les bacheliers à lire leurs *principia* et les leçons, et recommanda de veiller à ce qu'ils les composassent eux-mêmes[3].

L'année de leçon sur les Sentences était comprise dans les quatre années de stage exigées rigoureusement avant la licence[4]; les bacheliers cherchaient à s'en faire dispenser, surtout les religieux, qui épuisent ordinairement dans leur ordre ce qu'ils ont d'obéissance, et n'en conservent plus pour la société où ils sont placés. Ils importunaient la Faculté par des bulles, par des recommandations de rois, de seigneurs et autres gens puissants, pour obtenir d'être admis à la lecture des Sentences pendant les vacances[5]. Cette faveur leur permettait de faire leurs leçons et leurs *principia* entre le 1er juillet et la fin de septembre; ils gagnaient ainsi une année pour la licence, et se trouvaient bacheliers formés en

---

[1] B. IV, 389-390.

[2] Vet. Stat. (N. f° 14 recto et verso).

[3] B. V, 565.

[4] Ce stage est ordinairement évalué à cinq ans, en comprenant l'année de la licence et celle de la lecture des Sentences. (Vet. Stat. d'Arg., p. 467, b. 47, et S. U. 1389, B. IV, 637).

[5] S. F. T. 1441 (ap. Richer, III, 20). La réforme de 1366 l'avait déjà interdit (B. IV, 389).

même temps que ceux qui avaient lu les Sentences l'hiver précédent.

3° *Baccalarii formati*. — Immédiatement après avoir terminé le cours sur les Sentences, on était dit *baccalarius formatus*, sans doute parce qu'on avait accompli tous les exercices imposés autrefois aux aspirants à la licence [1]. Il fallait encore résider pendant trois ans à Paris, assister à tous les actes publics de la Faculté, faire des sermons et des conférences, et répondre dans certaines disputes solennelles [2]. Ce stage avait pour but d'éprouver plus sûrement la moralité et la capacité du candidat. Seuls, les *sententiarii* des ordres mendiants jouissaient du privilége d'être présentés immédiatement à la licence; ils devaient seulement répondre dans deux disputes appelées *ordinaires* [3], sans doute parce qu'elles n'avaient pas lieu pendant les vacances, mais pendant le temps consacré aux leçons ordinaires.

Chaque bachelier formé devait faire par an un sermon et une conférence, et, s'il en était requis par un maître, une conférence après le sermon de ce maître. Il était tenu de reprendre dans la conférence le texte adopté par le maître dans son sermon [4]. Les bacheliers avaient en général fort peu de zèle pour la prédication. Ils prêchaient souvent par procureur. Entre 1387 et 1403, lors de l'exclusion des Dominicains, les sermons du dimanche manquaient dans l'Université [5].

Au XIV° siècle, chaque bachelier formé soutenait contre ses collègues quatre argumentations : l'une à une aulique, l'autre à des vespéries, la troisième pendant les vacances,

---

[1] Entre 1449 et 1464, il dut y avoir, tous les ans, terme moyen, 39 bacheliers formés.
[2] Vet. Stat. (d'Arg., p. 465, a. b. 51).
[3] Bulle d'Eugène IV, 1442 (B. V, 524). Cf. S. U. 1442 (B. V, 525).
[4] Vet. Stat. (d'Arg., p. 466, a. 38), et (B. IV, 427).
[5] Gerson, *Epist. ad stud. Navarræ* (opp. I, 111, D.). Cf. Vet. Stat. (N. f° 12 verso).

dans la salle de la Sorbonne, la quatrième lors de l'avent (*de quolibet*) [1]. Tous ces actes devaient être accomplis avant la Sainte-Catherine de l'année de la licence [2]. On pouvait échanger la dispute *de quolibet* contre un sermon à faire après la maîtrise. On devait consigner deux francs entre les mains du bedeau, en gage de l'accomplissement de cette obligation [3]. A la fin du xve siècle, il n'est plus question de la dispute *de quolibet* [4]; mais l'argumentation, soutenue en Sorbonne pendant les vacances, acquit beaucoup d'importance et de solennité sous le nom de *sorbonique* [5], dès la fin du xve siècle. A cette époque, la dispute soutenue dans les vespéries d'un nouveau maître prit le nom de *magna ordinaria* ; et la dispute, soutenue lors d'une aulique, celui de *parva ordinaria* [6].

[1] Vet. Stat. (B. IV, 427), et (d'Arg., p. 465, b. 34). Cependant ailleurs (Vet. Stat. d'Arg., p. 467, a. 47) on ne compte pas le *de quolibet*, et les disputes sont réduites à trois : *aulica, ordinaria, Sorbonica.* Cf. infra.

[2] Vet. Stat. (d'Arg., p. 466, a. 39).

[3] Vet. Stat. (d'Arg., p. 465, b. 34). Cet échange est cependant interdit (p. 466, b. 42).

[4] Il est évident, d'après Vet. Stat. (d'Arg., p. 466, b. 43), que cette dispute avait moins d'importance que les autres. — Il était défendu de lire son argumentation (Vet. Stat. d'Arg., p. 466, b. 42).

[5] Telle est aussi l'opinion de Richer (III, 23) sur l'origine de la Sorbonique. Il n'admet pas, et avec raison, l'opinion commune qui attribue au mineur François Mayronis l'institution de cette dispute (Cf. Wadding., *Ann. Min.*, éd. Rome, VII, 11). Suivant Richer, Genebrard est le premier qui ait avancé ce fait, de sa propre autorité, et par conjecture. L'origine de cette dispute est certainement beaucoup plus moderne. Au xive siècle, les bacheliers de tous les degrés disputaient en Sorbonne, et même tous les ans (Cf. supra et St. U. W. Kollar, p. 145, § 10); et alors la Sorbonique des bacheliers formés ne semble pas avoir été plus particulièrement distinguée de celles des *cursores*. Les statuts de la Faculté de théologie de Vienne ne la mentionnent que très-brièvement, et en passant, avec la Sorbonique des *cursores* (Kollar, p. 146).

[6] Il en était déjà ainsi vers 1493. Voir l'énumération des actes d'Eleutherius dans Launoi, opp. II, 386. — L'*ordinaria* est séparée de l'*aulica* (Vet. Stat. d'Arg., p. 467, a. 47). On trouve dans un statut de la Faculté de théologie du 4 novembre 1523 (d'Arg., p. 474, b. 10) : *Ut sint baccalarii magis solliciti respondere de parvis ordinariis in aulâ sub novis*

Dans tous les actes, dans toutes les disputes solennelles de la Faculté, on argumentait avec des formes rigoureusement syllogistiques. Le répondant reproduisait l'objection de l'opposant mot pour mot; il répétait une seconde fois les propositions qu'il contestait, et leur opposait un syllogisme. L'opposant suivait la même méthode [1]. Ces actes étaient souvent tumultueux; les assistants, même les religieux, riaient aux éclats, sifflaient, huaient, trépignaient. La Faculté interdit ces désordres et menaça les délinquants d'une amende de 10 sous [2].

DE LA LICENCE. — Quelque savant que l'on fût en théologie, on ne pouvait prêcher et enseigner publiquement sans mission, sans autorisation préalable. Le pape, chef des évêques, pouvait envoyer en tout diocèse certaines personnes prêcher ou exercer toute autre fonction relative au gouvernement des âmes. Il déléguait ce droit au chancelier de Notre-Dame pour l'exercer en son nom; il le chargeait d'examiner à sa place la capacité de ceux qui devaient prêcher et enseigner la parole de Dieu. Le chancelier était donc le représentant du pape [3]. Il était sans doute institué par une bulle [4]. Il prêtait serment, lors de son installation, en présence des chanoines de Notre-Dame, du recteur, des députés de l'Université (un maître en théologie, un maître en décret, et les quatre procureurs), qui représentaient cette corporation, et de l'official qui représentait l'évêque de Paris [5].

---

magistris... — On trouve déjà l'expression *ordinaria principalis* dans Vet. Stat. (d'Arg., p. 466, b. 43).— Sur le rôle que jouaient les bacheliers formés dans les vespéries et l'aulique, voir infra p. 155.

[1] Ramus, *Proœm. reform. Acad. Paris*, à la fin. Cette petite scène de comédie n'est pas reproduite dans l'édition française.

[2] Vet. Stat. (N. f° 12 verso).

[3] *Commissarius Papæ* (Petrus Alliacus, *Tractatus I adversùs Cancellarium Parisiensem*, Gersonii, opp. ed. du Pin. I, 755 B.)

[4] Cf. supra p. 54.

[5] Voir l'acte authentique dressé en 1349, à l'occasion de la réception du chancelier, dans B. IV, 518.

Dans la Faculté de théologie, la licence n'était conférée que tous les deux ans; l'année de la licence était dite l'année du jubilé, ou simplement le jubilé [1]; ce jubilé ouvrait la Toussaint de toutes les années impaires [2]. Les bacheliers, surtout les religieux, cherchaient à obtenir du pape l'autorisation de recevoir leur licence en dehors du jubilé. Ils se faisaient recommander au pape par des princes, des seigneurs, et même par des dames. Ces faveurs causaient des jalousies et des divisions dans le sein de la Faculté [3]. Elles diminuaient le nombre des bacheliers formés, dont la présence était nécessaire à la célébrité des actes de la Faculté [4]. La Faculté défendit aux bacheliers formés de faire intervenir l'autorité du Pape, et de se faire conférer la licence en temps extraordinaire sans l'assentiment de tous les maîtres [5].

Les bacheliers formés, qui devaient accomplir leur stage à la Sainte-Catherine de l'année du jubilé, demandaient à la Faculté, vers la Toussaint [6], d'être présentés au chancelier pour la licence. Ils présentaient chacun une cédule où ils consignaient leur temps d'études, leurs actes et leurs degrés; ils en affirmaient le contenu par serment [7]. S'ils étaient acceptés, ils étaient présentés au chancelier, dans la salle de l'évêché, chacun par leur maître, devant la Faculté [8]. Le

---

[1] *Annus jubilæi, jubilæus.* (Vet. Stat. passim). C'est une expression métaphorique empruntée de la coutume juive (*Lévitique*, XXV, 10). Le jubilé était l'année de délivrance pour les bacheliers formés.

[2] Statuta Fac. theol. Univ. Tholosanæ. 1380 (Bibl. nat. 4222, 96 recto). — On voit par les listes de licence que le jubilé tombait toutes les années impaires.

[3] Stat. Fac. Theol. 1435, ap. Richer, III.

[4] Stat. Fac. Theol. Univ. Thol., 1380. 96 recto.

[5] S. F. T. 1435, et Vet. Stat. (d'Arg., p. 466, 39).

[6] Le premier jour scolaire, ou la première messe après la Toussaint (Vet. Stat. d'Arg., p. 466, 39).

[7] Ordonnance du roi. 1426 (B. V, 379).

[8] Stat. Fac. Th. Univ. Wiennensis (Kollar, p. 155), et Ordonnance du roi. 1426 (B. V, 379).

chancelier assignait à chaque bachelier le jour où il devait être examiné. Cet examen n'était pas public ; le chancelier et les maîtres y assistaient seuls. Le chancelier argumentait contre le candidat. L'examen terminé, le candidat se retirait, et le chancelier interrogeait chaque maître sur la moralité, la science, l'éloquence et l'avenir probable du candidat [1]. Cet examen n'était qu'une pure formalité. Le bachelier qui avait fait son temps et soutenu tous ses actes était considéré comme ayant droit par cela seul à la licence [2]. D'un autre côté, le chancelier ne pouvait s'opposer à la volonté de la Faculté ; et quoiqu'il en eût le droit, il n'aurait pu en user sans être obligé de soutenir une lutte fâcheuse contre l'Université [3].

Le chancelier envoyait vers Noël [4], à chacun des bacheliers qu'il avait examinés, un billet appelé *signetum* pour leur désigner le jour et le lieu où il devait lui conférer la licence [5]. Après la réception de ces billets, les bacheliers se considéraient comme assurés de leur licence. Ils réunissaient leurs maîtres et leurs amis pour leur donner le vin et les épices [6] ; ils prononçaient, à cette occasion, une harangue où ils mêlaient aux remerciements et aux actions de grâces des paroles mordantes contre ceux à qui ils en voulaient [7].

[1] Stat. Fac. Th. Univ. W. (Kollar, p. 155).

[2] Ordonnance du roi, à l'occasion de l'affaire de Jean d'Esclavonie, en 1426 (B. V, 377).

[3] Gerson, *Epistola de reformatione theologiæ* (opp. I, p. 124).

[4] *Dedans l'ordinaire de Noël* (arrêt du parlement, 1385. B. IV, 609).

[5] Arrêt du parlement en 1585 (B. IV, 607). La licence était conférée ordinairement en janvier ou en février (Listes de licence ms.).

[6] Stat. Fac. Th. Univ. Wienn. (Kollar, p. 146).

[7] Vet. Stat. (art. 59, ap. Richer, III) : Præcipitur baccalariis quòd in signetis eorum sub gravi pœnâ ne verba mordacia aut injuriosa proferant, et quòd illa quæ dicunt in signetis dicant memoriter. — C'est évidemment une cérémonie semblable à celle qui avait lieu sous le même nom dans la Faculté de médecine. Cf. infra. Je crois que Richer se trompe en interprétant ici le mot *signetum* par le mémoire écrit que les bacheliers remettaient à la Faculté, et où ils consignaient tous les actes de leur stage. Ce mémoire était appelé *cedula*.

Le jour fixé, les bacheliers se rendaient en grande pompe, avec toute la Faculté, à la salle de l'évêché. Le chancelier prononçait une harangue et faisait proclamer les noms des bacheliers auxquels il allait conférer la licence. L'ordre dans lequel ces noms étaient proclamés devait être l'ordre de mérite. Mais souvent on achetait un rang, ou, comme on disait, un *lieu* honorable à prix d'argent, ou par des recommandations de princes, de seigneurs ou de grandes dames ; le premier lieu, surtout, se payait fort cher [1]. Les bacheliers proclamés prêtaient serment entre les mains du chancelier ; puis, ils se mettaient à genoux [2], et le chancelier leur conférait, en vertu de l'autorité du Saint-Siége, au nom du Père, du Fils et du Saint-Esprit, l'autorisation (*licentia*) d'enseigner, de prêcher et d'exercer toutes les fonctions des maîtres en théologie à Paris et partout ailleurs [3].

DE LA MAITRISE. — Après avoir reçu la licence, on passait dans l'année les actes qui ouvraient l'entrée de la corporation des maîtres. Ces actes étaient au nombre de trois : *vespéries, aulique et resompte*. Ils n'étaient pas institués pour éprouver la capacité du récipiendaire. La maîtrise était à la licence ce que les noces sont à la bénédiction nuptiale : une solennité célébrée en l'honneur et à l'occasion du sacrement qu'on vient de recevoir [4].

Quinze jours avant ses vespéries, le licencié, revêtu de sa

---

[1] Petrus Alliacus, *Tract. I adv. Canc. Paris.* (Gerson, opp. ed. du Pin., I, 735, A.).

[2] Stat. Fac. Th. Univ. Wienn. (Kollar, p. 156).

[3] La formule est dans Gerson., *de Examinatione doctrinarum* (opp. I, 10) : Ego auctoritate apostolicâ do tibi licentiam legendi, regendi, disputandi, docendi in sacrâ theologiæ facultate hic et ubique terrarum, in nomine Patris, et Filii, et Spiritùs Sancti. Amen.

[4] Petrus Alliacus, *Tract. II adv. Canc. Paris.* (Gerson, opp. I, p. 767, c. 769). — Je décris ces actes d'après les statuts de la Faculté de théologie de Vienne. On y lit (p. 147-56) : In licentiâ et vesperiis et in doctoratu conforment se (licentiandi) in actibus scholasticis Facultati theologiæ Parisiensis studii, secundum formam infra scriptam.

robe, allait chez tous les maîtres et les bacheliers formés pour leur porter les titres [1] de quatre questions dont deux devaient être disputées dans les vespéries et deux dans l'aulique. Il demandait à la Faculté qu'elle lui désignât un de ses anciens pour argumenter contre lui dans les vespéries. Dans cet acte, le maître-président énumérait d'abord les raisons pour et contre sur l'une des questions qui devaient être disputées. Un *cursor* ou un bachelier formé décidait la question par un certain nombre de conclusions et d'arguments. Le maître-président posait des objections contre lui, et, après le maître, tous les bacheliers formés. On n'adressait des objections qu'au bachelier qui avait posé les conclusions, et celui-ci ne répliquait pas. Ensuite, l'ancien maître désigné posait la seconde question au licencié ; il en expliquait les termes, il énumérait les raisons pour et contre. Le licencié décidait la question par une série d'articles et de conclusions ; le maître qui l'avait posée argumentait contre le licencié et répliquait à ses objections. Le plus ancien après ce maître, argumentait et répliquait contre le licencié. Cette dernière argumentation épuisée, le président terminait l'acte par une harangue où il faisait l'éloge du licencié [2].

L'*aulique* avait lieu dans la salle de l'évêché *(in aulâ episcopi)*. Le chancelier ou le maître qui présidait à l'acte imposait au licencié le bonnet doctoral en lui disant : *Incipiatis in nomine Patris, Filii et Spiritûs Sancti. Amen.* Le nouveau maître prononçait une harangue à la louange de l'Ecriture sainte et posait la première question. Un bachelier formé donnait sa décision, à laquelle des objections étaient successivement opposées par le nouveau maître, par le président, et enfin par le chancelier. Ensuite, un ancien maître posait la seconde question, en expliquait les termes, énumérait les

---

[1] Les titres des questions étaient souvent rimés. (Kollar, p. 137).
[2] Kollar, p. 157.

raisons pour et contre. Le nouveau maître donnait sa décision; le plus jeune maître posait des objections et répliquait; puis, un autre maître, parmi les plus anciens, reprenait la même question, en expliquait les termes autrement que celui qui l'avait posée, et critiquait ses explications. Le maître qui venait après le plus jeune donnait sa décision sur la question ainsi posée, et contredisait le plus jeune maître, soit par des assertions, soit par des arguments. On ne lui répliquait pas, et quand il avait posé ses conclusions, l'acte était terminé [1].

L'un des jours suivants, le nouveau maître faisait sa première leçon. Il prononçait une harangue à la louange de l'Ecriture sainte sur le même texte que la première. Il reprenait la question qu'il avait décidée dans ses vespéries, et répliquait aux objections qu'on lui avait posées. Il terminait en rendant des actions de grâces à Dieu, à la Vierge, aux Anges, aux Saints et à tous ses bienfaiteurs.

Au commencement de l'année scolaire qui suivait le jubilé, le nouveau maître prenait possession de la régence dans un acte appelé *resompte*. Il posait de nouveau la question qu'il avait résolue dans son aulique. Un *cursor*, ou un bachelier formé donnait sa décision; le nouveau maître, et après lui tous les bacheliers formés, faisaient leurs objections. Ensuite le maître reprenait la question, la décidait par des conclusions et des corollaires, et répliquait aux objections qui lui avaient été adressées [2].

Frais d'études et d'actes. — Les étudiants ne payaient rien [3] aux maîtres, qui du reste faisaient à peine des leçons ; on ne sait ce qu'ils payaient aux bacheliers dont ils suivaient les cours.

De 1449 à 1463, les bacheliers payaient à la Faculté 20 s., lors de leur premier cours de Bible ; 20 s., lors du second ;

---

[1] Kollar, p. 158.
[2] Kollar, p. 159, 160.
[3] Petrus Alliacus, *Tract. II adv. Canc. Paris.* (Gerson, opp. 1, 768, A.)

24 s., lors du premier *principium*; 37 s., lors de la licence [1].

Les frais indéterminés étaient beaucoup plus considérables; on donnait des *bourses* aux bedeaux à chaque acte que l'on passait. On donnait de 10 à 12 fr. au chancelier, lorsqu'il envoyait le *signetum* [2]. Cet usage fut attaqué avec vivacité, en 1385. L'Université défendit au chancelier de rien recevoir à l'occasion de la licence [3]. Le chancelier réclama ce qu'il appelait ses droits, et en appela au parlement. Pierre d'Ailly soutint à cette occasion que le pouvoir de prêcher et d'enseigner la théologie était un pouvoir spirituel; que par conséquent le conférer pour de l'argent était simoniaque; qu'enfin soutenir le contraire était hérétique [4]. Malgré tous ces beaux raisonnements, le chancelier resta en possession du droit de recevoir une certaine somme des licenciés. On distribuait le vin et les épices aux maîtres pendant l'examen de licence [5]. Chaque maître et chaque bedeau devait recevoir deux bonnets, lors de l'aulique [6]. A chaque acte que l'on passait, il était d'usage de donner un repas [7]; le festin le plus considérable était réservé pour l'aulique, et, comme on disait, pour la *fête du doctorat* [8]. On invitait toute la Faculté, par fois tous les maîtres ès-arts de sa Nation, les bacheliers formés, les licenciés, ses amis, etc. [9]. Dès 1311, Clément V défendit dans le concile de Vienne de dépasser la somme de

---

[1] *Liv. du gr. bed.* On ne trouve rien de relatif au doctorat.

[2] Arrêt du parlement en 1385 (B. IV, 607). Cf. Stat. Fac. Th. Univ. Thol., f° 96 verso.

[3] B. IV, 605. — Cf. Vet. Stat. (d'Arg., p. 462, 1).

[4] Petrus Alliacus, *Tractatus duo adversùs Cancellarium Parisiensem* (Gerson, opp. I, 723-778).

[5] Arrêt du parlement en 1385. (B. IV, 610).

[6] S. F. T. 1436 (d'Arg., p. 475).

[7] Vet. Stat. (N. f° 14 recto).

[8] *Festum doctoratûs.*

[9] Cf. B. V, 864.

3000 tournois à l'occasion du doctorat [1]. Les licenciés juraient d'observer le décret, qu'on éludait sans doute. Dans les corporations, ces dépenses facultatives se règlent toujours sur les dépenses des plus riches. Les pauvres ne veulent pas paraître rester en arrière, par amour-propre. A l'occasion de la fête du doctorat, la Nation, la communauté accordait ordinairement à ses membres un secours [2]. Mais ces frais n'en étaient pas moins ruineux. Pour arriver au titre de maître, on consumait son patrimoine, on épuisait la bourse de ses amis, on restait souvent endetté et besogneux pour le reste de sa vie [3].

D. DES MAITRES.

Les maîtres devaient faire des sermons et des leçons, et soutenir périodiquement des argumentations les uns contre les autres. L'obligation de présider les actes des bacheliers et des licenciés leur fournissait un prétexte de se dispenser de leurs autres devoirs [4].

Comme les sermons manquaient dans l'Université, la Faculté décida que chaque maître devrait faire chaque année un sermon, soit par lui-même, soit par procureur, sous peine d'être privé des droits de régence [5].

---

[1] Le décret est dans B. IV, 142. — Vers 1311, 3000 tournois d'argent ou sous tournois, valaient 2,070 francs, au marc, au pouvoir de 12,420 francs. Cf. Savigny, III, p. 164, n. g. D'après son estimation, cette somme aurait valu 2,380 francs, au marc.

[2] R. N. F. 1448, 25 mai. R. N. A. 1404, 27 janvier. 1427, 18 novembre. 1428, 26 février. 1429, 19 mars. Et Launoi, *Regii Navarræ Gymn. Paris. Histor.* (opp. VII, p. 382, 383).

[3] Nicolaus de Clamengiis, *Liber de Studio theologiæ* (d'Achèry, *Spicilegium*, VII, p. 154).

[4] Réf. de 1452 (B. V, 565).

[5] Vet. Stat. (d'Arg., p. 467, 52).

La réforme de 1452 exigea qu'ils fissent leçon au moins tous les quinze jours, et qu'ils ne la différassent pas au-delà de trois semaines [1]. Les maîtres ne faisaient donc pas de cours suivi ; ils abandonnaient l'enseignement régulier aux *biblici* et aux *sententiarii*. Ils ne faisaient sans doute leçon que sur la question qu'ils devaient discuter dans une prochaine argumentation. Au XVIe siècle, avant 1521 [2], l'exercice de la régence se réduisait, pour eux, à une seule leçon faite le jour de la Sainte-Euphémie, et à la présidence des actes publics.

La maîtrise en théologie était donc une sorte de canonicat. Outre les présents qu'ils recevaient des bacheliers licenciés, lors de leurs actes, ils percevaient par an 25 s., à titre de droit d'assistance aux offices de la Faculté [3]. Ils possédaient ordinairement plusieurs bénéfices, mais les séculiers n'y résidaient pas ; ils aimaient mieux demeurer à Paris [4]. Quand on avait passé quatorze ans au milieu des théologiens subtils de la grande Université, on était peu disposé à s'enterrer au milieu de populations ignorantes et sauvages. Ainsi la Faculté de théologie, au lieu d'être un séminaire, était plutôt une sorte d'Académie [5].

E. DE LA LIBERTÉ D'EXAMEN DANS LA FACULTÉ DE THÉOLOGIE.

Chargés d'enseigner la parole de Dieu, les docteurs en théologie devaient défendre la vérité catholique consignée

---

[1] B. V, 565.
[2] Arrêt du parlement dans B. VI, 133.
[3] *Liv. du gr. bed.*
[4] Entre 1456 et 1464, les maîtres régents en théologie ont été en moyenne de 43 (*livre du grand bedeau*).
[5] N. Clemengis, *Lib. de Stud. Th.* (*Spic.*, d'Ach., VII, p. 141).

dans l'Ecriture sainte, et confondre l'hérésie, qui est le contraire de la vérité catholique. Soutenir le vrai, c'est combattre le faux, qui est l'opposé du vrai. En conséquence, la Faculté de théologie s'attribuait le pouvoir de décider souverainement si telle doctrine religieuse était vraie ou fausse, orthodoxe ou hérétique. L'évêque et en dernier ressort le pape ne pouvaient avoir qu'une puissance judiciaire et coercitive; ils ne faisaient qu'appliquer la peine. En effet, il fallait rendre raison théologiquement de la condamnation; et c'était impossible, sans avoir recours à la science théologique, c'est-à-dire à ses dépositaires, les docteurs en théologie. Le pape lui-même ne pouvait donc pas décider souverainement en matière de dogme. Tel était le système que Pierre d'Ailly soutint, en 1387, devant le pape Clément VII [1]. Suivant ces principes, la Faculté de théologie exerçait des fonctions analogues à celles du jury, dans nos cours d'assises, et le pouvoir épiscopal et pontifical était comme la cour.

Ces prétentions n'étaient pas illusoires. Composée de réguliers de tous les ordres et de séculiers de toutes les nations, la Faculté de théologie de l'Université de Paris renfermait alors tout ce que la chrétienté comptait de théologiens éminents. Et au XIVe siècle, elle était seule pour ainsi dire. Aucune autre n'était composée de plus de membres et de docteurs plus distingués. Toutes les nations étaient admises à la Sorbonne; tous les ordres religieux étaient représentés à Paris par l'élite de leurs Frères. Il ne semblait pas qu'on pût trouver ailleurs un tribunal plus impartial et plus éclairé.

Il est important d'étudier comment la Faculté conciliait, avec l'obligation de défendre l'orthodoxie, cette liberté de discussion et d'examen nécessaire à la culture de l'esprit et à la théologie, comme à toute autre science.

On n'accordait pas à tous les auteurs le même dégré d'au-

[1] *Tractatus contra Joannem de Montesono* (d'Arg., I, partie 2, p. 77, 80).

torité. Telle doctrine était approuvée et répandue dans l'Eglise comme utile et vraisemblable; telle autre devait être vraie en toutes ses parties; telle autre enfin devait être absolument exempte d'erreur et d'hérésie. Ces deux derniers degrés d'autorité devaient être attribués à l'Ecriture sainte et aux livres canoniques, comme une prérogative spéciale. Les docteurs les plus accrédités ne pouvaient prétendre qu'au premier degré d'autorité; et ce degré d'autorité était compatible non-seulement avec des opinions fausses, mais encore avec des assertions erronées en matière de foi. On pouvait donc contredire les docteurs les plus illustres, tout en témoignant pour leur personne de la vénération et du respect [1]. On s'accordait généralement à reconnaître un certain nombre de points indéterminés sur lesquels on pouvait soutenir des assertions divergentes, sans danger pour la foi et pour les mœurs. Prétendre enchaîner les hommes par autorité à telle ou telle décision en cette matière, c'était, disait-on, mettre obstacle au progrès des études, et à la découverte de la vérité qu'une libre discussion pouvait seule mettre au jour [2].

La méthode d'enseignement usitée dans la Faculté de théologie était très-favorable à la pratique de ces principes. Cette habitude de ne décider qu'après avoir posé le pour et le contre, l'obligation de tenir compte de toutes les objections donnaient à l'esprit des habitudes de liberté [3]. On mettait de l'amour-propre à ne pas faire usage de l'autorité de l'Ecriture et à n'employer que le pur raisonnement [4]. C'était une preuve d'esprit et de finesse. Pierre d'Ailly, dans un de ses *principia*, se défend avec aigreur d'avoir soutenu des propositions qu'on

---

[1] Petrus Alliacus, *Tract. contra J. de Mont.* (d'Arg., p. 115, 116).

[2] Gaufridus de Fontibus, vers 1277 (apud d'Argentré, I, partie 1, p. 214, 215).

[3] L'argumentation de Duns-Scot avait ébranlé chez un jeune homme la croyance au mystère de l'Eucharistie (Erasme, *de Ratione veræ theologiæ*, opp. Lugd. Batav., V, 155).

[4] N. Clemengis, *lib. de Stud. Th.* (Spic., d'Ach., VII, p. 151).

ne puisse combattre sans être hérétique : « S'il en était ainsi, dit-il, je ne crois pas qu'on pût m'en blâmer. Mais, avec la permission de mon adversaire, cela n'est pas vrai. J'ai avancé plusieurs propositions dont le contraire est soutenu par de grands docteurs [1]. » Tous les vices inséparables d'une culture intellectuelle exclusive se manifestaient déjà parmi les théologiens du xive siècle. On se croyait obligé à tout résoudre [2]; on préférait des doctrines nouvelles et hasardées à des doctrines plus vraies, mais qui semblaient surannées [3]. On méprisait ce qui paraissait trop clair; on n'estimait que ce qui demandait des efforts et du travail [4]. Ces études abstraites desséchaient l'âme des docteurs [5]; ils faisaient peu de cas de la dévotion pratique et des livres qui peuvent l'inspirer [6]; ils étaient eux-mêmes dépourvus de chaleur et d'onction; ils ne savaient pas parler au cœur de leurs auditeurs; la dispute les dégoûtait de la prédication [7].

On voit que l'orthodoxie du moyen-âge se conciliait avec une liberté qui paraissait même parfois excessive. Cette hardiesse était sans conséquence dans un temps où tout le monde était d'accord sur les principes essentiels et fondamentaux.

La Faculté exerçait cependant sur ses suppôts un pouvoir judiciaire et coercitif [8]. Au commencement de leurs actes, les bacheliers protestaient [9] qu'ils se soumettaient à la correction charitable de la Faculté, et s'engageaient à rétracter toutes les assertions qui seraient contraires aux décisions de l'Eglise romaine, à la foi ou aux bonnes mœurs; qui offenseraient les

---

[1] Petrus Alliacus, *Quæstiones in IV libros Sententiarum et Principia.* Paris. Ieh. Gauthier. f⁰ 34 recto.
[2] Gerson, *Contra vanam curiositatem in negotio fidei* (opp. I, 93).
[3] Gerson, *Contr. van. cur.* (opp. I, 97).
[4] Gerson, *Contr. van. cur.* (opp. I, 105).
[5] N. Clem., *de Stud. Th.* (Spic., d'Ach., VII, 157).
[6] Gerson, *de Examinatione doctrinarum* (opp. I, p. 21, C.).
[7] N. Clem., *de Stud. Th.* (Spic., d'Ach., VII, 151).
[8] P. Alliacus, *Tract. contra J. de Montesono* (d'Arg., p. 78).
[9] Gerson, opp. V, 427.

oreilles pieuses ou seraient favorables aux articles de Paris ¹.
Il est à remarquer que les bacheliers n'ont jamais été mis en
cause pour leur enseignement, mais pour des propositions
soutenues dans les actes probatoires ². Les disputes avaient
autant d'importance et même plus d'importance que l'enseignement. Elles étaient entourées d'une solennité et d'une publicité qui manquaient aux leçons.

Quand les assertions d'un bachelier avaient paru scandaleuses, voici comment procédait la Faculté. Le coupable n'était pas immédiatement déféré à l'évêque. C'eût été décourager les bacheliers et les dégoûter d'exercices utiles pour la défense de la foi ³. La Faculté s'assemblait sur la dénonciation qui lui avait été adressée, et invitait l'accusé à comparaître; le doyen lui lisait les propositions qu'on lui imputait, et lui demandait s'il s'en reconnaissait l'auteur. La Faculté nommait une commission mixte de maîtres réguliers et séculiers pour examiner les propositions ⁴. Dans les affaires graves, on envoyait la liste des propositions incriminées à chaque docteur et aux principaux bacheliers, avec prière de donner leur avis ⁵. On laissait à chacun, pour cet examen, tout le temps qu'il croyait nécessaire ⁶. Les commissaires ou les docteurs donnaient chacun leur opinion en protestant qu'ils n'entendaient faire tort à personne et qu'ils n'agissaient que dans l'intérêt

---

[1] La formule de cette protestation se trouve dans Denys de Citeaux. *I principium*, f° 2 recto. Elle est reproduite en termes presque identiques dans Stat. Fac. Theol. Univ. Wiennensis (Kollar, p. 135).

[2] P. Alliacus, *Tractatus adversus J. de Montesono* (ap. Launoi, *de Scholis celebrioribus*, opp. VII, p. 161) : Horum privilegiorum judiciariâ potestate maximè uti debent in his quæ scholasticos actus concernunt.— Magistri et baccalarii... qui inquisitioni catholicæ veritatis in actibus scholasticis insistunt.

[3] P. Alliacus, *ibid.*, ap. Launoi, opp. VII, p. 161.

[4] P. Alliacus, *ibid.* (ap. Launoi, *de Scholis celebrioribus*, cap. 60, art. 8).

[5] Launoi, *de Schol. celebr.* (opp. VII, p. 145, 146).

[6] Id., *ibid.* (opp. VII, p. 150, 151).

de la foi[1]. Si les propositions étaient condamnées[2], le coupable était sommé de les rétracter publiquement, et quelquefois de soutenir le contraire dans sa prochaine dispute[3]. S'il s'y refusait, la Faculté le dénonçait à l'évêque de Paris, qui procédait contre lui suivant les canons.

Les garanties étaient donc multipliées dans cette procédure. Ce luxe de précautions ne tenait pas seulement aux habitudes d'indépendance de l'Université ; les bacheliers de la Faculté de théologie appartenaient presque tous à quelque puissante communauté disposée à prendre fait et cause pour eux, et capable de les défendre contre des jugements téméraires et précipités.

Certainement, la Faculté jouissait, au moyen-âge, d'une liberté incomparablement plus grande qu'au XVIIe siècle. Au moyen-âge, elle se gouvernait avec une absolue indépendance ; elle n'était pas assujétie à cette exacte discipline qu'impose la présence de l'ennemi. Au XVIIe siècle, les théogiens avaient pris l'habitude d'invoquer l'intervention du pouvoir civil pour imposer silence à leurs adversaires ; d'un autre côté, la nécessité d'une étroite union, en présence du protestantisme, diminuait singulièrement le nombre des questions librement discutables.

[1] Id., ibid. (opp. VII, p. 137, 138).
[2] Cette condamnation n'avait d'autorité que lorsqu'elle était prononcée à l'unanimité (P. Alliacus, ap. Launoi, opp. VII, p. 120), et c'est ce qui arrivait le plus souvent. Voir les passages rassemblés par Launoi (opp. VII, 113-123).
[3] Launoi, VII, p. 154, 155.

CHAPITRE III.

FACULTÉ DE DÉCRET.

Au XIIe siècle, Bologne était le vrai centre de l'enseignement du droit civil et du droit canon, comme Paris était la métropole de la théologie et de la logique[1]. Les jurisconsultes de Bologne avaient autant de réputation que les théologiens et les artistes de Paris. La grande affluence des étudiants à Paris devait y attirer aussi des professeurs de droit, qui y trouvaient une concurrence moins redoutable qu'à Bologne. Le droit civil et le droit canon étaient enseignés à Paris à la fin du XIIe siècle[2]. Cet enseignement prit même assez d'importance pour que les maîtres en droit canon et en droit civil fussent admis, en 1213, à participer aux priviléges des théologiens, des médecins et des artistes. Ils obtinrent, comme les autres maîtres, que le chancelier ne pût refuser la licence à ceux qu'ils lui présenteraient, tout en conservant le droit

---

[1] Gaufridus de Vino-Salvo, *poetria* (ap. Leyser, *Historia poematum medii ævi*), vers 1010-1011.

[2] Savigny, III, p. 266.

de la conférer à celui qu'il en jugerait digne [1]. C'est la première mention authentique de la Faculté de droit dans l'Université de Paris.

Cet enseignement n'a jamais été important au moyen-âge. Les professeurs de la Faculté de Paris n'ont pas eu de réputation. L'enseignement du droit romain disparut même à peu près complètement, et il ne resta que l'enseignement du droit canon qui se rattachait intimement à celui de la théologie. La Faculté de droit canon prit le nom de Faculté de Décret, de l'ouvrage de Gratien, qui fut la base de l'enseignement pendant un siècle [2].

L'enseignement du droit civil s'éteignit sans doute insensiblement. Il devait trouver à Paris peu d'étudiants et beaucoup de préventions. Les théologiens et les artistes ne considéraient pas la science du droit comme un art libéral. Pour eux, c'était un métier plutôt qu'un art [3]. Les écoles de droit civil étaient d'ailleurs nombreuses dans le midi de la France ; dès le XIIIe siècle, le droit fut enseigné à 24 lieues de Paris, à Orléans. De 1213 jusqu'aux dernières années du XVe siècle [4],

---

[1] Concordat de 1213 (archives de l'Université). On y lit : Licentiam legendi de decretis vel legibus.

[2] *Facultas decretorum, decretistœ*. Les glossateurs employaient ordinairement l'expression *in decretis* pour citer la collection de Gratien et la collection elle-même était appelée *decretum* (Walter, *Lehrbuch des Kirchenrechts*, § 101).

[3] Matthieu Paris, ad annum 1254 (éd. Paris, 1644, f° , p. 593, B. C. D.). Cf. la bulle d'Innocent IV (ibid. additamenta p. 124).

[4] Cf. une supplique de l'Université de Paris, en 1433, dans Félibien, *Preuves*, II, 594. On trouve en 1491 une mention d'un enseignement du droit civil en dehors de la Faculté (B. V, 807). La Faculté de décret avait le monopole de l'enseignement du droit dans Paris. On lit (R. N. A. 1492, 10 décembre) : Fuit quidam veniens ex Italiâ qui dicebat se esse doctorem, et sic affixit cedulas in vicis publicis, quatenus velit legere et..... publicè disputare in decretalibus post lectiones. Quod fuit contra decretistas. Quare supplicuerunt doctores... decretorum ut Universitas vellet defendere istud privilegium, scilicet, ut nemo legere deberet in istâ Facultate vel disputare, nisi prius habuerit veniam ab ipsâ Facultate vel fuerit incorporatus.

on ne trouve pas le moindre vestige d'un enseignement du droit civil dans l'Université de Paris. Dans les bulles de 1227 et de 1231, Grégoire IX ne parle que des maîtres en Décret. L'enseignement du droit canon semble avoir été une annexe de l'enseignement théologique [1]; il paraît être dans une dépendance étroite du chapitre de Notre-Dame, qui avait besoin de jurisconsultes habiles pour défendre ses grands intérêts. Le chancelier faisait jurer aux maîtres en décret qu'ils n'enseigneraient pas en dehors de la cité. Dans ses bulles, Grégoire IX associe constamment les maîtres en Décret aux théologiens ; en 1227, il les affranchit de l'obligation de n'enseigner que dans la cité [2] ; en 1231, il soumet la licence des maîtres en Décret aux mêmes conditions que celles des théologiens [3]. Dans ces bulles, on ne trouve pas la moindre allusion à des maîtres en droit romain. La fameuse décrétale rendue par Honorius, en 1219 [4], pour interdire à Paris et aux environs l'enseignement du droit civil, n'eut sans doute d'autre résultat que d'exprimer formellement une exclusion déjà accomplie en fait. Elle était d'ailleurs très-conforme à l'esprit d'anciennes décrétales, aux préjugés, et même aux intérêts des théologiens et des artistes. Ce serait se faire une idée fort exagérée de la puissance des papes au moyen-âge, que de croire que la décrétale d'un pape ait suffi pour abolir un enseignement ou pour l'empêcher de renaître. On respectait beaucoup les papes au moyen-âge ; mais, la plupart du temps, on n'exécutait leurs décisions qu'autant qu'on le voulait bien. On ne leur opposait pas toujours une résistance ouverte et systématique, mais on les négligeait tacitement.

---

[1] *On sait que la médecine est la pratique de la physique, et adidem, le droit canon la pratique de la théologie* (le procureur général, en 1521 ; B. VI, 136).

[2] B. III, 124.

[3] B. III, 140.

[4] B. III, 96.

La décrétale d'Honorius en est elle-même un exemple ; elle n'empêcha pas l'enseignement du droit de s'établir à Orléans, qui était certainement une ville *voisine* de Paris.

On n'a de renseignements sur l'organisation de la Faculté de Décret qu'à partir de la fin du xiv° siècle [1]; sa constitution ne paraît pas avoir beaucoup changé depuis jusqu'à l'année 1534, où elle subit une révolution complète. Nous allons l'exposer telle qu'elle était à la fin du xv° siècle.

---

[1] Comme les autres corporations de l'Université, la Faculté de décret avait un *livre* et des *registres*. 1° Le livre de la Faculté de décret existait encore du temps de Crevier, qui le cite quelquefois. Je ne sais ce qu'il est devenu ; mais la bibliothèque de l'Arsenal en possède (ms. *Histoire latine*, n° 137, in-4°,) une copie qui paraît faite avec beaucoup de soin, et qui date vraisemblablement du xvii° ou du xviii° siècle. Je cite d'après cette copie que je désigne par les initiales (L. D.). Le livre de la Faculté de décret est composé de quatre parties : un calendrier où sont marqués les jours de congé et les vacances, un inventaire de la bibliothèque de la Faculté au xv° siècle (on y trouvait *Orationes Tullii*), une collection de statuts de la Faculté de décret, une collection de priviléges accordés à l'Université, et qui sont tous imprimés. Les statuts de la Faculté sont rangés méthodiquement sous différentes rubriques. Cette collection date vraisemblablement de la seconde moitié du xv° siècle. On y trouve (p. 154) un statut de 1496 ; mais il est écrit après les autres. Le décret rendu par le cardinal Alain, en 1456, est compris dans le corps des statuts. — La bibliothèque de l'Arsenal possède (ms. *Histoire latine*, n° 136, in-8°,) une copie sur parchemin et en écriture gothique, de quelques statuts et d'un calendrier. Le même volume contient des listes des membres du *collége* des docteurs pour les années 1398, 1440 et 1455, et une copie sur papier des statuts qui se trouvent dans le livre de la Faculté. Je désignerai le manuscrit en parchemin par les initiales V. L. *(vetus liber)*. — 2° On lit (L. D., p. 126) : Registrum Facultatis in quo continentur statuta, facta, dispensationes, et ordinationes Facultatis per decanum ejusdem secretè conservetur, nec ostendatur alicui nisi doctori regenti. Ce registre était vraisemblablement celui qui est mentionné (L. D., p. 124) : Ad officium decani spectat habere magnam papirum in quâ scribit omnes deliberationes Facultatis, nomina baccalariorum legentium et non legentium, licentiatorum, doctorum regentium et non regentium, et receptionem pecuniarum Facultatis. Ces registres existaient encore du temps de Ferrières *(Histoire du Droit romain.* Paris. 1783. p. 260-261). Mais on voit, d'après ses indications, qu'à cette époque, le premier de ces registres ne remontait pas au-delà du xv° siècle. Le même auteur mentionne (p. 262) un registre de recette

§ Ier.

DES ÉTUDIANTS.

La nécessité où étaient les évêques et les chapitres de défendre leurs intérêts temporels ouvrait beaucoup d'emplois aux canonistes. Ils étaient beaucoup plus recherchés que les théologiens, parce qu'ils étaient plus utiles [1]. La science du droit canon était considérée comme très-lucrative. Aussi, les fondateurs des colléges ne cherchèrent-ils pas à encourager des études que les hommes pieux trouvaient déjà trop cultivées. Dans les colléges de Paris, 13 bourses seulement étaient réservées aux étudiants en droit canon, et cette science partageait 88 bourses avec les autres Facultés; l'étude du droit canon était interdite aux Bernardins de Paris [2]. Les couvents des ordres mendiants paraissent avoir été réservés exclusivement à la théologie. La plupart des étudiants de la Faculté de Décret étaient donc libres, et ne faisaient partie d'aucune communauté; aussi étaient-ils fort indisciplinés.

Chacun d'eux devait s'attacher à un docteur qui avait seul droit de le réclamer à la prison du prévôt. Pour jouir des

qui comprenait les années 1517-1522. — D'Achèry a imprimé (*Spicilegium*, VI, 381 sqq.) d'après le manuscrit de Corbie (Bibl. nat., fonds Saint-Germain, 951,) des réglements sans date suivis d'un statut rendu par la Faculté en 1370. Ils ont été réimprimés par du Boulay (IV, 425-29). Le plus ancien statut de la Faculté de décret que je connaisse est de 1340 (V. L., 1 verso, 2 recto).

[1] Gerson, *de Examinatione doctrinarum* (opp. I, p. 11, B.) — Innocent IV s'en plaignait déjà (Bulle citée, p. 66, note 5).

[2] Statuts des Bernardins (Félib., *Histoire de Paris*, *Preuves*, I, 165).

priviléges de l'Université, les étudiants devaient suivre, au moins une ou deux fois par semaine, les leçons d'un bachelier sur les Décrétales, et celles d'un docteur sur le Décret [1]. Mais cette condition ne paraît pas avoir été jamais observée. Les docteurs vendaient des certificats d'études aux gens qui voulaient jouir des priviléges de l'Université; ils n'exigeaient aucune assiduité [2].

Il était interdit aux étudiants de troubler par des coups ou par des sifflets les docteurs, les bacheliers, les bedeaux et autres officiers de la Faculté dans l'exercice de leurs fonctions. Aux actes publics, ils devaient laisser le premier et le second bancs aux gradués; ils devaient porter ou faire porter au cours le livre qui était le texte de la leçon [3].

§ II.

DES BACHELIERS.

Dans la Faculté de décret, comme dans les autres Facultés, le baccalauréat était l'apprentissage de la maîtrise; et, comme dans la Faculté de théologie, les apprentis finirent par remplacer les maîtres.

On n'exigeait des candidats au baccalauréat aucun grade dans la Faculté des arts. Ils devaient seulement justifier d'une connaissance suffisante de la grammaire et de la logique [4]. Il était recommandé aux docteurs de ne donner de certificats

---

[1] V. L., f° 2 recto.
[2] Réf. de 1452 (B. V, 566).
[3] V. L., f° 2 verso.
[4] V. L., f° 3 recto.

d'études qu'à ceux qui s'exprimeraient correctement en latin [1]. Les réglements des colléges n'exigeaient qu'une instruction suffisante en grammaire, et dans les éléments de la logique, pour l'admission aux bourses de décret. Les candidats devaient affirmer par serment, en présence des docteurs, qu'ils avaient fait leurs études élémentaires en tel lieu et pendant tant d'années [2]. On n'exigeait donc dans la Faculté de décret que l'instruction que l'on recevait avant d'étudier dans la Faculté des arts.

Pour être admis, il fallait d'abord avoir étudié pendant trois ans le droit civil dans quelque autre Université; mais ce statut fut cassé par Innocent VI, à la requête du chancelier de Notre-Dame [3]. En effet, il excluait les religieux à qui l'étude du droit civil était interdite. En 1370, la Faculté décida que si l'on n'avait pas étudié le droit civil, il faudrait avoir étudié le droit canon pendant 48 mois, dans l'espace de six ans, dont 30 mois pour le Décret et 30 pour les Décrétales. Les étudiants en droit civil devaient justifier de 24 mois d'études en 3 ans, dont 21 mois employés à suivre des cours sur le Décret et les Décrétales. Les licenciés en droit civil étaient exempts de tout examen. Il était indifférent qu'on eût fait ses études à Paris ou dans une autre Université [4]. Les étudiants de la Faculté de Paris justifiaient de leur temps d'études, pour le Décret, par des certificats que leurs docteurs leur délivraient quatre fois par an, à Noël, à Pâques, à la Saint-Pierre et la Saint-Paul, et à la Saint-Remi; pour les Décrétales, par des attestations que leur donnaient les docteurs sur les certificats des bacheliers. Tous ces certificats n'étaient pas sérieux; pour les obtenir, il suffisait de les payer [5].

[1] L. D., p. 145.
[2] V. L., f° 5 recto.
[3] Crevier, II, 276.
[4] S. F. D. 1370 (B. IV, 428).
[5] S. F. D. 1370 (B. IV, 429).

Après avoir justifié du temps d'études devant la Faculté, les candidats étaient argumentés par les docteurs sur le droit canon. Dans les quinze jours qui suivaient cet examen, le nouveau bachelier devait accomplir deux actes publics appelés *propositum* et *harenga* ; ces actes devaient avoir lieu à l'époque où les docteurs faisaient leurs leçons ordinaires [1]. Le *propositum* contenait la décision motivée d'une ou de plusieurs questions de droit canon, avec réfutation des opinions contraires à celles que le bachelier avait adoptées [2]. Le bachelier faisait son *propositum* à l'heure et dans la salle où il devait lire [3]. S'il le faisait entre Pâques et la Saint-Jean-Baptiste (24 juin), il était tenu d'en faire un second après la Saint-Michel (29 septembre) [4]. D'abord, les bacheliers faisaient un *propositum* chaque année, mais on les en dispensa [5]. La *harenga* était un discours à la louange du droit canon [6]. Le bachelier commençait par invoquer le secours de Jésus-Christ ; il faisait ensuite l'éloge du droit canon sur un texte emprunté aux collections de décrétales ; il terminait en rendant des actions de grâces à Dieu, à la Vierge, à son patron et aux docteurs ; il énonçait sur chacun de ces points un nombre symétrique de propositions qu'il démontrait par majeure et mineure. Les termes de ces propositions étaient rimés. Les *proposita* et les *harengœ* étaient lus. La réforme de 1452 ordonna de les prononcer de vive voix, probablement sans succès [7].

---

[1] L. D., p. 12.

[2] Le manuscrit de Corbie (fonds Saint-Germain, 951,) en contient plusieurs.

[3] L. D., p. 12 et 15.

[4] Vet. Stat. (B. IV, 427).

[5] L. D., p. 53. Cf. L. D., p. 36. Ce statut fut rendu en 1390 (V. L., f° 4 verso).

[6] On en trouve plusieurs dans le manuscrit de Corbie (fonds Saint-Germain, 951).

[7] B. V, 569.

Les bacheliers ne lisaient que les Décrétales ; le Décret et trois décrétales étaient exclusivement réservés aux docteurs [1].

Les jours de congé étaient plus nombreux dans la Faculté de décret qu'en aucune autre. Outre les soixante fêtes communes à l'Université, la Faculté en avait 34 qui lui étaient particulières. Elle avait, en outre, vacances : 1° de la Saint-Pierre et la Saint-Paul (29 juin), jusqu'à l'Exaltation de la Sainte-Croix (14 septembre) ; 2° du dernier vendredi avant les Rameaux jusqu'au premier mardi après la *Quasimodo ;* 3° de la veille de la Pentecôte jusqu'au premier mardi après la Trinité ; 4° de la Saint-Côme et la Saint-Damien (27 septembre), jusqu'au lendemain de la Saint-Denis (10 octobre). Les cours des bacheliers devaient commencer le jour de la translation de Saint-Augustin (6 octobre), et finir à la Saint-Pierre et la Saint-Paul (29 juin) [2]. Ils n'étaient tenus qu'à trois leçons par semaine [3].

Ils devaient lire, dès le lever du jour, une heure avant le coup de prime de Notre-Dame. La leçon devait durer une heure [4]. Ils ne pouvaient lire que dans une salle qui appartînt à un docteur [5]. Si cette salle était en dehors de la rue du Clôt-Bruneau, le bachelier devait payer le même loyer que pour les écoles de cette rue. La Faculté se partageait la différence [6]. Le bachelier ne disposait de la salle que pour une année : il

---

[1] Cf. infra.

[2] Le calendrier du manuscrit de Corbie est plus détaillé que celui de L. D. — L. D., p. 26 et 34.

[3] L. D., p. 26.

[4] L. D., p. 31. Certains bacheliers lisaient aux nones de Notre-Dame, et aux nones des Jacobins (L. D., p. 84 et 26). Cf. B. IV, 428. — Les bacheliers sont souvent désignés sous nom de *legentes de mane* (L. D., p. 31 sqq.)

[5] L. D., p. 20. Lorsque les salles de tous les docteurs étaient occupées, il fallait une dispense spéciale de la Faculté pour être admis à lire dans une salle qui n'appartînt pas à un docteur (L. D., p. 25).

[6] L. D., p. 17.

ne pouvait retenir la salle pour l'année suivante qu'avec l'autorisation de la Faculté [1]. S'il avait lu pendant deux mois dans la salle d'un docteur, il devait y continuer ses leçons jusqu'à la fin de l'année [2].

Les bacheliers devaient lire les Décrétales dans l'ordre suivant : premier livre, 2e, 3e, 5e, 6e, 4e, Clémentines. Ils devaient achever, sans rien passer, le livre qu'ils avaient commencé ; ils pouvaient commencer un livre une année, et le reprendre l'année suivante au point où ils l'avaient laissé. Ils devaient lire le texte et les gloses, et ne pas s'égarer dans des digressions étrangères [3]. Avant 1355, ils parlaient d'abondance [4] ; plus tard, ils prirent l'habitude de lire leurs leçons. Cette méthode était fastidieuse pour les auditeurs et entraînait trop de longueurs ; la Faculté leur défendit de lire leurs leçons ; seulement, s'il se présentait quelque chose d'important, ils devaient le répéter au plus deux fois pour laisser aux auditeurs le temps d'écrire ; encore ne devaient-ils le faire que rarement [5].

Ces réglements, comme tous les réglements de la Faculté de décret, étaient fort peu observés. Pour en assurer l'exécution, la Faculté ordonna aux bacheliers de se faire délivrer chaque année, par leurs docteurs, une cédule où seraient marqués le livre qu'ils devaient lire, le jour et la salle où ils devaient commencer leurs leçons. Cette cédule, scellée du sceau du doyen, devait être remise par le bachelier au bedeau qui en proclamait le contenu [6]. Il est probable que les réglements n'en furent pas mieux observés. Toutes ces précautions n'étaient que des occasions de rançonner les bacheliers. Ils

---

[1] L. D., p. 32.
[2] L. D., p. 20, 21.
[3] L. D., p. 31-32. Réf. de 1452 (B. V, 567).
[4] S. F. A. (B. IV, 332).
[5] V. L., fo 8 verso. — L. D., p. 8.
[6] L. D., p. 22, 23.

payaient pour garantir l'exécution des réglements ; ils payaient encore pour s'en faire dispenser.

§ III.

DE LA LICENCE.

La Faculté de décret avait son jubilé comme la Faculté de théologie. La licence n'était conférée que tous les deux ans[1]. Après Noël, les bedeaux proclamaient l'ouverture du jubilé, et les aspirants à la licence devaient comparaître devant la Faculté, à sa prochaine messe[2]. La Faculté leur assignait le jour où ils devaient justifier qu'ils remplissaient les conditions exigées pour l'admission à l'examen.

Ceux qui n'avaient pas étudié le droit civil devaient d'abord justifier qu'ils avaient lu les quatre livres des Décrétales pendant 40 mois, répartis en l'espace de 4 ou 5 ans[3]. En 1350, le maximum fut fixé à 40 mois, et le minimum à 36[4]. Les bacheliers en droit civil devaient avoir lu les trois livres de la collection des Décrétales pendant 24 mois répartis en trois ans. Le 4e livre des Décrétales et les Clémentines n'étaient comptés que pour un livre[5]. Pour encourager l'étude du Sexte, la Faculté décida que la lecture complète de ce livre compterait pour celle d'un livre et de la plus grande partie d'un au-

---

[1] L. D., p. 61.
[2] L. D., p. 60.
[3] S. F. D. 1370 (B. IV, 429).
[4] V. L. (f° 4 verso). Cette disposition fut confirmée par le cardinal Alain, en 1456 (L. D., p. 55, et p. 551).
[5] S. F. D. 1370 (B. IV, 429), et L. D., p. 57. — 28 dies continuos pro mense computari statuimus (L. D., p. 59). Cf. S. F. D. 1370 (B. IV, 429).

tre ¹. Dans des cédules qu'il remettait à chaque docteur, le bachelier devait marquer combien de mois il avait étudié le Décret et les Décrétales, combien de mois, combien de livres et quels livres des Décrétales il avait lus, ses bénéfices, l'office qu'il remplissait, ses grades ². A l'appui de ses assertions, il devait présenter les certificats des docteurs, et affirmer par serment la vérité des faits consignés dans sa cédule ³. Après ces formalités, la Faculté admettait le candidat à l'examen.

Quelques jours avant l'examen, le doyen et l'un des docteurs annonçaient aux candidats assemblés le décret sur lequel ils devaient être examinés ⁴. Cet examen n'était pas public ⁵. Le jour où il était terminé, ou le lendemain, les docteurs s'assemblaient pour dresser la liste des licenciés ⁶. Les lieux de licence devaient être assignés par ordre de mérite à ceux qui s'étaient le plus distingués dans l'examen et les actes publics ; les dignités, la noblesse, les leçons des candidats ne devaient pas être prises en considération. Cependant le doyen et les docteurs pouvaient donner la priorité à des prélats et à des nobles, suivant qu'ils le jugeaient convenable ⁷, c'est-à-dire lucratif.

Les bacheliers admis étaient appelés devant la Faculté et prêtaient serment ⁸ : leurs docteurs ⁹ les présentaient ¹⁰ au

---

¹ L. D., p. 59.

² L. D., p. 66. L'examen de ces cédules était appelé *examen magnarum cedularum* (L. D., ibid.) Il fallait être né de légitime mariage (L. D., p. 151).

³ L. D., p. 62.

⁴ L. D., p. 62. Le décret (*decretum*) était choisi par le doyen avec le consentement du collége.

⁵ C'est ce qu'indique l'expression *camera*. L. D., p. 69 et 63.

⁶ L. D., p. 148.

⁷ L. D., p. 150.

⁸ L. D., p. 148.

⁹ Les seuls docteurs régents avaient droit de présenter à la licence. Le docteur le plus ancien et le plus jeune avaient droit de choisir le bachelier qu'ils voulaient. Les autres docteurs choisissaient après eux par rang d'ancienneté (L. D., p. 78, 80).

¹⁰ L. D., p. 150.

chancelier de Notre-Dame, qui leur assignait dans un billet le jour où il devait leur conférer la licence. La veille de ce jour, les bacheliers devaient visiter tous les docteurs pour les prier d'assister à leur licence [1]. Le jour de la licence, dans la salle de l'évêché, le chancelier faisait proclamer les licenciés par le grand bedeau de la Faculté, dans l'ordre qu'elle avait fixé [2], et il leur conférait la licence.

§ IV.

FRAIS D'ÉTUDES ET D'EXAMENS.

L'étudiant payait au bachelier dont il suivait les leçons, un franc pour ses honoraires [3], et 2 s. p. pour la moitié du loyer de l'école [4]. Le doyen de la Faculté percevait 2 s. p. sur chaque certificat qu'il scellait à l'étudiant et au bachelier [5].

Le jour de la *harenga*, le bachelier donnait 4 s. p. à chaque docteur régent [6]. Le même jour, il invitait à un repas son docteur, et un autre docteur au choix de ce dernier [7]. Il devait payer, dans les huit jours de sa réception, 4 bourses et demie [8]. Le bachelier devait évaluer, par serment, la bourse au taux de sa dépense hebdomadaire [9]. Il payait la moitié du loyer de la salle où il faisait son cours [10].

[1] L. D., p. 75.
[2] L. D., p. 148.
[3] L. D. p. 34.
[4] L. D., p. 33.
[5] L. D., p. 121.
[6] L. D., p. 12.
[7] L. D., p. 13.
[8] L. D., p. 12.
[9] Réf. 1452 (B. V, 568).
[10] L. D., p. 33.

Le licencié payait du vin aux docteurs pendant l'examen. Cette dépense ne devait pas dépasser 2 ou 3 écus d'or [1]. Le jour de sa licence, il donnait un banquet à la Faculté et à ses bedeaux ; il distribuait 20 s. p. à chacun des deux bedeaux de chaque docteur [2]. Enfin il payait, comme au baccalauréat, 4 bourses et demie [3].

Ces dépenses ne sont pas susceptibles d'une évaluation rigoureuse. Nous savons, toutefois, qu'elles étaient ruineuses. Pour obtenir un lieu honorable, pour hâter l'examen, les candidats évaluaient leur bourse beaucoup au-delà de leur dépense hebdomadaire ; ils épuisaient leurs ressources ; ceux qui ne voulaient pas ou ne pouvaient pas faire de semblables dépenses ne se présentaient pas pour les grades. Le cardinal d'Estouteville voulut remédier à ces abus ; il fixa aux prélats et aux nobles un maximum de 7 écus pour les bourses du baccalauréat, et de 12 écus pour celles de la licence. Il comptait peu sur le désintéressement et la probité des docteurs ; il s'efforça d'assurer l'exécution de son réglement par toutes les précautions possibles [4]. Les docteurs ne tardèrent pas à justifier cette défiance avec une effronterie cynique. Deux ans après, en 1456, ils obtinrent d'Alain, cardinal, une *modération* de la réforme de 1452, qui la détruisit complètement. Sous prétexte qu'il était injuste d'enchaîner la libéralité des étudiants envers leurs maîtres, qui avaient le désintéressement de ne rien exiger d'eux pour des leçons qu'ils ne faisaient pas, les docteurs se firent autoriser à recevoir les dons et offrandes spontanés de leurs bacheliers et licenciés reconnaissants, sans exaction aucune, bien entendu [5].

Les frais d'études et d'examens étaient tellement écrasants

---

[1] L. D., p. 63. *Aurei*.

[2] L. D., p. 75.

[3] L. D., p. 64, 65.

[4] Réf. 1452 (B. V, 568-69).

[5] L. D., p. 376. Le statut ou *moderatio* du cardinal Alain est inséré tout entier.

dans la seconde moitié du xv⁰ siècle, que des boursiers décrétistes, tout en jouissant des priviléges de l'Université de Paris comme étudiants de la Faculté de décret, allaient se faire graduer à Orléans, qui offrait la marchandise à des prix modérés. La Faculté de décret se plaignit à l'Université de cette irrégularité. La Nation Picarde répondit qu'ils n'avaient qu'à être plus traitables pour leurs étudiants, alors on pourrait faire droit à leurs réclamations, sinon ceux-ci devaient être libres de prendre leurs degrés ailleurs, à moins de frais [1].

§ V.

DES DOCTEURS.

La plupart des étudiants n'aspiraient qu'au grade de bachelier, tout au plus à celui de licencié; ils ne prenaient leurs degrés qu'en vue d'un métier et non de l'étude. Ils se contentaient du strict nécessaire [2].

D'ailleurs, les docteurs formaient, sous le nom de *collegium*, une corporation dont l'accès n'était pas moins difficile que celui de la Faculté de Bologne [3]. Pour être admis au doctorat, il fallait justifier de 80 l. p. de revenu [4]; le candidat ne devait

---

[1] R. N. P. 1481, 12 mai.

[2] Les listes de docteurs que l'on trouve dans V. L. (f° 12 recto, 11 verso, et 13 recto), donnent 25 docteurs en 1398, 15 en 1440, et 50 en 1455.

[3] Cf. Savigny, III, p. 172. La Faculté de Bologne portait aussi le nom de *collegium* (id. III, p. 172, n. b.). On reconnaît dans la Faculté de décret quelques traces de l'imitation des Universités italiennes.

[4] L. D., p. 74. D'après les estimations de M. Leber, cette somme valait en moyenne, de 1450 à 1500, 500 francs au marc, au pouvoir de 3000 francs.

être chapelain ni d'une communauté, ni d'un particulier, ce qui eût dérogé à la dignité du *collége* et du doctorat ¹. Il devait passer les actes de son doctorat sous le docteur qui l'avait présenté à la licence ². Les actes du doctorat étaient analogues à ceux de la Faculté de théologie ; le premier était appelé vespéries ; dans le second, on imposait le bonnet de docteur ³ ; le troisième consistait en une leçon solennelle appelée *repetitio* ⁴. Dans les vespéries, un bachelier argumentait contre ses collègues sur une question que lui avait assignée le président de l'acte ⁵.

Le récipiendaire donnait au président de ses actes de belles robes et de bonnes fourrures ⁶. Chaque docteur régent recevait deux bonnets, les non-régents, un seul ⁷. Chaque bedeau de docteur devait avoir 4 s. p., et chaque sous-bedeau, 2 s. p. ⁸. Le nouveau docteur donnait un banquet aux docteurs, aux licenciés, aux bacheliers, à tous les bedeaux. Il devait inviter les prélats et les nobles qui se trouvaient à Paris, la cour du parlement, les autres juges et conseillers du roi ⁹.

Les docteurs, comme dans les autres Facultés, étaient distingués en régents et en non-régents.

Les régents étaient tenus de faire, tous les ans, une leçon solennelle, appelée *repetitio*, dans les écoles de la rue du Clôt-Bruneau ¹⁰. Trois fois par an, la veille des Rameaux, de

---

¹ L. D., p. 95.
² L. D., p. 75. C'est ainsi que je traduis : *Sub quo fueritis licentiati*.
³ Cet acte était appelé *doctorizatio* (Vet. Stat., B. IV, 428). Il est à remarquer que, suivant l'usage des Universités italiennes (Savigny, III, p. 153, n. i.), les membres de la Faculté de Décret sont toujours appelés *doctores* et jamais *magistri*.
⁴ L. D., p. 104.
⁵ L. D., p. 98.
⁶ L. D., p. 91.
⁷ L. D., p. 93.
⁸ L. D., p. 91.
⁹ L. D., p. 93.
¹⁰ L. D., p. 104.

la Pentecôte, de Noël, un docteur, choisi à la Saint-Jean par rang d'ancienneté, devait faire une leçon solennelle sur une décrétale désignée à l'avance, et interdite aux leçons des bacheliers [1].

Le Décret de Gratien était l'objet exclusif des leçons des docteurs. Ils ne pouvaient lire les Décrétales sans l'autorisation de la Faculté, et même, en ce cas, ils perdaient leurs priviléges de docteurs, et n'étaient plus considérés que comme simples bacheliers [2].

En dehors des jours de congé fixés pour la Faculté, les docteurs ne faisaient pas leçon le jeudi, jour de la messe de la Faculté [3]. Ils avaient aussi des vacances qui leur étaient particulières ; ils ne faisaient pas leçon du 17 décembre au premier mardi après l'Epiphanie, le jour de la Saint-Maur (16 janvier), du 28 septembre au premier mardi après la Toussaint [4]. Ils ne devaient pas mettre entre leurs leçons un intervalle de plus de 15 jours [5] ; ils ne pouvaient se faire remplacer plus d'un mois, sans la permission du collége [6]. Après une absence prolongée, s'ils voulaient reprendre leur titre de régents, ils étaient tenus de jurer qu'ils reprenaient leurs leçons, avec intention de les continuer [7].

Ils commençaient leur leçon au coup de prime de Notre-Dame [8], immédiatement après la leçon des bacheliers. La leçon devait durer une heure [9]. Ils ne pouvaient lire que dans les salles situées rue du Clôt-Bruneau. Le chapitre de Notre-Dame obtint cependant de Clément VII, en 1384, l'autori-

[1] L. D., p. 140.
[2] L. D., p. 138, 142.
[3] Vet. Stat. (B. IV, 428).
[4] Vet. Kal.
[5] L. D., p. 146.
[6] L. D., p. 129.
[7] L. D., p. 106.
[8] Cf. supra p. 175.
[9] L. D., p. 109.

sation d'avoir un docteur qui lût le Décret dans le cloître. Ce docteur devait appartenir au *collége* et être chanoine prébendé de l'église Notre-Dame. Au commencement de l'ordinaire, il devait faire deux leçons rue du Clôt-Bruneau, et demander au collége, à la prochaine messe, l'autorisation de les achever dans le cloître ¹. C'était une sorte d'hommage que le *collége* exigeait de lui. Chaque docteur avait, rue du Clôt-Bruneau, une salle qui lui était assignée. S'il s'absentait, il ne pouvait la perdre qu'après une année révolue. La salle vacante était attribuée au plus ancien docteur ². Nul docteur ne pouvait entrer dans la salle d'un docteur absent, sans protester qu'il la lui rendrait lors de son retour. La grande salle de la Faculté était réservée aux actes solennels comme *principium, harenga, repetitio.* Elle était commune à toute la Faculté ³. Chaque docteur avait, comme à Bologne, un bedeau et un sous-bedeau chargés de fonctions analogues à celles des bedeaux des Facultés ⁴. Le nouveau docteur recevait de son président le bedeau et le sous-bedeau ⁵. C'était vraisemblablement des offices que l'on vendait à ceux qui désiraient participer aux priviléges de l'Université ⁶.

En 1492, le collége décida qu'après 20 ans d'exercice les docteurs jouiraient des priviléges de la régence sans en avoir les charges ⁷. Mais, en réalité, ils étaient tous dans cette position au commencement du xvie siècle ; ils se regardaient comme dispensés de faire des leçons ordinaires. Ils commettaient un bachelier à la lecture du Décret : à la fin de l'année,

---

¹ Cette transaction fut passée en 1386, entre le chapitre de Notre-Dame et le *collége*. Elle se trouve L. D., p. 85.
² L. D., p. 81.
³ L. D., p. 81.
⁴ L. D., p. 49, 50.
⁵ L. D., p. 93.
⁶ Cela semble résulter de L. D., p. 46.
⁷ Ce statut se trouve L. D., p. 154.

— 183 —

ce bachelier résignait ses fonctions au *collége*, qui le continuait s'il le jugeait convenable [1].

Les docteurs ne paraissent pas avoir jamais enseigné sérieusement. Ils étaient, pour la plupart, de riches ecclésiastiques [2], qui considéraient le doctorat comme un bénéfice de plus à exploiter. La Faculté de décret était la plus corrompue et la plus vénale de toutes les Facultés. Elle n'avait ni maîtres, ni étudiants; elle n'avait que des vendeurs et des acheteurs. On ne pouvait attendre aucune réforme volontaire de ce corps gangrené; au XVIe siècle, le parlement trancha dans le vif. Le 13 mai 1533, il arrêta que six docteurs régents liraient publiquement le Décret et les Décrétales dans la grande salle de la Faculté. Les candidats à cette place devaient soutenir en public deux argumentations solennelles ou *repetitiones*. Les plus dignes seraient choisis la première fois par la Faculté, assistée de deux conseillers. Les six places étant ainsi remplies, la place vacante serait donnée au concours dans les mêmes formes, par les docteurs restants, assistés de deux conseillers [3]. Dès lors, la Faculté fut renfermée tout entière dans ce collége sex-viral.

[2] Arrêt du parlement, 1521 (B. VI, 154).
[2] Voir les listes des docteurs V. L., f° 11 verso et 12 recto.
[3] L'arrêt dans B. VI, 245-246.

CHAPITRE IV.

FACULTÉ DE MÉDECINE.

La médecine n'était pas enseignée avec éclat, à Paris, au XIIᵉ siècle ; on allait alors l'étudier à Montpellier et à Salerne [1]. La première mention authentique de l'enseignement médical dans l'Université de Paris, se trouve dans le concordat de 1213 [2]. Cette Faculté ne tint jamais beaucoup de place dans l'Université pendant le moyen-âge ; elle n'était pas même représentée dans l'installation du chancelier de Notre-Dame [3].

Nous allons exposer les coutumes suivies dans cette Faculté au XVᵉ siècle [4].

---

[1] Jean de Salisbury, *Metologicus*, lib. 1, cap. 4.
[2] *Idem fiat de Physicis.* Cf. supra p. 112, n. 3.
[3] Procès-verbal 1349 (B. IV, 318). Cf. supra p. 151.
[4] La Faculté de médecine avait son *livre* et ses *registres*. — 1° On lit (registre 1435-1472, f° 281, novembre 1470), dans l'inventaire fait chaque année par le doyen : Recepi... librum statutorum in pergameno qui incipit in secundo folio : *Noverint Universi quòd cùm à paucis diebus;* et finit in penultimo : *Johanne Langrenois Johanne,* et (reg. 1395-1435,

§ 1ᵉʳ.

DES ÉTUDIANTS.

La Faculté décida, en 1450, que les étudiants se feraient inscrire par le doyen sur son registre au commencement de chaque année scolaire. Mais ce réglement ne fut observé que

p. 183, novembre 1413) : *Libellum rubeo coopertum in quo continentur statuta Facultatis.* Ce manuscrit paraît être perdu depuis fort longtemps, et probablement avant l'époque où Riolan écrivait ses *Curieuses recherches sur les écoles de Paris et de Montpellier.* Paris, 1631. Le livre du recteur contenait un abrégé de quelques statuts que du Boulay a publié (III, 402-404). — 2° Les registres de la Faculté sont aujourd'hui à la bibliothèque de la Faculté de médecine de Paris. Ils commencent au 22 novembre 1395. Chacun des volumes qui composent cette série est désigné dans les inventaires faits chaque année, par le nouveau doyen, sous le nom de *papirus*, ou de *papirus compotorum* (registre III, p. 141, nov. 1485). L'inventaire de novembre 1395 (reg. I, p. 1,) indique : Papirum aliam immediate præcedentem quinque codices continentem. On trouve cependant, nov. 1409 (reg. I, p. 139) : *Duas papiros* antiquas parvas; item istam papirum præsentem. Ce qui indiquerait deux registres avant le registre 1395-1435. Le registre III, p. 141 (nov. 1485), confirme cette donnée. Cet inventaire indique sous le nom de *papiri compotorum*, et en marquant les mots qui commencent le second folio et ceux qui terminent le dernier, quatre registres. On reconnaît dans les deux derniers les registres I (1395-1435), et II (1435-1472). Voici l'indication des deux premiers : Una papirus compotorum dictæ Facultatis incipiens in secundo folio *die dominica;* et finiens in penultimo : *Item promissâ S. Mathurini;* item alia papirus compotorum dictæ Facultatis incipiens in secundo folio *menses nichil tamen*, et finiens in penultimo *statuto alioquin sic.* En supposant que chacun de ces deux registres comprît un espace d'une quarantaine d'années, comme les deux premiers registres qui nous restent, il en résulterait que les registres de la Faculté de médecine commençaient vers 1315. — Ces registres étaient tenus par le doyen qui y consignait les conclusions de sa compagnie, les noms des bacheliers et des licenciés, les comptes de mise et de recette de la Faculté. Je renvoie à ces registres en citant la date du mois et de l'année.

pendant six ans [1]. Les étudiants étaient tenus de faire sceller par le doyen, avant la Toussaint, les certificats d'études que leur délivraient les maîtres et les bacheliers [2].

Les conditions imposées aux candidats, lors de la licence, contenaient implicitement l'obligation de commencer les études médicales après avoir reçu la licence dans la Faculté des arts [3]. Quoique ce grade ne fût exigé que pour la licence en médecine, tous les étudiants en médecine devaient être et étaient maîtres ès-arts.

Les étudiants suivaient en même temps les cours de plusieurs maîtres [4].

§ II.

DES BACHELIERS.

Comme dans les autres Facultés, le baccalauréat était l'apprentissage de la maîtrise [5].

Les candidats au baccalauréat se présentaient devant la Faculté, convoquée spécialement pour les entendre, vers l'époque indiquée pour les examens, c'est-à-dire en janvier ou février, en mars ou avril, et quelquefois, mais plus rarement, en septembre ou octobre [6]. On indiquait aux candidats

---

[1] Les années 1452-1457. Voici les nombres des étudiants inscrits : 1452, 14 ; 1453, 15 ; 1454, 19 ; 1455, 21 ; 1456, 15 ; 1457, 13. En moyenne, 16.
[2] 27 mars 1430, 17 et 21 juin 1410.
[3] Reg. 1, p. 206.
[4] 27 septembre 1494.
[5] Voici les nombres des bacheliers inscrits pour les années 1452-1457. 7, 7, 5, 6, 3, 5. En moyenne, 5.
[6] Registres passim.

le jour et l'heure où ils devaient justifier de leur temps d'études [1]. La Faculté se réunissait à cet effet dans la maison du plus ancien régent [2]. Les candidats comparaissaient et exhibaient les certificats délivrés par leurs maîtres et scellés par le doyen [3]. Le temps d'études se comptait par mois. 34 mois et demi étaient jugés insuffisants [4]. Ordinairement, les candidats justifiaient de 38 mois d'études réparties entre quatre années [5]. Le temps des vacances et des cessations ne devait pas être compté [6]. Si la Faculté était satisfaite, elle admettait les candidats à l'examen.

La veille ou l'avant-veille de Noël, vers la fin de mars ou le commencement d'avril, à la fin de septembre ou d'octobre, la Faculté se réunissait pour nommer des examinateurs [7]. Les deux maîtres les plus anciens et les deux maîtres les plus jeunes, après ceux qui avaient pris part à la dernière élection, élisaient quatre examinateurs, un de chaque Nation. Ces examinateurs ne devaient pas avoir participé au dernier examen, ni exercer actuellement un office quelconque dans la Faculté. On voulait que les honneurs de la corporation fussent distribués également entre les régents [8]. L'examen n'était pas public [9]. Lorsqu'il était terminé, la Faculté s'assemblait pour entendre le rapport des examinateurs [10]. Ceux qu'ils avaient

[1] *Probare tempus auditionis.* 8 février 1408 et passim.
[2] Statut cité, registre III, p. 110.
[3] *Cedulæ.* 17 et 21 juin 1410 et passim.
[4] 17 juin 1410.
[5] C'est le nombre que l'on rencontre le plus souvent dans les registres. Cf. Vet. Stat. (B. III, 403).
[6] Statut cité, 9 mars 1405.
[7] Registres passim.
[8] 30 octobre 1423, 23 décembre 1419.
[9] *In camerâ examinaverunt.* 27 mai 1408. *Examen particulare temptatorum in camerâ.* 8 février 1409.
[10] *Ad audiendum relationem examinatorum scholarium in camerâ.* 20 février 1409.

jugés capables étaient admis à faire leurs cours de bacheliers. La Faculté les appelait devant elle, et leur faisait jurer d'observer les statuts qui concernaient les bacheliers [1].

Dans les registres de la Faculté, de 1395 à 1500, on ne rencontre pas un seul exemple d'un candidat rejeté par les examinateurs. La Faculté n'était sévère que sur la justification du temps d'études. L'examen n'était qu'une pure formalité. Un recteur en fut dispensé parce que ses fonctions ne lui permettaient pas de le passer [2].

Les bacheliers continuaient à suivre les cours des maîtres et faisaient eux-mêmes des leçons [3]. Ils ne pouvaient lire que le livre qu'ils avaient déjà entendu [4]. Ils devaient assister aux disputes des régents et aux messes de la Faculté [5]. Avant de se présenter à la licence, ils exerçaient la médecine pendant deux étés, sous la conduite d'un maître-régent [6]. En 1452, le cardinal d'Estouteville ordonna que chaque bachelier soutiendrait contre les autres une dispute solennelle entre le Carême et la Toussaint [7]. Cette dispute fut appelée *cardinale* [8], de la dignité de celui qui l'avait instituée.

---

[1] 20 février 1409. Les candidats, désignés jusques-là sous le nom de *scholares*, étaient désormais appelés *baccalarii*.

[2] Registre I, p. 250.

[3] Je ne sais où du Boulay a pris le nom d'*herbarii* (V, 862). C'était le nom donné aux herboristes. On peut lire le serment qu'ils prêtaient à la Faculté (reg. 1, 255, et II, 20).

[4] La liste des livres sur lesquels les bacheliers étaient examinés se trouve dans B. III, 403.

[5] Vet. Stat. (B. III, 403).

[6] 9 mars 1492, et statut cité, registre II, p. 98. *Practica, practicare.*

[7] B. V, 569.

[8] Cet acte portait déjà ce nom en 1468, 18 mars. On n'en rencontre pas de trace dans les registres avant cette date.

§ III.

DE LA LICENCE.

La licence n'était conférée que les années paires, ordinairement au mois de mars [1]. L'année de la licence était appelée l'année du jubilé [2], comme dans les deux autres Facultés supérieures. Cette coutume avait sans doute été établie par les mêmes motifs, pour conserver un plus grand nombre de bacheliers.

Les bacheliers se présentaient devant la Faculté, qui leur assignait le jour et l'heure où ils devaient justifier de leur temps d'études [3]. Ce temps se comptait par mois, dès le commencement des études, et non à partir du baccalauréat. Le minimum exigé était de 56 mois [4]; déduction faite des 38 mois exigés pour le baccalauréat, il restait 18 mois de baccalauréat répartis en deux ans. Le temps des vacances et des cessations n'était pas compris. Deux ans de régence dans la Faculté des arts ne comptaient que pour une année d'études; ces deux ans devaient être antérieurs au baccalauréat [5]. Le candidat devait prouver qu'il était licencié ès-arts [6]. Quand la Faculté avait jugé que les candidats satisfaisaient aux conditions exigées, chaque maître dressait une liste dans laquelle il les

---

[1] Registres passim. Souvent les années impaires, en comptant more Gallico.

[2] 21 janvier 1468, et passim, et reg. II, p. 48.

[3] 1er février 1409.

[4] 24 février 1495. On trouve cependant (reg. I, p. 120,) des licenciés qui n'ont que 52 et 54 mois.

[5] Réf. de 1452 (B. V, 569), et reg. I, p. 505, et 10 fév. 1433.

[6] 24 février 1495.

rangeait dans l'ordre qu'il jugeait convenable. Toutes ces listes étaient remises au doyen, qui les ouvrait et les comparait en présence de la Faculté ; la liste qui avait réuni le plus de suffrages était adoptée par la Faculté, et chaque maître s'engageait, par serment, à ne rien changer à cette liste définitive. L'ordre où étaient rangés les candidats devait rester secret [1]. Le doyen et quelques maîtres délégués par la Faculté présentaient les bacheliers admis au chancelier de Notre-Dame ; ils déclaraient au chancelier que les candidats étaient admis et acceptés par la Faculté comme dignes d'obtenir la licence [2].

Dans l'intervalle entre cette présentation et la collation de la licence, les maîtres et les licenciés se réunissaient dans un collége auquel on voulait faire honneur [3]. Chaque candidat à la licence prononçait une harangue [4] et distribuait aux maîtres du vin et des épices [5].

Au jour et à l'heure indiqués par le chancelier [6], les candidats se rendaient avec toute la Faculté à la salle de l'évêché. Le chancelier prononçait un discours [7], proclamait les noms des candidats dans l'ordre fixé par la Faculté [8], et leur conférait la licence [9].

[1] Le réglement est copié, reg. II, p. 222. Cf. 19 février 1493. Cf. sur ce décret, 18 mai 1499.
[2] 8 février 1409.
[3] 18 mai 1499. Cette cérémonie était appelée *signetum*. On disait *facere signetum* (22 février 1493). Ce nom venait sans doute du *signetum* du chancelier. Cf. supra p. 155.
[4] Reg. III, p. 356. In harengâ signeti sui, die præcedenti licentiam, visus fuerat diffamare aliquos de magistris nostris.
[5] 10 mars 1495.
[6] Dans son *signetum*. Les futurs licenciés allaient le recevoir en épitoges. 23 mars 1471.
[7] On en trouve plusieurs dans les œuvres de Gerson.
[8] La Faculté eut une discussion à ce sujet avec le chancelier (reg. II, 271).
[9] Le nombre des licenciés a été en moyenne, entre 1461 et 1499, de 5 par jubilé ; entre 1452 et 1457, de 5. Il ne dépasse jamais dans cette période. Il avait atteint le chiffre de 13 en 1395.

§ IV.

DE LA MAITRISE.

Les licenciés étaient tenus de passer les actes de la maîtrise dans les six mois qui suivaient la collation de la licence. La Faculté ne voulait pas perdre les profits qu'elle en retirait [1].

Le licencié les passait sous la présidence d'un maître, qu'il choisissait d'abord lui-même avant la collation de la licence. Il arrivait que le maître, gagné par les cadeaux de celui qui l'avait choisi, intriguait pour lui faire obtenir un lieu honorable dans la licence. Pour remédier à cet abus, la Faculté décida, en 1463, que les licenciés seraient distribués entre les maîtres régents, à tour de rôle, en commençant par les plus anciens [2].

Les actes de la maîtrise étaient au nombre de trois : les vespéries, le *principium* [3], où le récipiendaire recevait le bonnet de docteur, et la *pastillaire* [4], qu'il soutenait dans les trois mois qui suivaient le *principium* [5]. Ces actes devaient être distribués de manière à ce qu'il n'y en eût pas plus de deux dans la même semaine [6]. Les récipiendaires demandaient à la Faculté de les autoriser à passer leur acte, et de leur désigner les maîtres qui devaient poser les questions [7].

---

[1] Reg. I, p. 231.
[2] Reg. II, p. 222.
[3] Cet acte est presque toujours désigné sous ce nom dans les registres. On trouve cependant le mot d'*aula*, reg. III, p. 40.
[4] *Pastillaria*. J'ignore l'étymologie de ce mot. Il est déjà question de cet acte, en 1409 (reg. I, p. 133).
[5] Reg. I, p. 242.
[6] 27 octobre 1408.
[7] 28 juin 1494.

§ V.

FRAIS D'ÉTUDES ET D'EXAMENS.

Les étudiants ne payaient rien aux maîtres [1]; on ne sait ce qu'ils donnaient aux bacheliers. Ils payaient à la Faculté une certaine somme pour faire sceller leurs certificats [2].

Au XIVe siècle, les bacheliers, les licenciés et les maîtres payaient à la Faculté des bourses dont le taux variait suivant la fortune de chacun [3]. A la fin du XVe siècle, ils payaient tous les mêmes sommes.

Pour donner une idée de ce que l'on payait à la Faculté à la fin du XVe siècle, nous allons extraire [4] le compte exact d'un étudiant, depuis le commencement de ses études jusqu'à la maîtrise, les études commençant en 1487.

Lors des études, pour enregistrement des certificats (*pro cedulis registratis*), 1487, 11 s. — 1488, 15 douzains. — 1489, 15 douzains. — 1490, 12 s.

Lors du baccalauréat (1491), pour la justification du temps d'études (*pro probatione temporis*), 4 s. 8 d. p. 2 t.; pour les bourses (*pro bursis*), 4 écus; pour les écoles (*pro scholis*), 2 écus; pour l'anatomie, 4 s. 8 d. p. 2 t.; pour enregistrement des certificats, 4 s. 8 d. p. 2 t. — Dans la seconde année (1492), pour les étuves (*pro stuphis*), 2 écus [5]; pour

---

[1] Petrus Alliacus, *Tract. adv. Canc. Paris.* (Gerson, opp. I, p. 768).
[2] Reg. 1 passim.
[3] Reg. II, p. 275.
[4] Des comptes de recettes du doyen pour les années 1487-1493.
[5] Cette somme était payée aux maîtres qui avaient assisté aux Disputes ordinaires (26 février 1494, 7 février 1498), et l'on voit (9 fév.

les certificats (*pro cedulis*), 4 s. 8 d. p. 2 t.; pour l'anatomie (*pro anatomiâ fiendâ*), 4 s. 8 d. p. 2 t.

Lors de la licence (1493), pour les étuves, 2 écus; pour la justification du temps d'études, 4 s. 8 d. p. 2 t.; pour le banquet, les bourses, les écoles et les droits des maîtres (*pro prandio, bursis, scholis et juribus*), 23 écus.

Lors de la maîtrise, pour les écoles, les bourses et les droits des maîtres (*pro scholis, bursis et juribus magistrorum*), 40 écus.

Toutes ces sommes additionnées et évaluées en tournois donnent environ 120 l. t. [1]

Voici comment les droits des bedeaux furent fixés en 1469 [2] : pour chaque année d'études, 12 d. p. pour chacun des deux bedeaux; pour les deux années de baccalauréat, 4 s. p. Les bacheliers, les licenciés et les maîtres donneront, lors de leur réception, une bourse d'un écu au premier bedeau et une bourse d'un franc au second bedeau. A la fin de chaque livre, sur lequel ils auront fait leçon, les bacheliers donneront un repas, ou 12 s. p., aux bedeaux. Lorsqu'un nouveau maître prêtera serment, chaque bedeau aura droit à 2 s. p., à un bonnet de même étoffe que ceux qui sont distribués aux maîtres, et à une paire de gants blancs doubles pour le premier bedeau, simples pour le second. Le nouveau maître qui avait le premier lieu était tenu de donner à chaque bedeau 3 aunes d'étoffe de même couleur que la robe du récipiendaire, au prix de 24 s. p. l'aune, plus une aune de la même étoffe et du même prix pour le capuchon.

Les candidats au baccalauréat étaient tenus de donner un repas aux examinateurs tous les jours de l'examen. Ils distri-

---

1495) qu'elle était réellement dépensée en étuves. La première mention que j'aie rencontrée de cet usage est de 1475 (reg. III, p. 59).

[1] Suivant les estimations de M. Leber, cette somme valait, de 1450 à 1500, 600 francs (au marc), au pouvoir de 3,600 francs.

[2] Reg. II, p. 271-272.

buaient même d'abord une livre d'épices à chaque maître régent avant l'examen ; mais cet usage fut aboli en 1457 [1]. Le cardinal d'Estouteville défendit expressément de rien exiger des bacheliers à l'occasion du nouvel acte qu'il institua [2]. L'usage n'en imposa pas moins aux bacheliers deux écus, que l'on appelait ingénieusement *don gratuit* (*in dono gratuito*) [3]. Les licenciés distribuaient le vin et les épices aux maîtres lors du *signetum* [4], et donnaient un festin à la Faculté. Le nouveau maître donnait, lors de sa réception, 10 écus au président, des robes et des bonnets à tous les maîtres régents [5]. Il était tenu de célébrer la fête de la maîtrise par un grand repas. La Faculté veillait à ce que le festin fût convenable. Elle chargeait quelques maîtres de goûter le vin et les mets [6].

On voit que dans la Faculté de médecine les frais d'études et d'examens ne montaient pas à un taux beaucoup moins élevé que dans les autres Facultés.

§ VI.

DES MAITRES.

Les maîtres étaient distingués en *régents* et *non-régents* [7]. A l'exercice de la régence étaient attachés d'importants pri-

[1] Reg. II, p. 179.
[2] B. V, p. 570.
[3] Reg. III, p. 172, année 1477.
[4] Cf. supra p. 191.
[5] Reg. II, p. 222.
[6] Reg. III, p. 533, et reg. II, 237.
[7] Entre 1395 et 1414, le nombre des maîtres régents a été, en moyenne, de 29 par an, pour 17 années ; le chiffre le plus élevé est 55, et le

viléges. Les régents avaient seuls droit de participer aux délibérations ; ils étaient seuls éligibles aux offices de la Faculté ; ils avaient part aux distributions qui se faisaient au commencement de chaque mois ; ils présidaient les actes [1].

L'exercice de la régence était soumis à des conditions que la Faculté exigeait rigoureusement. Pour être admis aux privilèges des régents, il fallait avoir résidé à Paris pendant deux ans, la plus grande partie de l'année scolaire [2], faire des leçons ordinaires et argumenter dans les disputes ordinaires.

Les leçons étaient distinguées en ordinaires et extraordinaires. Cette distinction reposait sans doute sur les mêmes principes que dans la Faculté des arts. Les leçons ordinaires avaient lieu le matin : aucun maître ne pouvait faire le matin une leçon extraordinaire. Un maître ne pouvait pas finir, dans des leçons extraordinaires, un livre commencé dans des leçons ordinaires. Les leçons ordinaires et extraordinaires ne pouvaient être faites, les jours fériés, par l'Université, ni les jours de dispute ordinaire [3]. Les maîtres qui voulaient faire un cours extraordinaire devaient en demander l'autorisation à la Faculté, qui l'accordait, à condition que l'heure ne coïncidât pas avec celle des leçons des bacheliers [4]. Dans les dernières années du xve siècle, la Faculté désignait un maître pour faire un cours d'anatomie [5]. L'année scolaire commen-

plus bas 25 ; entre 1415 et 1418, ce nombre a été de 23 en moyenne ; entre 1419 et 1426, 16 ; entre 1427 et 1485, 12 pour 50 années ; dans cette dernière période, le chiffre le plus haut est 16, et le plus bas 9 ; entre 1490 et 1500, le nombre a été, en moyenne, de 20. (Registres de la Faculté au commencement de chaque décanat. Cf. p. 197, note 2). Je remarquerai en passant que M. Sabatier (*Recherches historiques sur la Faculté de médecine de Paris.* Paris. 1835.) a marqué à tort (p. 4, note 2,) 72 régents pour l'année 1500. Le registre ne donne que 21.

[1] 26 mai 1492.
[2] 16 décembre 1494.
[3] Vet. Stat. (B. III, 402-404.)
[4] 10 novembre 1446.
[5] 23 janvier 1494.

çait à l'Exaltation de la Sainte-Croix, et finissait sans doute à la Saint-Pierre et la Saint-Paul (29 juin)[1]. Les leçons ordinaires commençaient quelques jours après la Toussaint. Les noms des maîtres qui devaient faire les cours ordinaires étaient proclamés par le bedeau, le premier jour de leçon après la Toussaint[2]. Les jours de la semaine spécialement réservés aux leçons ordinaires étaient le lundi, le mercredi et le vendredi[3]. Ces leçons ne paraissent pas avoir été faites dans des écoles[4]. Les étudiants étaient fort peu nombreux; chacun, maître ou bachelier, lisait sans doute dans sa chambre.

Les disputes ordinaires avaient lieu le mardi et le jeudi[5] de chaque semaine, de la Toussaint au Carême[6]. Il y avait, en outre, des disputes appelées *quodlibetaires*[7], que chaque maître soutenait, à son tour, dans l'ordre que lui assignait

---

[1] Les anciens calendriers dont nous avons parlé plus haut (p. 66, n. 3,) ne donnent aucun renseignement particulier relativement à la Faculté de médecine. Le calendrier de cette Faculté se trouvait dans son *livre* (registre I, p. 112).

[2] Reg. I, p. 229. La liste des maîtres proclamés est inscrite chaque année par le doyen au commencement de son décanat.

[3] 16 janvier 1499.

[4] Le passage suivant (année 1470, reg. II, p. 284.) semble prouver que les cours n'étaient pas faits dans des écoles : In disputationibus quodlibetariis debebant (baccalarii) quærere stramina, et *parare scholas* quilibet in turno suo. — Cf. Vet. Stat. (B. III, 403). Il n'est pas question d'écoles dans les registres pendant la première moitié du XVe siècle. La Faculté se construisit, rue de la Bucherie, un bâtiment avec les dons d'un maître-médecin, Jacques Despars, et les sommes imposées aux bacheliers. Ces écoles furent commencées en 1468 et achevées en 1477.

[5] 16 janvier 1499.

[6] L'argent des étuves que les maîtres recevaient après les disputes ordinaires (Cf. supra p. 194.) est toujours distribué à la fin de février. On trouve en 1495 : 13 feb. quæ erat Sabbati *post ultimam disputationem ordinariam*.

[7] Elles sont appelées parfois *quodlibetariæ ordinariæ* (reg. II, p. 284.), sans doute pour les distinguer de la quodlibetaire solennelle que l'on soutenait après la *pastillaria* ou la *resumpta* (21 janvier 1468).

la date de sa maîtrise [1]. Le maître qui devait présider une quodlibetaire faisait, la veille, une leçon sur la question qui serait discutée [2]. Il n'y avait pas dispute la veille des grandes fêtes. On disputait la veille des fêtes moins solennelles. En 1495 [3], on proposa de ne pas disputer la veille de la Saint-Fabien et de la Saint-Sébastien; la Faculté s'y refusa, parce que les disputes devaient être plutôt multipliées et prolongées que raccourcies et restreintes.

La Faculté attachait beaucoup plus d'importance aux disputes qu'aux leçons [4]. Pour avoir droit de présider les actes d'un nouveau maître, il suffisait d'avoir régenté pendant un mois l'année qui précédait le jubilé, et pendant six semaines, avant la première fête de l'année du jubilé; mais il fallait avoir disputé la quodlibetaire solennelle, et soutenu sa quodlibetaire ordinaire [5]. La Faculté était intraitable sur cette dernière condition. On ne la voit jamais refuser les prérogatives de régent pour interruption des leçons ordinaires. Mais quiconque a manqué sa quodlibetaire, est, par cela même, déchu de la régence. Les maîtres qui avaient obtenu dispense de la Faculté disputaient par procureur [6]. Le maître qui avait perdu ses prérogatives de régent, devait soutenir une argumentation spéciale appelée *resompte*, pour les recouvrer [7]. Certains maîtres, par exemple, les médecins du roi, étaient dits régents d'honneur, et avaient les priviléges de la régence, sans résider à Paris; ils devaient cependant disputer leur quodlibetaire [8].

En général, les maîtres en médecine se montrent scrupu-

---

[1] 1468, 21 janvier.
[2] 14 novembre 1495.
[3] 14 janvier.
[4] Déjà, avant 1521, les maîtres ne faisaient plus de leçons. B. VI, 133.
[5] 21 janvier 1468.
[6] 2 janvier 1418.
[7] 16 novembre 1426; 15 octobre 1446.
[8] B. V, 861.

leux observateurs de leurs statuts et de leurs serments. Ils ne sont pas faciles à accorder des dispenses. Ils craignent de se parjurer; dans les cas douteux, ils consultent des jurisconsultes [1]. Les théologiens et les canonistes sont infiniment moins délicats.

[1] 1425, 16 février.

CONCLUSION.

Pour apprécier l'Université de Paris dans son ensemble, il faut séparer l'enseignement du gouvernement.

La base de cet enseignement, c'est la logique. Le raisonnement en forme est la méthode universelle d'exposition et de démonstration. La dispute, qui est la pratique de la logique, règne souverainement dans toutes les Facultés. Elle est à la fois une leçon, une épreuve et un exercice. Il résulte de là que les fonctions du maître tendent à se confondre avec les devoirs de l'étudiant. Le stage est la principale condition de l'obtention des grades.

Pour juger ce système d'études, il faut donc se faire une opinion arrêtée sur la question de savoir si la culture exclusive de la logique peut remplacer les humanités dans une éducation libérale. L'expérience paraît avoir prononcé sans appel. La culture exclusive de la logique n'a été favorable ni à la poésie, ni à l'éloquence, ni aux sciences mathématiques et physiques. La philosophie peut-elle arriver à la perfection, indépendamment des arts et des sciences? Que l'on compare les écrits de Saint-Thomas, de Duns-Scot, d'Occam, aux ouvrages des Platon, des Aristote, des Descartes, et que l'on juge. Quelque génie que l'on doive reconnaître dans ces grands scholastiques, on les plaindra toujours de n'être pas nés au siècle de Bossuet.

Le gouvernement de l'Université était collectif, électif, et, ce qui en est la conséquence immédiate, anarchique. Le vice de tous les grands pouvoirs du moyen-âge, c'est leur impuissance à garantir l'exécution de leurs volontés. A côté de chaque article de tant de beaux réglements dressés dans ces siècles semi-barbares, on pouvait écrire; mais on n'en faisait rien. Au moyen-âge, le pouvoir qui veut n'a presque jamais prise sur celui qui exécute.

Ce vice radical de l'anarchie est surtout sensible dans la Faculté des arts. Nulle discipline parmi les étudiants, nulle régularité parmi les maîtres. La Faculté de théologie n'était pas mieux organisée si on la considère en elle-même. Mais les éléments qui la composaient, les communautés religieuses et les colléges de Sorbonne et de Navarre étaient vigoureusement constitués. Aussi, la Faculté de théologie doit-elle être considérée comme le cœur de l'Université de Paris. L'enseignement des arts n'était qu'une préparation à la théologie; le droit canon et la médecine n'avaient aucune importance dans l'Université de Paris. La Faculté de théologie concentre en elle toute la gloire intellectuelle de l'Université, et même du moyen-âge. Le droit, même en Italie, était loin d'avoir le même éclat que la théologie. Tous les grands philosophes du moyen-âge ont été des théologiens; et, à partir du XIIIe siècle, tous les théologiens ont appartenu, soit aux ordres religieux, soit aux maisons de Sorbonne et de Navarre.

APPENDICE

DES UNIVERSITÉS ÉTABLIES

SUR LE MODÈLE DE L'UNIVERSITÉ DE PARIS.

Toutes les Facultés de théologie et de philosophie ont été, au moyen-âge, organisées sur le modèle de l'Université de Paris ; toutes les Facultés de droit, sur le modèle de l'Université de Bologne. L'organisation des études dans toute l'Europe chrétienne, au moyen-âge, s'est partagée entre ces deux systèmes : le premier a été exclusivement appliqué en Angleterre et en Allemagne ; le second, plus généralement dans l'Italie, l'Espagne et le Midi de la France. L'organisation de l'enseignement dans les deux Universités de Paris et de Bologne a été exactement imitée ; les autres Universités reproduisent souvent, presque littéralement, les dispositions de leurs réglements relatives aux cours, aux grades, aux épreuves, aux actes probatoires. Le mode de gouvernement et d'administration a seul subi d'importantes modifications suivant les temps et les pays. Toutefois, entre ces deux systèmes d'Universités persiste cette différence fondamentale, que le pouvoir est, dans le système Parisien, aux mains des professeurs, et dans le système Bolonais, aux mains des étudiants [1].

La fondation de toutes ces Universités s'est accomplie suivant les mêmes formalités. Le pouvoir civil exempte de la juridiction ordinaire les maîtres et les étudiants de l'Université qu'il veut établir, et demande au pape une bulle qui autorise l'institution de l'Université, désigne les Facultés qui doivent la composer, et la dignité ecclésiastique à laquelle sera attaché le pouvoir de conférer la licence en vertu de l'autorité pontificale.

Si l'on examine le nombre des Universités établies sur le modèle de celle de Paris, on obtient les résultats suivants : XIIIe siècle, 3 ; XIVe siècle, de 1300—1350, 3 ; de 1360—1400, 7 ; XVe siècle, 18. Les différences sont encore plus frappantes si l'on examine seulement le nombre des Facultés de théologie autorisées par les papes : XIIIe siècle, 1 ; XIVe siècle, avant 1378, 5 ; de 1378 à 1500, 27 [2]. Si l'on rapproche ces chiffres des événements religieux et politiques auxquels l'Université de Paris a été mêlée, on trouvera que les Universités se sont plus particulièrement multipliées à partir du schisme, des conciles de Bâle et de Constance, de la guerre des Armagnacs et des Bourguignons, de l'invasion anglaise. On est porté à en conclure que ces événements, accomplis

---

[1] Savigny est le premier qui ait fait cette remarque importante. *Hist. du Droit romain au moyen-âge*, III, p. 116, 117.

[2] Toulouse, 1229 ; Fermo, 1303 ; Prague, 1348 ; Florence, 1349 ; Bologne, 1362 ; Padoue, 1363 ; Vienne, 1384 ; Heidelberg, 1386 ; Cologne, 1388 ; Erfurt, Ferrare, 1391 ; Wurzbourg, 1403 ; Leipsick, 1409 ; Rostock, 1419 ; Montpellier, 1421 ; Louvain, 1426 ; Poitiers, 1431 ; Caen, Dôle, 1437 ; Bordeaux, 1441 ; Trèves, 1451 ; Fribourg, Greiphswalde, 1456 ; Bâle, Nantes, 1460 ; Bourges, 1464 ; Ofen, 1465 ; Ingolstadt, 1472 ; Mayence, Tubingue, Upsal, Angers, 1477 ; Copenhague, 1478. — Salamanque et Coïmbre avaient une Faculté de théologie au XVe siècle, mais j'en ignore la date.

entre 1378 et 1430, n'ont pas été sans influence sur la multiplication des Universités. L'étude des faits confirme cette conclusion.

Au XIIIe siècle, la papauté et l'Université de Paris étaient considérées comme deux institutions corrélatives. Un seul pape pour maintenir l'unité de l'autorité religieuse, une seule Université pour maintenir l'unité en matière de doctrine : telle était l'opinion du temps [1]. Sans adopter ce principe à la rigueur, les papes, jusqu'en 1378, n'autorisèrent l'érection de Facultés de théologie qu'avec une grande réserve, et dans des pays qui n'envoyaient pas d'étudiants à l'Université. Les quatre Facultés autorisées en Italie au XIVe siècle, étaient destinées surtout aux moines ultramontains, qui désiraient qu'on leur épargnât les dépenses et les dangers d'un long voyage. La Faculté de Toulouse fut établie contre l'hérésie, dans des circonstances exceptionnelles.

Le schisme, où la Faculté de théologie de Paris montra toute sa puissance, marque le commencement de sa décadence. La France obéit aux papes d'Avignon, l'Allemagne aux papes de Rome. L'éclat de l'Université de Paris, les services politiques qu'elle rendait aux rois de France, l'exemple donné en Bohême et en Autriche, excitèrent l'émulation des princes allemands. Ils voulurent avoir des Universités semblables à celle de Paris. Les papes de Rome n'avaient aucun intérêt à ménager l'Université de Paris, leur ennemie. Ils accordèrent à l'Allemagne une Faculté de théologie, et cinq Universités pourvues de toutes les Facultés ; deux de ces nouvelles Universités étaient placées dans la sphère d'action de celle de Paris, à Heidelberg et à Cologne.

La guerre civile et la guerre étrangère désolèrent ensuite le Nord de la France. Pendant plusieurs années, Paris fut livré à toutes les horreurs de la guerre, de la peste et de la famine.

---

[1] *Liber de translatione imperii* apud Bul. III, 406.

Dans la Faculté des arts, la Nation Allemande ne put se recruter des étudiants pendant 22 ans [1]; et en 1440, du 9 mai au 6 décembre, elle ne comptait plus un seul étudiant ni un seul maître. Elle n'était représentée que par le bedeau [2]. La séparation entre l'Allemagne et l'Université de Paris était consommée. Les persécutions exercées sous Louis XI, contre les Nominaux, ne devaient pas engager les Allemands, attachés pour la plupart au nominalisme, à reprendre le chemin de Paris. Tous les états de l'Allemagne voulurent avoir leur Université [3]. Les papes, irrités de la conduite de l'Université de Paris dans les conciles de Constance et de Bâle, autorisèrent douze Universités nouvelles pour l'Allemagne, la Hongrie, la Suède et le Danemarck.

En France même, les papes et les rois s'accordèrent pour frapper au cœur l'Université de Paris. Charles VII la détestait parce qu'elle avait été dominée par les suppôts de la Nation Picarde, sujets du duc de Bourgogne. Le concile de Bâle donnait peu de satisfaction au pape Eugène IV. En 1437, ils autorisèrent tous deux la fondation d'une Université complète à Caen, au milieu d'une des Nations les plus riches et les plus importantes de l'Université de Paris. Charles VII, reconnu roi au sud de la Loire, avait déjà autorisé une Université à Poitiers (1431). Eugène IV accorda une Faculté de théologie à Dole (1437), et une Université complète à Bordeaux (1441). Louis XI et Pie II ne pouvaient manquer de s'entendre contre l'Université de Paris, qui contenait des sujets de Charles-le-Téméraire, et qui soutenait la pragmatique

---

[1] R. N. A. 1418, 25 septembre. 1425, 25 mai. 1438, 1er juillet.

[2] R. N. A. année 1440 (f° 62 verso).

[3] Cf. Vivès, *de Tradendis disciplinis* (éd. Valence, VI, 273) : Statuatur in unaquâque provinciâ Academia communis illius; provinciam definio,... ditione ac principatu; ne juvenes, si limites claudantur vicino bello, vel cum suo periculo et suorum curâ atque anxietate in alieno regno studeant, vel cogantur bene cœpta studia magno cum dispendio intermittere.

sanction. Deux Universités furent autorisées dans les deux provinces qui envoyaient le plus d'étudiants à la Nation de France [1], en Bretagne (Nantes, 1460), et en Berry (Bourges, 1464).

La principale objection que l'Université de Paris faisait valoir contre cette décentralisation de l'enseignement théologique, c'était le danger qui en résultait pour l'unité de la foi [2]. L'exemple de l'Université de Prague venait à l'appui de cette thèse. Gerson jugeait même utile qu'il n'y eût qu'une Faculté de théologie pour toute l'Eglise, ou au moins pour toute la France [3]. L'événement ne justifia pas les prévisions de l'Université de Paris. Les Universités d'Allemagne, attachées au catholicisme par la pratique de la vieille méthode scholastique, résistèrent en général à la réforme.

La multiplication des Universités eut un inconvénient sérieux, ce fut d'avilir complètement les grades, d'empêcher le niveau des épreuves de s'élever, et même d'annuler toute espèce d'épreuves. Les grades étaient le principal revenu des professeurs; les Universités se firent une concurrence d'indulgence, et vendirent les diplômes au plus offrant. Le droit que les grades conféraient aux bénéfices vacants, pendant quatre mois de l'année, soutenait ce commerce [4].

---

[1] Entre 1444-1456, sur 1696 bacheliers, 583 appartenaient à la Bretagne, et 99 au Berry. Les Bretons étaient de beaucoup les plus nombreux dans la Nation de France.

[2] B. V, p. 426, 428.

[3] *Contra vanum curiositatem in negotio fidei* (opp. 1, 105 D.). Il ajoute : Hec fuit alias suppositio Facultatis theologiæ, cum additionibus rationum, quarum potissimam reputo evitationem confusionis doctrinarum, ut, sicut est una fides, et unum caput in spiritualibus, sic sit unicus et præcipuus studii theologici fons incorruptus, a quo cætera theologiæ studia velut rivuli deriventur.

[4] Au XVIIe siècle, les plaintes contre l'avilissement des grades et la multiplication des Universités sont générales. On proposait déjà de réduire le nombre des Universités à celui des Parlements (Lemaire, *Histoire de la ville et duché d'Orléans*. 1645, p. 46-47).

Aucune des Universités nouvelles n'eut l'éclat ni la grandeur de celle de Paris. Elles furent fondées précisément au moment où la scholastique allait périr. La révolution, que la renaissance des lettres amena dans l'enseignement, arrêta pour ces établissements toute possibilité de progrès.

FIN.

TABLE DES MATIÈRES.

Introduction. 1
§ I. Origines de l'Université de Paris. 3
§ II. De la constitution de l'Université de Paris. 18

CHAPITRE I.

Faculté des arts. 35
§ I. Des Étudiants. 37
§ II. Des Grades. 41
— *A*. Déterminance ou Baccalauréat. 42
— *B*. Licence. 49
— *C*. Maîtrise. 59
— *D*. Frais d'études et d'examens. 61
§ III. Des Cours et des Disputes. 64
— *A*. Leçons ordinaires. 66
— *B*. Leçons extraordinaires. 76
— *C*. Disputes. 87
— *D*. Régence. 90
§ IV. Des Pensionnats ou Pédagogies. 92
§ V. De la liberté d'examen dans la Faculté des arts. 104

CHAPITRE II.

FACULTÉ DE THÉOLOGIE. 109
§ I. De la Faculté de théologie au xiii⁰ siècle. 110
§ II. De la Faculté de théologie au xiv⁰ et au xv⁰ siècle. . . . 112
— *A*. Des Couvents. 113
— *B*. Des Communautés séculières ou Colléges. 122
— *C*. Du Cours d'études et des Grades. 133
— Des Étudiants. 136
— Des Bacheliers. 137
— — 1° *Biblici ordinarii et cursores*. . . . 137
— — 2° *Baccalarii sententiarii*. 141
— — 3° *Baccalarii formati*. 149
— De la Licence. 151
— De la Maîtrise. 154
— Frais d'études et d'actes. 156
— *D*. Des Maîtres. 158
— *E*. De la liberté d'examen dans la Faculté de théologie. . . 159

CHAPITRE III.

FACULTÉ DE DÉCRET. 165
§ I. Des Étudiants. 169
§ II. Des Bacheliers. 170
§ III. De la Licence. 175
§ IV. Frais d'études et d'examens. 177
§ V. Des Docteurs. 179

CHAPITRE IV.

FACULTÉ DE MÉDECINE. 185
§ I. Des Étudiants. 186

— 213 —

§ II. Des Bacheliers. 187
§ III. De la Licence. 190
§ IV. De la Maîtrise. 192
§ V. Frais d'études et d'examens. 193
§ VI. Des Maîtres. 195
Conclusion. 201
Appendice. — Des Universités établies sur le modèle de l'Université de Paris. 205

Besançon. — Imprimerie de veuve Ch. Deis.

Vu et lu, à Paris, en Sorbonne,

le 5 février 1850,

Par le doyen de la Faculté des Lettres de Paris,

J. Vict. LE CLERC.

Permis d'imprimer.

L'Inspecteur-général, Vice-Recteur de l'Académie
de Paris,

ROUSSELLE.

CORRECTIONS ET ADDITIONS.

Je dois à l'obligeance de M. Lejeune, l'un des conservateurs de la bibliothèque de Chartres, communication du livre de la Nation de Normandie, auquel j'ai emprunté de curieux renseignements. Je désigne ce manuscrit, qui paraît être des premières années du xve siècle, par l'abréviation L. N. N.

Page 11, lignes 2 et 3. — Ce privilége a été accordé en 1247, par Innocent IV (B. III, 212), dans une bulle rédigée absolument dans les mêmes termes que celle qui est attribuée, par Du Boulay, à Innocent III. La bulle d'Innocent IV ne fait aucune mention d'une bulle précédente; et cependant la bulle attribuée à Innocent III est datée tout différemment de la bulle d'Innocent IV.

Page 12, note 6. — Du Boulay cite (III, 242) la bulle de 1251, par laquelle Innocent IV confirma le privilége qu'il avait accordé en 1246.

Page 20, lignes 11 et 12. *Vers la fin du* xive *siècle*, etc. — Le 5 janvier 1377 (more Gallico), il fut question, dans l'assemblée de la Nation Anglaise, de changer son nom en celui de Nation d'Allemagne, sans doute pour flatter l'empereur Charles IV alors présent à Paris. Mais l'on ne donna pas suite à cette proposition.

Le nom de Nation Anglaise fut employé officiellement jusqu'en 1455 (Voir S. N. A., 13 octobre 1455. Arsenal. msts. latins, *Histoire*, 127-128, f° 28 verso.). Les deux dénominations de Nation Anglaise (*Natio Anglicana*) et de Nation d'Allemagne (*Natio Alemaniæ*) furent longtemps employées concurremment et arbitrairement, quelquefois dans la même page du registre (ainsi en 1444, f° 87 recto). La dénomination de Nation d'Allemagne prévalut insensiblement dans la seconde moitié du xv° siècle. Au reste, à cette époque, la Nation comptait moins d'Allemands que de Hollandais, de Suédois et d'Ecossais.

Page 22, ligne 8. *Comme dans la Nation Normande.* — La Nation Normande régla le mode d'élection de tous ses officiers par un statut du 12 février 1335 (L. N. N., f° 144 recto sqq.). Lorsqu'un office quelconque était vacant, le procureur, et à son défaut le recteur ou un délégué du recteur devait convoquer la Nation pour pourvoir à cette vacance. Le bedeau apportait des fèves et un capuchon. Le président s'assurait que le capuchon était de drap simple, non fourré, et ne favorisait aucune espèce de fraude. Le bedeau mettait dans le capuchon autant de fèves qu'il y avait dans la Nation de maîtres régents. Toutes ces fèves devaient être blanches, à l'exception d'une seule noire. Le président secouait le capuchon, et le bedeau le présentait à chaque maître, qui, d'une main non gantée, en retirait une fève. Celui qui retirait la fève noire nommait, en présence de la Nation, cinq électeurs, trois de l'archevêché de Rouen, s'il en était lui-même, et deux des six évêchés qui en dépendent, ou bien, deux de l'archevêché, et trois des six diocèses, s'il était de l'un des évêchés. Ces cinq électeurs se retiraient à part pour faire la nomination. — Ce statut paraît être tombé en désuétude au commencement du xv° siècle. Car on lit dans la rubrique du manuscrit original : Statutum de modo eligendi officiarios per inventionem nigræ fabæ, *quod ratione antiquitatis inscriptum est, ut priscorum facta memoriæ commendentur.*

Page 22, note 5. — On en trouve des exemples dans S. F. A.

1355 (B. IV. 332), et S. N. N., 17 novembre 1387 (L. N. N., f° 137 recto).

Page 25, lignes 1 et 2. *L'unanimité des voix*, etc. — On en trouve un exemple remarquable dans B. V. 555.

Page 30, lignes 4 et 5. *La Faculté de Décret—les réguliers.* — Cette Faculté excluait les réguliers avant le xive siècle. Cf. infra, p. 14.

Page 30, note 4. — Les candidats à la licence juraient qu'ils n'étaient pas mariés (Livre du chancelier de Sainte-Geneviève, f° 8 verso.).

Page 33, note 1. — Ces chiffres sont justifiés, pour les étudiants : p. 40, note 1; p. 136, note 1; p. 187, note 1; pour les maîtres : p. 92; p. 159, note 4; p. 179, note 2; p. 195, note 7. On n'a pas les registres de la Nation de Normandie ni ceux de la Faculté de Décret. J'ai supposé la Nation de Normandie à peu près égale à la Nation Picarde, à cause du règlement de licence qui accordait le même nombre de places à ces deux Nations dans chaque *auditio* (p. 55).

Quant à la Faculté de Décret, on peut lui attribuer le même nombre de suppôts qu'à la Faculté de Médecine, si l'on ne considère que les vrais étudiants et les bacheliers qui faisaient réellement des cours. Cette Faculté était si infidèle à ses statuts, que ses registres n'étaient vraisemblablement pas l'expression de la vérité. Dans une censure prononcée contre Jean Petit (18 novembre 1416, Gerson, opp. V. 705. A.), la Faculté se dit composée de 18 docteurs, de 30 licenciés, et de 9 bacheliers faisant des cours (*maximé actu legentibus*). C'est ainsi que j'interprète le texte : Facultas pro tunc in numero decem et octo doctorum constituebatur, cum prædictis licentiatis in numero quadraginta octo, et bachalariis, in numero quinquaginta septem... Je donne la ponctuation suivie par Dupin. Je crois qu'il faut une virgule après *licentiatis,* comme après *bachalariis ;* et les expressions *in numero quadraginta octo, in numero quinquaginta septem* me semblent gouvernées par *Facultas constituebatur.* Comme il n'est question que des bacheliers qui faisaient leurs cours, on ne peut en déduire le nombre des étudiants.

En somme, si l'on néglige les unités, et si l'on ne compte pas les frères des ordres mendiants qui étudiaient en théologie, voici le nombre moyen des étudiants en chaque Faculté : Arts, 1000; Théologie, 100; Décret, 20; Médecine, 20. Voici le nombre moyen des maîtres régents : Arts, 120; Théologie, 40; Décret, 20 ; Médecine, 30. Dans le nombre des étudiants, je n'ai pas compris les bacheliers; on peut les évaluer, pour la Faculté des arts, à 270; pour la Faculté de théologie, à 70 ; pour la Faculté de médecine, à 10; la Faculté de Décret comptait, en 1416 (18 novembre), 9 bacheliers lisant actuellement (Gerson, opp. V. 704). En 1394, tous les membres de l'Université (quod *cujuslibet* mens dictaret) furent invités à déposer dans un tronc leur vote, relativement aux moyens de finir le schisme; le nombre des bulletins dépassait 10,000 (cedulas repertas quæ 10,000 numerum excedebant. Religieux de Saint-Denis, ed. Bellaguet. II, 104.) Le 11 juin 1398, dans une délibération relative au schisme, la Faculté des arts comptait 400 maîtres, *ou environ,* y compris les bacheliers et licenciés des autres Facultés (B. IV, 845). Ces chiffres, qui manquent d'ailleurs de précision, ne peuvent autoriser aucune conclusion. Dans ces grandes circonstances, on convoquait tous ceux qui avaient pris leurs degrés dans l'Université, et qui étaient présents à Paris, quelque profession qu'ils exerçassent actuellement. Il ne faut pas prendre à la lettre ce que Juvénal des Ursins dit (ap. B. V. 235) de la procession de l'Université : *Quand les premiers estaient à Saint-Denis, le recteur estait encore à*

Saint-Mathurin. Cette procession comprenait, avec les maîtres et les étudiants, tous les moines du quartier. Un chanoine d'Amiens représente l'Université gémissant d'être dépeuplée par une épidémie, et disant (B. V. 813) :

> Nunc mihi de multis vix extat millibus unus;

mais c'est une expression fort vague, une hyperbole poétique.

Page 36, note 1, ligne 21. — Les archives de l'Université possèdent un recueil manuscrit sur papier (coté 94) de statuts, priviléges et serments de l'Université et de la Faculté des arts, qui a appartenu à la Nation Anglaise. Ce manuscrit paraît être du xive siècle.

Page 44, lignes 4-7. *Chaque nation—Noël.* — Les examinateurs devaient examiner en même temps tous les candidats; ils n'en pouvaient examiner moins de trois à part, s'il était nécessaire. Personne ne devait être examiné après l'examen général, sans l'ordre formel de la Nation. Les examinateurs ne devaient admettre personne qui n'eût soutenu une argumentation contre un maître de sa Nation, et dont le maître ne fût actuellement présent à Paris. (Serment des examinateurs. R. N. A. f° 56 recto).

Page 44, lignes 11 et 13. *Aussi—choisi.* — Cette argumentation était semblable à celle de la licence. Cf. infra, p. 8. (Livre du chancelier de Sainte-Geneviève, f° 10 recto).

Page 46, note 5. — Cette distinction n'est pas constamment observée. Le terme général et le plus usité est *signetum.*

Page 53, lignes 4-6. *La réforme de 1452 — la licence.* — Ces réformes ne marquent pas expressément que l'année pendant laquelle les candidats devront avoir suivi les disputes des maîtres commence après la déterminance. Ce sont vraisemblablement les Nations qui ont exigé elles-mêmes qu'il y eût un intervalle d'une année entre le baccalauréat et la licence. C'était d'ailleurs revenir au sens littéral des statuts, qui exigeaient 3 ans d'études.

Page 53, lignes 12-14. *Aucune règle fixe — chanceliers.* — Le candidat refusé à l'un des deux examens ne pouvait se représenter ni à l'un ni à l'autre, avant une année révolue. (Livre du chancelier de Sainte-Geneviève, f° 8 recto.)

Page 55, ligne 4, en remontant. *Dans cette liste, les bacheliers devaient être distribués par mois.* — Il n'est pas probable que les bacheliers aient été distribués par mois et par *auditio* dans cette première liste dressée par le chancelier. Il est vraisemblable que le chancelier et ses assesseurs rangeaient les candidats de chaque Nation par ordre de mérite, sans les comparer avec ceux des autres Nations. La liste des candidats admis dans chaque Nation une fois proclamée par le chancelier, la Faculté les distribuait sans doute par mois, suivant l'ordre de mérite qui leur était assigné; ainsi, par exemple, les trois premiers Français, les deux premiers Picards, les deux premiers Normands et le premier Anglais constituaient la première *auditio*, et ainsi de suite pour les autres. Ce qui autorise cette conjecture, c'est que l'expression *ponere in cameris* est toujours employée de la Faculté des arts, à l'exclusion du chancelier. D'ailleurs, comme la composition d'une *auditio* était rigoureusement déterminée, le rang obtenu par un bachelier entre les candidats de sa Nation suffisait pour lui marquer l'*auditio* dont il devait faire partie. Les examinateurs de chaque mois pouvaient transporter un candidat d'une *auditio* dans une autre, ou, comme on s'exprimait souvent, d'une *chambre* (*camera*) dans l'autre (R. N. A. 1446, 19 mai). On ne paraît pas avoir suivi de règles bien fixes pour fixer les rangs des bacheliers de chaque *auditio*.

En 1374 (R. N. A, avril, f° 45 verso), les trois Français précédaient nécessairement les deux Picards, ceux-ci les deux Normands, et les deux Normands le candidat Anglais, quel que fût d'ailleurs leur mérite relatif. Un maître Anglais s'en plaignit à sa Nation, et demanda que les candidats fussent rangés dans l'ordre de mérite ; mais la Nation ne décida rien, parce qu'elle ne savait que faire (*quia nescirent remedia super hoc*). En 1446 (R. N. A. 19 mai), il semblait encore établi en principe que les examinateurs ne pouvaient changer les rangs des Nations. Cependant, en 1442 (R. N. A. 12 avril), les examinateurs du premier mois intervertirent ces rangs ; un certain Coquerel réclama en faveur des rangs des Nations, et le procureur de la Nation d'Allemagne pour l'ordre de mérite. Le recteur conclut pour l'ordre adopté par les examinateurs, conformément à l'avis de deux Nations contre les deux autres. Le registre ne dit pas si cette décision fut exécutée. On reconnaissait aux examinateurs *in cameris* le droit de changer les rangs des candidats de chaque Nation (R. N. A. 19 mai 1446). On pouvait appeler de leur décision à la Faculté (R. N. A. 1469, 6 avril). Il résulte de R. N. A. 1355, 17 mars, que le candidat transporté à un rang qui n'était pas celui de sa Nation, prenait le nom de la Nation dont les bacheliers avaient droit au rang qu'il occupait ; il était dit *Gallicatus*, etc.

Page 57, lignes 4-9. *Dans la Nation — à l'examen.* — On voit (R. N. P. 1478, 23 mars) que les mois étaient distribués à ces vingt régents, suivant leur rang d'ancienneté.

Page 57, note 4, lignes 3 et 4. — On rencontre le terme *tertia auditio* pour désigner un examen du second mois (R. N. A. 1368, 27 mars), et les termes *quinta* et *sexta auditio* pour le dernier mois (R. N. A. 1376, 16 mai, et 1379, 6 mai. Cf. R. N. A. 1370, 17 avril.)

Page 57, ligne 1, en remontant. *Au* xiv⁰ *siècle*, etc. — Voici la manière dont le chancelier de Sainte-Geneviève conférait la licence (livre du chancelier de Sainte-Geneviève, f° 9-12 verso). Quand les bacheliers d'une *auditio* étaient admis par les examinateurs, le chancelier leur désignait les livres sur lesquels ils devaient faire leçon, et leur fixait le jour où il devait leur conférer la licence. Le jour indiqué, dans l'église Sainte-Geneviève, en présence du chancelier assis à sa place accoutumée, l'un des bedeaux proclamait les noms des bacheliers, dans l'ordre où ils étaient rangés sur la liste que lui avait donnée le chancelier. Celui-ci ordonnait aux bacheliers de commencer leurs leçons suivant leur rang. Le chancelier ne désignait pour ces leçons que quatre bacheliers, un de chaque Nation, ceux qu'il jugeait les plus capables. Le bachelier débutait par une harangue, à la fin de laquelle il faisait pressentir la question sur laquelle il allait argumenter. Le chancelier posait la question, énumérait les raisons pour et contre, et le bachelier donnait sa décision avec les raisons à l'appui. Après ces quatre argumentations, le chancelier prononçait, s'il le voulait, une courte harangue, et faisait prêter aux bacheliers un serment relatif aux devoirs qu'ils avaient à remplir comme maîtres. Ensuite les bacheliers se mettaient à genoux, et le chancelier, la tête découverte, disait : Ego N. auctoritate apostolorum Petri et Pauli in hâc parte mihi commissâ, do vobis licentiam regendi, disputandi et determinandi, cæterosque actus scholasticos seu magistrales exercendi, in Facultate Artium, Parisiis et ubique terrarum, in nomine Patris, Filii, et Spiritûs sancti. Amen. Les licenciés se retiraient, et le chancelier allait se placer devant un autel, près la porte du chœur, pour recevoir leurs remercîments.

Page 60, lignes 6-8, en remontant. *Le maître — la maîtrise.* — Le récipiendaire soutenait une argumentation semblable à celle de la licence. Le maître président y jouait sans doute le rôle de chancelier (Livre du chancelier de Sainte-Geneviève, f° 10 recto).

Page 60, note 1. Cf. R. N. A. 1449, 29 mai.

Page 63, ligne 6, en remontant. *Les licenciés et les nouveaux maîtres,* etc. — Dans la Nation Normande, les nouveaux maîtres étaient tenus de donner, après leur réception, un repas appelé *tartæ* (*quoddam prandium quod tartas vocare consuevimus*). C'était pour les régents une occasion d'exactions qui engendraient des querelles interminables. La Nation Normande décida (1319, 15 septembre. L. N. N. f° 142 verso) que les nouveaux maîtres ne paieraient pas à cette occasion plus de 16 s. par.

Page 64, ligne 1. *Celui dont la bourse,* etc. — Certains candidats trompaient la Nation en affirmant par serment une pauvreté imaginaire. Pour remédier à cet abus, la Nation Anglaise décida (13 octobre 1455) qu'aucun de ceux qui auraient prêté le serment de pauvreté n'aurait voix active ou passive dans la Nation avant d'avoir payé autant que ceux dont la bourse est la plus faible, c'est-à-dire 4 sous par. ; on défalquerait la somme de 20 s. et 2 fr. que le candidat payait avant son *inceptio*, suivant les anciens statuts (Arsenal. msts. Latins. Histoire, 127-128, f° 29 recto).

Page 65, note 5. — Les passages suivants, tirés du calendrier de la Nation Normande, justifient l'acception donnée au mot *cursus* : In vigiliâ Palmarum incipiuntur cursus in mane (Mars. On sait que les leçons ordinaires avaient lieu le matin). — Hìc resumuntur lectiones, et proclamantur cursus (25 août). — Primâ die legibili post festum B. Dionysii... proclamantur cursus pro die legibili cursoriè (11 octobre).

Page 71, ligne 11. *En 1329, la Nation Picarde,* etc. — Le statut voté par la Nation Normande, le 27 septembre 1347 (L. N. N. f° 137 recto), contient des dispositions toutes semblables à celles qu'avaient adoptées les Nations de France et de Picardie, concernant le loyer de leurs écoles.

Page 76, ligne 3, en remontant. *Cependant, l'intervalle compris,* etc. — La veille de la Saint-Pierre et la Saint-Paul, à la Saint-Louis (25 août), le premier jour de leçon après la Saint-Denis (9 octobre), et le dernier jour de leçon avant Noël, le bedeau de chaque Nation passait dans toutes les écoles à l'heure des leçons, et annonçait à haute voix l'objet, l'heure, le lieu des cours extraordinaires et les noms de ceux qui en promettaient. C'est ce qu'on appelait *proclamare cursus.* Vid. Vetera Kalendaria, Serment des bedeaux (L. N. A. p. 57), et supra p. 174.

Page 77, l. 1, en remontant. *Il fut interdit,* etc. — Avant 1366, les bacheliers qui voulaient faire des leçons extraordinaires, juraient qu'ils obéiraient au recteur, qu'ils ne liraient pas à la même heure que les maîtres, qu'ils ne traiteraient aucune question qui fût du domaine de la foi. Un article de ce serment est difficile à interpréter : *non procurabitis vobis scolares.* Peut-être faut-il entendre par-là que les bacheliers ne devaient pas avoir des écoliers à eux, qui ne suivissent les cours d'aucun maître. Ce serment se trouve L. N. A. p. 56 et L. N. N. f° 24.

Page 78, l. 7. *Il fut toujours permis,* etc. — Ces cours extraordinaires semblent avoir servi à procurer aux écoliers des livres, qu'ils se dispensaient d'acheter en les écrivant sous la dictée du maître. (Cf. le statut de 1355 et les réglements du collége de Montaigu en 1508, f° 84 verso). A la Faculté de Vienne, on avait même réglé la manière dont on devait dicter.

(Kollar, p. 261-262.) Les maîtres et les bacheliers pouvaient seuls dicter. Ils devaient proposer au doyen de la Faculté, assisté de quatre maîtres, le livre qu'ils devaient dicter, pour que la lecture fût autorisée et que l'on fixât la somme à payer par les écoliers. Il fallait lire nettement et lentement, en indiquant les paragraphes, les majuscules et la ponctuation.

Page 92, l. 8, en remontant. *En* 1460, *la Nation de France*, etc. — Ces chiffres sont pris, pour la Nation de France, R. N. F. 29 septembre 1460 (dans *Factum historique et général*, etc. p. 20), et pour les deux autres Nations, dans leurs registres.

Page 100, l. 2, en remontant. *On n'a pas de données*, etc. — Dans les réglements adoptés en 1508 (17 février) par le collége de Montaigu (Arsenal, manuscrits latins, histoire, 127-128, f° 81 recto-91 recto), on trouve des détails précis sur l'organisation de l'enseignement grammatical dans ce collége.

Les écoliers de grammaire étaient distribués entre 7 régents ; chacune de ces divisions ou classes était appelée *lectio*. La base de l'enseignement était le doctrinal d'Alexandre de Villedieu. Le premier régent, ou le régent de la première classe, la classe la plus élevée, commentait les chapitres X, XI et XII du doctrinal (prosodie, accent, ponctuation, figures de grammaire et de rhétorique); il devait en outre expliquer un prosateur et un poète, et insister sur les éléments de la grammaire latine d'après Donat, Perotti, Augustinus, Datus et Guido. Le régent de la seconde classe expliquait les chapitres VIII et IX (syntaxe) ; l'explication du prosateur et du poète devait tenir moins de place dans cette classe que dans la première ; on devait insister plus particulièrement sur les éléments. Le troisième régent était chargé des chapitres V, VI et VII (formation des prétérits et des supins, verbes irréguliers, classification des verbes); il devait expliquer un poète et reprendre les livres élémentaires mentionnés plus haut, comme Donat, Perotti, etc. Après Pâques ce régent pouvait prendre un prosateur. Le quatrième régent était chargé du chapitre IV (règles des genres); il devait prendre un poète facile et les rudiments; à la Saint-Jean-Baptiste il pouvait commencer un prosateur. Le cinquième régent prenait les chapitres II et III (noms irréguliers et défectifs, degrés de comparaison) avec un poète ou un prosateur très-facile. Le sixième régent était chargé d'expliquer la partie du Ier chapitre qui traite de la troisième, de la quatrième, de la cinquième déclinaison, de celle des noms composés et patronymiques, et de celle des pronoms. Il devait prendre un poète ou un prosateur très-facile. Le septième régent expliquait le prologue du doctrinal et la partie du premier chapitre qui traite des deux premières déclinaisons. Il devait prendre les distiques moraux de Caton. Le premier régent ne devait pas expliquer par leçon plus de 10 ou 12 vers du doctrinal, ni le second plus de 8 ou 10, ni le troisième plus de 6 ou 8, et les autres en proportion; le second régent ne devait pas commencer le Xe chapitre que le premier ne l'eût terminé; le troisième ne pouvait commencer le VIIIe chapitre que le second ne l'eût fini, et ainsi des autres. Deux régents ne devaient pas expliquer en même temps le même chapitre. Cet article du réglement semble indiquer que chaque régent suivait ses élèves dans toutes les classes. Quant aux poètes, chaque régent devait en expliquer autant de vers que du doctrinal, excepté le premier et le second. Les textes de tous ces auteurs devaient être appris par cœur. Les quatre premières classes devaient être appliquées uniquement à Donat et aux livres élémentaires dans la leçon de l'après-midi; le vendredi et le samedi, elles devaient en réciter le texte par cœur, et en reproduire la construction. Les autres classes devaient être appliquées, tous les jours, à Donat et aux autres livres élémentaires; le vendredi, dans la leçon de l'après-midi, elles devaient réciter par cœur le texte du doctrinal, et le samedi l'expliquer en français. Aucun régent ne pouvait commencer un livre sans autorisation supérieure, ni le quitter une fois qu'il l'avait commencé. Les élèves devaient être obligés à prononcer les textes des orateurs et des poètes, lentement, distinctement, et en observant les lois de l'accentuation. Les écoliers devaient être exercés à disputer entre eux sur des questions de grammaire, sous la présidence de leur régent; ils devaient parler en latin. Un écolier ne pouvait passer d'une classe à l'autre sans être examiné; chaque régent faisait une liste où il rangeait à part et suivant l'ordre de mérite les *portionistes* (écoliers qui mangeaient à la table commune), les *cameristes* (écoliers qui logeaient en chambre) et les pauvres de la maison. Les écoliers devaient rester dans les classes où ils étaient placés; aucun régent ne devait prendre dans sa classe ou en leçon particulière l'élève d'un autre, sans le consentement du principal et du régent.

Page 108, l. 9. *On expliquait même*, etc. — Tales prohiberi debent, Terentius, Martialis, Juvenalis, Naso in epistolis et similes (réglements du collége de Montaigu, 1508, f° 82 recto). On voit dans Robert Gaguin (præfatio in artem metrificandi) que les détracteurs des études classiques jugeaient les poètes anciens dangereux pour la religion et pour les mœurs. On ne peut nier que les auteurs qu'on expliquait aux écoliers n'étaient pas toujours bien choisis, et que ceux qui prétendaient imiter les poètes anciens n'étaient pas très-réservés. Voir dans Robert Gaguin (opp. 1498) la pièce intitulée : *In hospitâ Vernonensi jocus*. Elle est bien singulière pour un général des Mathurins.

Page 116, l. 7, en remontant. — L'expression *logica nova* est expliquée p. 71, note 5.

Page 171, l. 10. *Pour être admis il fallait*, etc. — Les premiers réglements de la Faculté de Décret exigeaient des candidats au baccalauréat qu'ils eussent suivi des cours sur le droit canon pendant 5 ans, et sur le droit civil pendant 3 ans, ou *vice versâ*, soit à Paris, soit ailleurs ; ils excluaient en outre des grades tous les religieux (bulle d'Innocent VI, 1356, L. D. p. 321). Benoît XII autorisa les religieux des ordres de saint Benoît et de saint Augustin à se présenter au baccalauréat, pourvu qu'ils eussent étudié en droit canon pendant six ans, dont trois pour le décret, et à prendre le grade de maître, pourvu qu'ils eussent professé cinq ans. En 1356, Innocent VI accorda le même privilège aux hospitaliers de Saint-Jean-de-Jérusalem (L. D. p. 319) ; et en 1358, à la requête de l'Université de Paris et du chancelier, il autorisa tous les étudiants en Décret à prendre leurs degrés sans avoir étudié le droit civil (L. D. p. 334, 335).

Page 171, l. 17. *Dont 30 mois*, etc. — Sur 48 mois d'étude, on devait en avoir passé 30 à suivre les leçons ordinaires ou extraordinaires d'un docteur sur le décret, et dans ces 48 mois, on devait avoir suivi aussi pendant 30 mois des leçons faites le matin, sans doute par les bacheliers, sur les Décrétales (et tantumdem, scilicet per triginta menses, de mane). Tel est le vrai sens du texte du statut.

ERRATA.

Page 5, note 2, ligne 4. Après *Academicorum illustrium*, transposez *Hist. Univ. Paris*, II.

Pag. 10, lig. 2. Le chancelier intervenait donc, *lisez* : Le chancelier intervint.

Pag. 11, note 4, lig. 11. *Cf. infra*, ch. II, § 2, A. *lisez* : Cf. infra, pag. 116.

Pag. 11, note 4, lig. 15. 1261, *lisez* : 1263.

Pag. 11, note 4, lig. 15. 366, *lisez* : 367.

Pag. 13, note 1. Ch. III, § 5. *lisez* : pag. 181-182.

Pag. 14, lig. 6. Etaient complètement isolés, *lisez* : étaient isolés.

Pag. 19, note 1, lig. 6. Faculté, *lisez* : Faculté.

Pag. 20, lig. 33. Tulles, *lisez* : Tulle.

Pag. 20, note 2. Liasse 2, *lisez* : liasse 2, pièce 24.

Pag. 25, lig. 2. Exigée, *lisez* : désirée.

Pag. 25, lig. 20. Librement, *lisez* : librement par les étudiants.

Pag. 31, note 1, lig. 6. 1667, *lisez* : 1667, 2 avril.

Pag. 36, note 1, lig. 16. 9092, *lisez* : 909^2.

Pag. 39, lig. 4. Canoniques, *lisez* : canoniales.

Pag. 41, note, l. 11. B, *lisez* : pag. 55.

Pag. 45, note 1, lig. 2. 1375, *lisez* : 1374.

Pag. 45, note 6, lig. 1. 1446, *lisez* : 1447.

Pag. 47, lig. 6. Disposée, *lisez* : déposée.

Pag. 47, lig. 8. Chaque bachelier, *lisez* : chacun d'eux.

Pag. 53, lig. 7. Paraissent avoir été, *lisez* : paraissent dès-lors avoir été.

Pag. 53, note 4, lig. 1. 13 octobre, *lisez* : 13 décembre. Cf. 1454, 3 mai.

Pag. 56, note 1, lig. 2. 1355, mars, *lisez* : 1355, 17 mars.

Pag. 56, note 2, lig. 1. 1479, *lisez* : 1478.

Pag. 57, note 2, lig. 1. 1479, *lisez* : 1478.

Pag. 57, note 3, lig. 1. Avril, *lisez* : 1369, 12 avril.

Pag. 58, note 2, lig. 1. 1355, mars, *lisez* : 1355, 17 mars.

Pag. 59, note 2. Cf. supra, *lisez* : Cf. supra, pag. 43, not. 1.

Pag. 59, note 4. 25 mai, *lisez* : 21 mai. Cf. R. N. F., et R. N. A., 1451, 10 mai.

Pag. 66, lig. 8. 11 février, *lisez* : 8 février.

Pag. 66, note 3, lig. 4. 1 bis, *lisez* : 1.

Pag. 67, note 1, lig. 3. Ch. II, § 2 C, *lisez* : pag. 145.

Pag. 67, note 2, lig. 2. Ch. III, § 2, *lisez* : pag. 173.

Pag 68, lig. 5, en remontant. Demandé, *lisez* : demandées.

Pag. 82, lig. 10. Des boursiers, médecins, *lisez* : des boursiers médecins.

Pag. 85, lig. 6. *Retranchez* méprisante.

Pag. 85, lig. 2, en remontant. Un certain Grégoire, *lisez* : Grégoire Tiphaine.

Pag. 86, lig. 2. *Retranchez* Spartiate.

Pag. 90, note 2, lig. 1. *Der schul-und-Erziehungswesen*, lisez : *des schul-und-Erziehungswesens*.

Pag. 95, lig. 19. Canonicales, *lisez* : canoniales.

Pag. 97, note 1. B. 854, *lisez* : B. V. 854.

Pag. 99, note 1. *Præmium reformandæ Academiæ Par.*, lisez : *proœmium reformandæ Academiæ Par.* (ap. *P. Rami et Audomari Talæi collectanea.* Par. 1577, pag. 472-73.)

Pag. 100, note 2. *Pesudo*, lisez : *pseudo.*

Pag. 100, note 3, lig. 4. *Lectionem*, lisez : *lectione.*

Pag. 101, note 1, lig. 2. *Præmium ref. Acad. Par.*, lisez : *proœmium ref. Acad. Par.* pag. 475.

Pag. 122, lig. 16. Le nom, *lisez* : les noms.

Pag. 122, lig. 19. Hospices, *lisez* : asiles.

Pag. 123, lig. 2 en remontant. Organisés, *lisez* : organisées.

Pag. 130, note 1, lig. 2. Les 8, *lisez* : les 14.

Pag. 130, note 1, lig. 3. A 11, *lisez* : à 8.

Pag. 133, lig. 13. Supplément latin, *lisez* : supplément latin 64.

Pag. 135, l. 23. t. III, *lisez* : lib. III.

Pag. 136, note 1, lig. 3, 4, 5. *lisez* : Ce nombre est en moyenne de 18 par an, ce qui, multiplié par 6, donne 108. (Registre du grand bedeau. Le total, pour ces 15 années, est 269.)

Pag. 137, note 2, lig. 2, 3. A le même sens, *lisez* : signifie *célibataire.*

Pag. 143, lig. 6. *Retranchez* d'avance.

Pag. 145, lig. 7. Se communiquaient par écrit, *lisez* : se communiquaient d'avance par écrit.

Pag. 146, lig. 1. Un coup, *lisez* : au coup.

Pag. 148, lig. 9. La fin, *lisez* : le commencement.

Pag. 150, note 6, lig. 2. II, *lisez* : VII.

Pag. 150, note 6, lig. 3. *Ordinaris*, lisez : *ordinariis.*

Pag. 151, note 1, lig. 1. A la fin, *lisez* : pag. 496-504.

Pag. 153, note 5, lig. 4. Cf. infra, *lisez* : Cf. infra, pag. 191.

Pag. 159, note 4, lig. 2. En moyenne de 43, *lisez* : en moyenne 45.

Pag. 164, lig. 17, 18. Théogiens, *lisez* : Théologiens.

Pag. 166, lig. 18. 24, *lisez* : 30.

Pag. 168, note 1, lig. 2, 3 en remontant. Mais on voit, d'après ces indications, qu'à cette époque, *lisez* : on voit, d'après ces citations, que de son temps.

Pag. 169, lig. 24. 1340 (V. L., 1 verso, 2 recto), *lisez* : 1272 (L. D., pag. 305-306).

Pag. 173, note 1. Cf. infra, *lisez* : Cf. infra, pag. 181.

Pag. 173, note 4, lig. 3. Sous nom, *lisez* : sous le nom.

Pag. 185, note 1. *Metologicus*, lisez : *metalogicus.*

Pag. 191, note 9, lig. 2. Jamais dans, *lisez* : jamais 9 dans.

Pag. 199, lig. 3. Consultent, *lisez* : ont recours à.

Pag. 202, lig. 16. On pouvait écrire ; mais on n'en faisait rien, *lisez* : on pourrait écrire : mais on n'en faisait rien.

Pag. 203, lig. 4. Tous les, *lisez* : Tous ces.

Pag. 209, note 3, lig. 1. *Vanum*, lisez : *vanam.*

www.ingramcontent.com/pod-product-compliance
Lightning Source LLC
Chambersburg PA
CBHW071934160426
43198CB00011B/1388